浙江传媒学院新闻传播学（浙江省一流学科）学科建设成果

传播与社会研究丛书　主编 / 邵培仁　副主编 / 黄敏

PIPAN DE GUANZHONG

批判的观众：真人秀节目真实吗？

张玲玲◎著

首都经济贸易大学出版社
Capital University of Economics and Business Press
·北京·

图书在版编目（CIP）数据

批判的观众：真人秀节目真实吗？/张玲玲著．--北京：首都经济贸易大学出版社，2018.12

ISBN 978-7-5638-2905-7

Ⅰ.①批…　Ⅱ.①张…　Ⅲ.①文娱活动—电视节目—研究—中国　Ⅳ.①G222.3

中国版本图书馆 CIP 数据核字（2018）第 302895 号

批判的观众：真人秀节目真实吗？
张玲玲　著

责任编辑　雪　莲
封面设计　大鹏设计
出版发行　首都经济贸易大学出版社
地　　址　北京市朝阳区红庙（邮编 100026）
电　　话　（010）65976483　65065761　65071505（传真）
网　　址　http：//www. sjmcb. com
E-mail　publish@ cueb. edu. cn
经　　销　全国新华书店
照　　排　北京砚祥志远激光照排技术有限公司
印　　刷　人民日报印刷厂
开　　本　710 毫米×1000 毫米　1/16
字　　数　228 千字
印　　张　13
版　　次　2018 年 12 月第 1 版　2018 年 12 月第 2 次印刷
书　　号　ISBN 978-7-5638-2905-7
定　　价　45.00 元

“传播与社会”研究丛书总序

20世纪70年代以来，整个世界被风起云涌的信息化浪潮所吞没，人们越来越沉浸于由各种纷繁芜杂的媒介所生产的铺天盖地的信息而拟造的“社会现实”当中，工业化社会也渐渐让步于强势出击的信息化社会，这一转变被社会学家丹尼尔·贝尔和未来学家阿温·托夫勒称为“后工业社会”和“超工业社会”的来临。20世纪八九十年代，随着互联网技术在日常生活领域内的应用和普及，“新媒体”和“旧媒体”的分野自此横空出现，“旧”的未衰，“新”的已来。各国学者对于“传播与社会”的关注点也开始从“电子媒体”慢慢转移到新出现的以“互联网”为代表的“新”媒体之上。在此期间经历了由“欧洲社会学”研究进路向“美国主流都市社会学的认识论和方法论”转变的卡斯特，在其“信息三部曲”中大声疾呼“网络社会的崛起”和“千年终结”。“新”媒体所带来的冲击，可见一斑。不管是多元自由主义者还是马克思主义者，不同的学派在对媒体与社会的研究中，不约而同地坚持关注互联网给各国政治、经济、文化、教育等领域所带来的种种变革，坚持观察和测度新媒体所带来的社会结构变更、阶层分化、经济模式改革以及“人”本身在面对媒体升级时的认知、态度和行为变化。1994年，中国正式接入国际互联网络，开启了中国互联网应用生根发芽以至今天开花结果的进程。由此，中国学者也纷纷关注“新媒体”给发展中的中国带来的机遇和挑战。网络民主化进程、网络话语传播、数字鸿沟、互联网+、数字文化产业发展等研究热点层出不穷。

在此背景下，本丛书特别关注国内青年学者对于“传播与社会”研究的最新理论成果，以“新人”碰撞“新媒体”，窥探媒体、传播与中国社会之间的互动和博弈。基于这一目的，本丛书精心挑选国内优秀青年学者之论著，选题覆盖网络政治话语传播、网络社会话语实践、人际传播、国家治理视角下的政治传播以及新媒体产业发展等新兴的研究领域。本着成熟一本出版一本的原则，本丛书先期出版以下专著：

王润博士的《网络公民文化：互联网实践与中国社会》。本书从传播学与政治学相交叉的政治传播研究领域入手，探究传播媒介这一政治沟通的技术载体之于政治社会化、公民政治参与和公民文化建设的社会意义，考察新兴的技术力量和网络新媒体的引入对中国政治文化和民主政治发展带来的社会影响。这一研究议题延续西方政治传播和政治文化研究的路径，立足于中国网络社会，把握互联网技术、网络行为主体与政治结构三者的互构关系，考察互联网时代中国网络公民文化的新内涵和传统政治文化的社会转型，深化互联网实践和社会治理在中国本土的研究。

张咏梅博士的《媒介人性论——基于爱心传播的研究视角》。本书从人的本质角度，阐明媒介的本源，探寻媒介的运行和发展规律，以及人与媒介之间具有的本质相关性。从人的角度看，主要研究人如何在媒介中发挥主体性；从媒介的角度看，主要研究媒介中的人性。作者指出，在信息社会中，随着科技和社会生产力的迅猛发展，媒介的发展，不仅仅受追求自身经济利益动机的驱使，还受他利动机的驱使，这意味着媒介发展的动机将呈现出结构性与层次性的多元化特点；媒介发展的价值标准是经济利益、政治利益和社会公共利益综合价值的最大化。

叶欣博士的《基于人际传播的医患关系建构过程研究——以中美医患对话比较为例》。本书从医患关系最核心和最微观的部分——医患对话——开始，比较中美在医患关系中的医患对话，考察中美在医患关系构建中每个阶段的对话特点和规律，探寻中国医患关系中存在的问题；进而通过比较中美医患对话中的实践模式和经验理论的异同，为构建中国和谐医患关系提供借鉴。

贾祥敏博士的《走向公开：中国新闻发布制度化进程研究》。本书基于政治传播视角，探究其视野下中国新闻发布制度化过程中“透明”观念、规则和实践等三个层面的内容，分析了政府传播与媒介力量、公众角色的博弈与平衡。作者认为，政务新闻发布所体现出的政治系统的信息流动是现代政治传播的价值意蕴，能够起到化解社会冲突、重构社会秩序的作用，但政治、技术和社会因素对新闻发布制度化的综合作用又形塑了其“中国形态”。

曹月娟博士的《企业舆情研究和危机管理》。本书结合企业管理及危机应对的案例，对企业舆情危机产生的原因以及企业舆情危机的应对策略进行了分析研究。作者认为，“企业危机”无处不在，无时不有，无事不入，无人难免。危机管理是一种使危机对企业造成的潜在损失最小化并有助于控制事态的管理方式，是有助于防范、管理和成功应对危机的管理步骤和行动。对企业舆情和危机管理进行研究，可以提高企业的公信力，对于企业发展来说具有非常重要的借鉴意义。

曾海芳博士的《融合的轨迹：中美报业数字化转型的进路》。本书以美国主流报纸《纽约时报》、《华尔街日报》和《今日美国》以及中国人民日报社、浙江日报报业集团为研究案例，从早期技术革新中的报业生产变革、互联网生态中的报业创新、报业移动版的发展路径以及融合背景下的报业编辑部组织结构嬗变入手，探究中国和美国报业在经历数字化转型并走向媒介融合过程中的轨迹。在此基础上，分析中美报业转型轨迹的相似与不同之处，进而提出报业下一步的融合战略。

张玲玲博士的《批判的观众：真人秀节目真实吗?》。本书关注中国电视真人秀节目如何在新旧媒介并存的传播环境中掀起收视狂潮，建构符合中国观众情感结构的真实图景，研究将真实视为一种认同的机制，认为真人秀的真实性认同不仅涉及对观众接受机制的考察，也涉及"媒介—受众"两端的权力博弈与框架协商。在此书中，作者一方面对一线真人秀导演进行深度访谈，观察制作方框架如何在微观层面重构真实性边界；另一方面通过问卷调研揭示中国观众的批判性接受机制，考察观众如何在识别故事建构性的过程中去伪存真。生产场域与收看场域的镜像式观照揭示出一个重要的事实：中国的批判性观众正在崛起，他们将作为一种良性力量，推动未来真人秀去娱乐化而回归真实。

本丛书为浙江传媒学院新闻传播学学科建设成果，由浙江传媒学院新闻传播研究院组织出版，研究院院长邵培仁教授担任主编，常务副院长黄敏教授担任副主编。作为省一流学科新闻传播学学科建设的平台，本研究院秉持本土化、特色化和应用性的发展方向，凝聚多学科力量，以问题为导向，服务"文化大省"建设。学科研究从广播电视理论与业务、传播效果与舆情分析、媒介话语与文化、网络与新媒体四个方向着重探索和研究新闻传播理论前沿问题和发展趋势，从理论和经验两个层次分别探讨本学科普遍关注的热点、难点和潜在的理论突破点，力求在理论研究上有所贡献，并为政策制定提供科学指导。学科研究目前在应用性研究方面优势地位明显，在理论性研究方面寻求重点突破，正努力建成省内领先、国内一流、国际上有较大影响力、应用性特色明显的新闻传播学科。希望本丛书的出版，能够为本学科、本研究院的建设添砖加瓦。

媒介、传播同社会变革与发展息息相关，三者有千丝万缕的联系，牵一发而动全身。本丛书试图管中窥豹，以"新"心态看待新形态，不足之处，请业内专家学者指正。

浙江传媒学院新闻传播学科建设领导小组

浙江传媒学院新闻传播研究院

2018 年 9 月

他　序

我初识电视，大约在1976年，距今已43年，那一年，正是我从复旦大学新闻系毕业后留校开始任教的年份。可以说，自那时起，我对新闻、电视、真实性等概念和现象的关注，就没有停止过。

但不可否认，由于各种限制，在很长一段时间里，我们（包括笔者在内）对中国新闻与传播学界的相关认识是不够深入的。直到最近一二十年来，也就是进入21世纪以来，随着社会的发展、技术的进步、学科的成长，尤其是业界、学界在媒介实践和传播研究两方面与世界的深度融合，才带来了蓬勃的生气和活力，无论是媒介生态还是学术研究，皆可谓面目一新。

其例证之一是，这段时间恰与我作为博士生导师的经历重合，近二十年来，我指导的博士生达六十多位（整个学界则更数以千计），他们或偏好基础性的理论和历史研究，或侧重应用性的实证和实务研究，题材多样，风格各异，但有一个共同点，即以他们的智慧和努力，做出各具特色的成果，促进了中国新闻与传播学术的整体繁荣。

张玲玲博士就是其中出色的一员。她的博士学位论文以电视“真人秀”节目的真实性为研究对象，颇具理论意义和实际价值，因此，不仅获得答辩委员会的好评，顺利毕业，而今在此基础上又形成专著即将出版，可望产生更加广泛的社会影响，作为导师，我深感欣慰。

在我看来，这部新著的主要优点可概括如下：

第一，创新性。电视“真人秀”节目兴起于20世纪末的欧美国家，21世纪初传入中国后，风靡一时，但正如作者所言，对这一社会现象与媒介景观的科学研究，发达国家已有相当可观的积累，而中国尚起步不久，尤其缺乏从受众角度展开的实证研究，因此，这一秉持全球化视野的本土化探索，正当其时，难能可贵。

第二，规范性。作者既有从事电视工作的亲身经历，又接受了学术研究的专业训练，加上本人的勤奋、悟性，在整个研究过程中，体现了良好的科学规范，尤其是作者对定性方法（文本分析、田野调查、深度访谈）和定量方法（问卷调查）的适当结合与严谨操作，切实保障了这一研究的成功和质量。

第三，反思性。科学精神的内核，就是质疑、批判、反思。作者在收集前人文献、节目文本、访谈信息、调查数据等大量资料的基础上，深耕细作、条分缕析，展开富有反思性的演绎和归纳，从而得出了一系列发人深省的结论。有趣的是，作者对理性、积极的批判性观众赞赏有加，这可谓是学术品格与媒介素养的不期而遇、殊途同归吧！在最后的结论中，她呼吁中国电视（自然也适用于一切媒介）致力于培育批判性受众，对此，我深以为然。

总之，就本人的感受而言，这部佳作对于启迪、丰富、深化有关电视、新闻（在广义上包含“真人秀”节目等各种非虚构内容）、真实性三者关系，以及权力、媒介、受众三者关系的认识和思考大有裨益。为此，谨向广大业界、学界同人，以及社会各界有识之士郑重推荐。

张国良

2019 年 6 月 2 日

前　言

自2013年以来，真人秀在中国掀起收视狂潮，以“真实”为卖点、以游戏推动情节、以旁观式拍摄手法营造纪实感。真人秀通过建构符合中国观众情感结构的真实图景，迅速在媒介变革时期的收视市场占据重要位置，涌现出一批如《爸爸去哪儿》《奔跑吧兄弟》《我是歌手》《演员的诞生》《声临其境》《向往的生活》等现象级节目。那么，真人秀节目真实吗？所有的真人秀制作方都宣称，他们的节目绝对真实；但是对于观众来说，这似乎是一个难以回答的问题。

真人秀真实吗？这不是一个单纯从文本层面就能回答的问题。2015年，国家新闻出版广电总局出台的《关于加强真人秀节目管理的通知》提出“坚持以人民为中心的创作导向”，明文规定真人秀应“体现真实和真诚”，“关注普通群众，避免过度明星化”，“提高普通群众参与真人秀节目的人数比例”，“防止明星嘉宾作假作秀、愚弄观众”。2017年，党的十九大报告提出始终坚持“以人民为中心”的价值追求，强调“人民是历史的创造者，是决定党和国家前途命运的根本力量”，提出“讲好中国故事，展现真实、立体、全面的中国，提高国家文化软实力”。2014年习近平总书记在文艺工作座谈会上指出，“文艺不能在市场经济大潮中迷失方向，不能在为什么人的问题上发生偏差，否则文艺就没有生命力”。以上论述从政治与规制层面关照了作为普罗大众的观众的主体地位，以及影视艺术作品对于真实价值的追求，指导本书将真人秀本质内涵界定为“人”，即参与到真人秀生产与传播场域中的真实的、作为主体的人。观众主体缺失是掩藏在真人秀诸多行业乱象之下的根本性问题，本书将观众对节目的认知与态度作为衡量真人秀是否真实的主要依据，测量媒介融合转型中的“文本—观众”二元关系，重新审视作为价值主体的中国观众理性觉醒与观念变迁的路径，为“以人民为中心”的节目形态创新与传播提供理论支撑点，借此重构真人秀作为一种独立节目类型的大众文化内涵与社会价值。本书从真人秀“失真”的现象入手，使用实证研究方法探究其真实性价值建构的机理，挖掘观众主体重塑在行业转型创新中的主导性动因与意义。

类型研究将真人秀界定为一种杂交的真实类型。早在1994年，英国学者理查德·科尔伯恩撰文提出真人秀是一种混合体，“首要目标在于提高共享经验和生活现实的品质”（Richard Kilborn，1994）。自此，文本研究一直关注真人秀“宣称真实”（claim of truth）与人工性之间的矛盾，真人秀“将日常行为放置在摄像机前面”，“现场空间也是表演空间”（John Corner，2002），标示着纪录片与剧情片之间泾渭分明的界限开始松脱与模糊（斯特拉·布鲁兹，2013），真人秀通常假定观众不能在通俗事实娱乐电视节目提供的娱乐、信息、幻想与真实之间加以区别（安妮特·希尔，2008）。中国学术界对真人秀的讨论主要集中在技术理念层面，认为真人秀必须忠实于记录节目完整的过程，强调“环境真实”“人物真实”“制作真实”（苗棣、毕啸南，2015），或“场景真实”“行为真实”“媒介真实”（查伟诚，2015），违反既定的技术理念规则将会导致故事“失真”。长期以来，类型研究试图将真人秀从纪录片、戏剧、电视新闻等传统真实类影像中独立出来，探究其作为一种杂交真实类型的主体合法性；但同时真人秀难以摆脱其杂交真实的“原罪”，西方媒体常常忧虑真人秀会将观众变成“去敏感化的（desensitized）”“目瞪口呆的怪物”（斯特拉·布鲁兹，2013），也就是说，观众主体缺失一直是一个伴随真人秀发展的原生性问题。

受众接受研究则致力于揭示受众对真人秀真实性认同的复杂性，该领域经历了从消极受众到积极受众的范式转换。受众接受研究颇具规模的是对真人秀节目《老大哥》的研究，研究发现某些群体绝对信任真人秀的真实性，例如，德国青少年往往认为《老大哥》呈现的是绝对真实（Götz Maya，2004），年轻女性认为《老大哥》如纪录片一样反映了真实的人与真实的生活（Hobson Dorothy，2004）。在此，观众被看作一群消极的、不理性的、缺乏批判能力的人。另一些研究则在积极受众范式内考察观众对于真人秀节目信任的复杂性。首先观众并不认为真人秀绝对真实（Annette Hill，2005），他们经常质疑节目所宣称的真实，并在人工性中寻找真实（Janet Megan Jones，2003），在上述研究中，观众被认为是主动的、理智的、清醒的。另有研究认为观众对真人秀的认同与文化环境有关，相比较于英国观众，中国观众更加相信真人秀的真实性（Chris She，2013）。受众接受研究揭示真人秀真实价值在认识论层面的多元化，并承认受众在真人秀认同中的主体地位。

当“受众”变成“观众”，观众主体性才能得以真正确立，在此观众不是作为传播对象的“他者”，而是具有主体意识自觉的个体或集群。观众的主体性可溯源至英国伯明翰学派之父霍尔的“编码解码”理论，“协商式解码”将受众身份引入意义生产，强调受众的主观能动性，由此开启一系列后续研究。隆·莱博肯定电视观众的“思维自觉性”，在该概念框架之下提出与观众主体性相关的一系列概念，如“合理性判断”“批判性收视”“识别程式”等（隆·莱博，2005）。在“编码解码”理论视阈下，观众观看真人秀节目的模式分为四种：透明性模式（transparent mode：text as life）、参照性模式（referential mode：

text as like life)、中介性模式（mediated mode：text as production）、话语性模式（discursive：text as message）。该模式揭示了真人秀“文本—观众”关系的结构性变化，以及媒介权力向观众端转移的过程（Carolyn Michelle，2009）。主体性还体现在观众对真人秀的“批判性观看”，“当人们把自己放在真实电视批判性的观众的位置上时，他们就将自己和通常描述的愚蠢的、有偷窥欲的、易受愚弄的真实电视观众区分开来”（安妮特·希尔，2008）。更为理想化的概念是“智性观众”（savvy viewers），“智性观众”能够认识到“真实”的建构性并对西方真人秀产业产生巨大影响，使后者不得不提出“去魅的承诺”（Alison Hearn，2009）。

在不同理论进路下，对中国真人秀观众的主体性有多种阐释方式。赵军将观众认同作为衡量真人秀真实性的标准，指出观众对真实性的感知包含情境感受度、身份认同感、叙事接受度三个方面（赵军，2010）。王蕊指出，观众在观看真人秀过程中获得主体性认同，同时也迷失在虚拟真实当中（王蕊，2017）。杨雪从家庭结构视角关注真人秀文本中的主体性表达，指出家庭结构的核心化使主体意识萌发，亲子类真人秀节目中的核心化的家庭结构赋予家庭成员现代自由和主体意识的表达（杨雪，2017）。吴畅畅从“普通群众参与”的角度指出，群众参与类真人秀是复制了现有社会结构与社交形态的“真实”的秀，它不仅突破了所谓普通人和明星的构成问题，更超越了国家意识形态对文本的规训能力（吴畅畅，2016）。上述研究表明，中国观众观看真人秀的方式正在发生变化，尤其是2013年以来，以《爸爸去哪儿》和《奔跑吧兄弟》为代表的观察式真人秀热潮同时席卷电视荧幕与互联网社交媒介，为提高中国观众媒介认知力提供了良好契机。中国观众主体性意识迅速觉醒，具有批判能力的智性观众群体正在形成。遗憾的是，国内学术界对该现象的观察较为零散，缺乏直指问题核心的系统性研究，且定量的实证研究较为罕见。

由于影视艺术与新闻传播的学科范式差异，观众的主体性无法直接在一个统一的理论框架之下内洽，但以上揭示真人秀领域深层变化及观众主体意识觉醒的成果为本书提供了宝贵启示，即真人秀观众主体重建问题不仅是一个未来可期的愿景，而且是一个超越媒介文本，勾连技术机理、媒介规制与观众精神文化群像的学理性问题。基于此，本书将深挖不同范式之间的内在冲突与潜在关联，通过实证研究方法设计，探究观众主体意识的觉醒与重塑对真人秀产业所产生的价值反制，以及媒介融合环境下真人秀产业与观众共同体进行价值共谋的多种可能。

观众主体性缺失是一个一体两面的问题，问题表征为真人秀故事不真实、人物不真诚，不贴近人民群众的现实生活，缺乏具有逻辑性与触及人性的故事，无法建构真实的社会图景。真实的故事能打动人心，而失真失范的故事则会侵犯观众权益、扰乱社会价值系统、戕害媒介公信力；如果不确立观众在真人秀中的主体地位，其价值失范现象则难以从根本上得以消解。真人秀故事是中国故事不可或缺的一部分，系统研究其价值失范的技术机理与观众主体重塑问题具有理论与现实双重意义。“以人民为中心”的理念将真人秀价值取向聚焦为具有主体意识的观众，并回答了真人秀“为了谁、依靠谁、我是谁”的根本性问题，这是指导本书确立研究目标的中心思想。习近平总书记在文艺工作座谈会上指出：“以人民为中心，就是要把满足人民精神文化需求作为文艺和文艺工作的出发点和落脚点，把人民作为文艺表现的主体，把人民作为文艺审美的鉴赏家和评判者，把为人民服务作为文艺工作者的天职。”“人民不是抽象的符号，而是一个一个具体的人，有血有肉，有情感，有爱恨，有梦想，也有内心的冲突和挣扎。”那么，具有主体性的真人秀观众究竟是何面貌？在真人秀的制作、传播与规制层面，观众是以何种方式发挥其能动性并建立价值共谋的共同体？

基于以上，本书将聚焦以下几个议题：第一，真人秀节目生产场域如何塑造真实性价值？通过参与式观察与文本分析，揭示媒介技术变迁与资本介入导致的价值冲突现象，以及以观众为主体的价值导向在复杂的内容生产流程得以实现的技术机理。第二，真人秀传播过程中观众如何呈现主体性自觉？通过概念重构与变量建构形成分析工具，使用实证研究方法揭示2013年真人秀热潮以来中国观众主体性的基础面与量化研究发现。第三，观众主体性在规制层面是否有具体表现？通过中外规制文献对比分析，提出中国真人秀媒介规制在价值引领与技术指导层面实现观众的参与和共谋，并促进观众主体自觉的具体路径。第四，观众主体性在真人秀融合创新的过程中是否具有推动力量？整合建构观众主体性重塑相关概念与理论，通过建构扎根理论（grounded theory）研究方法整合研究资料，发掘媒介融合背景下的观众主体性概念内涵与价值共同体形成机制。

本书通过建构扎根理论方法与实证研究设计，从生产、传播与规制三个进路切题，考察三个场域之间的潜在联系与结构性变化，提出观众主体重塑的基本路径。在方法论设计层面，观众主体性是个体在具体媒介情境中对真人秀文本的认知、鉴别、批判与自省，以及制作方与规制方对“文本—观众”关系的价值想象，相关变量可通过研究者的行动被挖掘出来，最终形成文本、编码、概念与理论。基于这个思路，本书将使用如图1所示的技术路线来建构扎根理论。

本书采用多种研究方法。首先是参与式观察法，参与式观察法运用于对真人秀生产场域价值失范及其技术机理的考察，笔者进入真人秀生产现场进

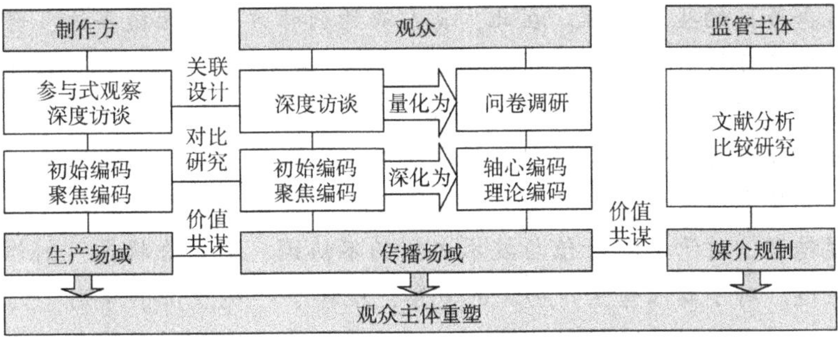

图1　基于生产、传播与规制场域的建构扎根理论技术路线

行参与式观察，观察制作方对原生态现场的策划、拍摄、后期制作的完整流程，总结制作方建构故事的框架，形成编码。其次是深度访谈法，深度访谈法运用于考察制作方个体对真人秀故事真实性的建构原则。最后是问卷调研法，问卷调研法运用于考察传播场域的观众研究，问卷设计承接关系深度访谈编码并聚焦以下几个基本假设：①真实可信的故事是观众的期待；②观众对故事的真假与价值倾向具有自觉批判能力；③观众的批判能力既来源于主体，也来源于他者，并基于主体和他者的互动进行自我重塑。

在我国真人秀发展的现实情境之中，观众主体缺失问题涉及多个范畴，如节目生产流程的技术性失范、传播过程中的话语“失真”、制作方对观众主体意识的察而不觉，以及媒介规制的悬置与重建。头绪繁复之中，观众主体重建，即“批判的观众”作为提纲挈领的要素被本书置于中心地位。本书采用建构扎根理论的方法论原则进行实证研究设计，勾连不同范式和场域之间的内在逻辑，搜集一手资料并通过对材料的萃取建构编码，最终在学理层面对“批判的观众”做出创新性阐释与理论建构。综上所述，本书的内容架构呈现如下：①对于真实性问题的探源，内容主要集中于第二章。主要回溯了真实性概念的历史与理论脉络，初步界定真人秀真实性概念内涵与理论建构可能，将真实视为人们感知客观世界的方式、一个充满理性光辉的概念，并将真人秀的真实性作为一种观众接受领域的认同机制，试图聚焦观众对于真人秀真实性的信任与批判性接受研究。②对于真人秀媒介特性的讨论，内容主要集中于第三章。通过界定真人秀的媒介特性，并结合典型真人秀节目样本探讨真人秀的真实性，深入分析真人秀在内容生产过程中建构符号真实的方式，将真人秀界定为一种基于电视媒介本体、吸收戏剧电影媒介特征的跨媒介文本，认为真人秀的本体性和跨媒介性决定它是一种极端复杂的真实类型。③对于真人秀生产场域的考察，这部分内容主要集中于第四章。通过实证研究考察真人秀生产场域价值原则的可观察表征与内在因素，以及“观众价值原则”在与其他价值发生冲突时制作方的协商逻辑，考察对象是国内主流真人秀节目的生产流程。在此，真人秀的创作方式、拍摄手法、剪辑规则等为实现节目价值目标而采用的手段统称为“技术”。此研究设计基于以下现实背景：中国真人秀自2013年在移动社交媒介驱动下进入黄金时期，其面临的是新媒体崛起与政府价值宣传导向的双重宰制，资本市场与商业逻辑的过度介入导致多元价值冲突，致使节目所诉求的价值目标与技术操作之间的关系出现转型。对于某些价值与技术之间的不协调、不内洽状态，制作方需要重新调适。对于真人秀生产场域的考察，观察了“观众价值原则”与商业原则和资本逻辑之间的冲突与协商，通过对节目生产流程的观察与研判，厘清隐藏在内容生产场域的价值冲突与融合机制。④对于观众认知结构与批判性观看的衡量，此部分详见第五章。第五章聚焦真人秀传播场域观众的批判性认同机制，重点关注观众对真人秀故事的认知结构、鉴别与批判能力，以及观众通过批判性观看重构内在精神世界的方式，主体研究通过定量的问卷调研来实现。此部分将观众对真人秀故事去伪存真的鉴别能力作为一种积极的思维自觉过程，揭示故事在传播环节产生“失真”与价值消解的结构性因素，即观众对于真人秀的解读方式哪些处于制作方所建构的媒介框架之内，哪些游离于框架之外；同时考察有哪些中介性机制驱使观众自由穿梭于故事框架边缘，促使其成为具有成长性的智性观众；观众如何通过真人秀重新想象、界定和评估自身与真实世界、日常生活以及公共空间的关系。⑤观众主体觉醒与价值重建研究，详见第六章。此部分重点观察“真实契约”视角之下的观众主体性思想与规制重建路径，通过文献分析与比较研究方法破题真人秀媒介规制重建。“真实契约”是早期针对纪录片领域的制作者与观众之间关系的概念，主要内涵是两者对同一事物的认同标准以及商业关系。该概念将真人秀的规制重建视为一种协商而非管制，在“真实契约”视角之下比较研究中外规制文件中的观众主体性思想，研判国外较为成熟的规制文件，例如，1998年英国广播公司（BBC）发布的《制作人指南》(Producers’ Guidelines)、《编辑指南》（Editorial Guidelines）等，挖掘其“避免误导观众”（avoiding misleading audiences）价值原则的技术实现原理。另外，互联网新媒体的崛起为观众主体觉醒与价值重塑提供了新的空间，新的信息权力结构重塑观众主体性，促使其形成价值共同体并成为一股反制于内容生产场域的主导性力量。在后真实环境之下，真人秀观众主体价值在互联网空间中呈现多种表达，新的技术结构将其重塑为亨利·詹金斯所描述的“拆穿者”、“批判者”和“集体智慧”的提供者，并促进其最终形成价值共同体。⑥对真人秀“慢”转型的考察，详见第七章。最后一章具有较重的评论总结色彩，将“程式”作为重新解读真人秀之快慢变迁的因素，重新观察“批判的观众”视野之下的真人秀“慢”转型。从程式识别角度重新审视真人秀转型，其“慢”的理念在制作层面呈现出多种维度的内涵，“慢”成为一种建构真实世界的美学理念、一种文化态度 、一种价值取向。对于慢综艺来说，“慢”的奥义在于将审视的权力交还给广大的“批判的观众”，制作方必须拉近文本与生活的参照距离，保持文本与观众的鉴赏距离，将“成长性的独立个体之合集”的观众作为真人秀“慢”之动因与最终价值归属。

本书的重点在于理论建构，试图跳脱纯理论批评范式，通过实证研究设计建构“批判的观众”主体性，发掘其概念内涵与理论张力，将“观众主体性”提升为具有主观能动性的社会价值主体，并落实到可观察可测量的层面，从一个隐含的社会文化动因转变为具有学理性与现实性的微观理论。本书试图兼顾个案的典型性与理论的普适性，综合多种研究手段逐步揭示“观众主体性”的表征与重塑机制，寻找潜藏在个体的态度与行为背后的价值规约，并尝试在方法论层面开拓一种针对某个特定影视文化现象的质化量化结合研究范式。该范式致力于澄清观念和解决问题，它不仅包含对概念的重塑，而且注重围绕该概念对周边一系列结构性因素进行考察，这种考察通过研究者对媒介组织的参与式观察和对个体的对话来实现。在进行相关研究的过程中，本书的难点在于兼顾研究设计的可执行性与普适性，对于学术研究人员来说，真人秀内容生产一线资料获取具有一定的难度，进入某些真人秀节目生产现场、获取原始资料需要大量沟通协调工作。尽管如此，本书仍然收录了多位一线制作人员访谈记录，原始资料涉及多个现象级节目的田野调查与观众问卷调查资料，这对笔者的材料处理能力提出了较高要求。同时，本书也存在一定的局限性：其一是研究的倾向性，关注的是真人秀观众的一部分，即批判性的观众，这也是观众样本偏重年轻受众群体的原因，研究结果在适用于所有观众群体时是有局限性的；其二，囿于个人经验与理论视野，文章的研究设计最初是针对某些现象级的真人秀节目，研究设计经过修改，但涵盖其他真人秀时却存在某种程度的不适配性，因此某些研究结论在广泛意义上的观察式真人秀中较为适恰。在本书对材料的处理中，质化资料与量化数据接合不仅存在一定难度，而且质化资料与量化数据之间难以实现严丝合缝的接合，在将原始资料转化为学理性结论过程中，在变量的提炼与萃取过程中，难以避免小部分资料浪费的问题。

限于研究者的水平，本书一定有不足和疏漏之处，敬请广大读者提出宝贵意见，以便在后续研究中进一步纠正和改进。

目　录

1

绪论：为何重提真实性问题？

1.1 重新叩问：真人秀真实吗？

真人秀节目井喷是近几年中国电视内容生产领域的重要现象。一方面，基于意识形态宣传与社会价值观重塑的需要，国家对于传统严肃事实类节目扶持力度加大。[①] 另一方面，新媒体崛起倒逼传统电视媒体进行产业结构变革，各大卫视在运营压力之下加强对娱乐类节目的引进与研发，大量生产制作“以民为本”“具有某种普世性”，“涉及共同经历、从而迎合各个层面的观众喜好”[②] 的真实娱乐节目，也就是真人秀。在政治经济双重驱动之下，中国电视对纪实类影像的生产正在经历全面娱乐化转型，承担主流价值传播与集体记忆建构功能的传统事实节目逐渐式微，而作为杂交文本的真人秀则异军突起，在此类文本中，表演与事实交叉、虚构与非虚构混杂，真实与非真实的边界越来越模糊。另外，这种转型路径导致电视对于真实的建构濒临失控状态，以价值建构为名行商业利益之实的真人秀挟全面娱乐化热潮席卷电视与互联网，使传统真实无法逾越的边界被“表演”的真实所逾越。对于这种现象，英国广播公司新闻主播约翰·汉佛莱（John Humprys）提醒道：真实娱乐影像侵害了传统纪录片的冷静严肃的纯真状态，会留下一群“已经去敏感化（de-sensitized）”的观众。[③] 那么，事实是否如他所言？真人秀是否

---

① 2013年新闻出版广电总局下发《关于做好2014年电视上星综合频道节目编排和备案工作的通知》（业内俗称“加强版限娱令”），要求电视上星综合频道需“按周计算平均每天6：00—次日1：00之间至少播出30分钟国产纪录片”。

② 斯特拉·布鲁兹．新纪录：批评性导论［M］．吴畅畅，译．上海：复旦大学出版社，2013：177.

③ 斯特拉·布鲁兹．新纪录：批评性导论［M］．吴畅畅，译．上海：复旦大学出版社，2013：269.

具备“魔弹”一样的威力？持续迁延的中国真人秀热潮在倒推电视媒介融合转型的同时，是否正在制造一群“已经去敏感化（de-sensitized）”、失去批判力的观众呢？

“赋魅”与“祛魅”是真人秀的一体两面。如果传统老牌真人秀（譬如《超级女声》，2004）是致力于将普通人塑造成明星的“赋魅”过程，那么，新派真人秀（譬如《爸爸去哪儿》，2013）则反其道而行之，抹去明星标签呈现其普通人的一面。在“祛魅”的过程中，观众常常在社交媒体上围绕真人秀故事情节是否真实、参与者是否真诚而展开争论，节目热播的同时，真人秀所建构的“真实世界”成为全民热议的话题。在经济利益诱惑之下，有些处于井喷状态的真人秀逐渐放松对于真实性的追求，呈现出全面娱乐化面貌，“重娱乐”而“轻真实”。在互联网媒介的介入之下，虚构与非虚构之间的界限进一步被“祛魅”的真人秀打破，人们原有的关于媒介真实的认知框架被冲击得七零八落。从认识论角度出发，以“媒介—受众”关系为基点重新审视真人秀的真实性尤为重要；尤其是基于对生产实践与观众接受的贴地观察，以及对真实性问题抽丝剥茧，将帮助我们管窥新媒介时代电视媒介价值转型轨迹。

在虚构与非虚构的交集区域，影像真实的边界趋于模糊。真人秀的进一步杂合体现了事实和娱乐交集区域的杂交特征，面对一个新生的事物，观众往往会经历一个休克效应阶段，无法准确判断影像与现实之间的关系。摄像机刚刚诞生的时候，人们对于影像中呼啸而来的火车感到恐惧，1938 年美国哥伦比亚广播公司播出关于“火星人入侵地球”的广播在全美引起恐慌，而当真人秀模仿纪录片建构仿真娱乐世界时，观众的反应亦是如此。1999 年，真人秀节目《老大哥》诞生于荷兰并红遍全世界，当时有不少观众认为它像纪录片一样是反映真实世界的镜子，把它作为生活世界的参考，这种“镜像效应”也出现在中国观察式真人秀热潮勃兴之初。2013 年，湖南卫视电视真人秀《爸爸去哪儿》第一季播出时，中国观众对以普通父子身份出现的星爸萌娃们产生巨大好奇，认为节目通过对明星的“祛魅”呈现了位于顶端的生活世界的真实图景。当《爸爸去哪儿》同名电影播出时，观众们不仅前仆后继走进电影院贡献了 7 亿票房，还在电影结束的时候意犹未尽地在一起唱起主题歌。笔者在调研的时候，看了《爸爸去哪儿》四遍，每一场结束的时候，“爸爸，爸爸，我们去哪里啊”，大人和孩子的歌声响彻整个影厅，这种景象恐怕是任何其他类型的电视节目都没有出现过的。《爸爸去哪儿》的导演谢涤葵对此非常骄傲，对媒体宣称这是因为电影足够“真实、欢乐、自然”。[①] 但是，随着时间的推移，观众对于电视真人秀感受逐渐发生变化，《爸爸去哪儿》播出第二季、第三季时，当初的投入与沉浸变成了抽离与质疑。当观众开始站到距离文本稍远的位置来看真人秀节目时，意见出现了分化，有人趋于理性，有人疯狂依旧。基于时间线的观众意见的变化给我们一种宝贵的启发：作为一种传播效果，观众对于真人秀文本真实性的认同绝对不是单一的，无论是在时间的线性维度还是人口学的扇形角度，他们对于同一类文本的认知与态度均凸显出复杂多变的层次。

从《超级女声》到《爸爸去哪儿》，再到现在的各类“慢综艺”，真人秀在十几年间发生了巨变，其生产方式、观看模式与传播环境的变迁，成为我们重新审视真人秀的真实性问题的重要维度。亨利·詹金斯提出，媒介融合时代所推动的是公共而不是个人模式的反应，很少人是在完全沉默和隔绝的状态下收看电视节目的。电视提供了在冷饮机旁闲聊讨论的素材，而现在，对于越来越多的人来说，连冷饮机旁的这种讨论环境也数字化了。[②] 在中国迅速崛起的社交媒介成为电视真人秀重构真实的新平台，制作方可以通过网络传播幕后制作图景，参与者可以通过网络展示真实自我，而观众则可以在此讨论真人秀节目中的真真假假。非常重要的一点是，观众不再是孤立的个体，真人秀文本面对的是由虚拟空间与现实空间中的不同社群共同组合而成的复杂集合体。

在此请容许笔者打一个比方，在“文本—观众”二维关系中，社交媒体平台的存在如同在制作方与观众之间树起了一面巨大的“毛玻璃”，借助这面“毛玻璃”，制作方与观众可以窥见对方的存在，正如半开放式餐厅的顾客与厨师，社交媒介给两者提供了相互观看的渠道。但从另一方面来讲，这面“毛玻璃”却不一定能够促进两者之间的交流与协商。制作方与观众在协商之中对接彼此判断真实的观念框架，并共同接纳真人秀文本的“真实”，这种理想的状态似乎很难实现。编码者与解码者之间的解释框架有交集，但其所拥有的信息资源仍然存在巨大差距，如果说真人秀的真实性认同取决于制作方与观众之间的共识，那么这个交集区域将成为最大的决定性因素。也就是说，

---

① 《爸爸去哪儿》票房将超5亿 导演回应：电影真实［EB/OL］.［2014-02-16］.http://gb.cri.cn/27564/2014/02/06/4945s4412491.htm.

② 亨利·詹金斯. 融合文化：新媒体和旧媒体的冲突地带［M］. 杜永明，译. 北京：商务印书馆，2012：61.

社交媒介能够为制作方与观众提供怎样的交际界面，成为影响或决定认识论层面真人秀真实性的一个重要因素。

在研究设计中，笔者始终抱着关注媒介转型背景下电视领域重要现象的初衷，试图通过对现象的剖析触及纪实类影像全面娱乐化转型引发的深层问题，即真实性问题。真人秀的本体是什么？这是叩问真人秀真实性的原初问题。在以往的影视传播理论中，真实性往往被放置于纪录片领域讨论，似乎与电视媒介主体性毫无关系，事实上，作为事实类影像生产主体，电视媒介一直承担着为观众建构真实图景的功能，而以真人秀为代表的真实娱乐是公共传播领域的重要现象之一。从本体角度而言，真人秀体现了电视媒介的两大特性，即作为信息的电视和作为娱乐的电视，真人秀的真实性与电视媒介建构真实的方式一脉相承。通过对真人秀节目真实性的研究，我们是否可以管窥新媒介崛起时期“受众—媒介”二元关系的变迁，并借此探索未来电视媒介的价值转型趋势呢？总而言之，对于当下的新旧媒介融合转型的现状来说，真人秀节目的真实性如何，这不失为一个提纲挈领式的叩问。

1.2 如何重新认识真人秀的真实性？

在新旧媒介交叉并行的时代，当真实性被界定为一个主要从认识论角度讨论的问题，真人秀文本就像一个多面棱镜，折射出当代社会文化中错综复杂的一面。

在与真实有关的影像研究中，大部分研究并非针对真实本身，而是注重若干因素以某个中介物为中心而产生的一系列关系，如某个特定文本的传播者与受众关系。在电视研究领域，相关美学研究为定义真人秀真实性提供了参考，理论家已厘清真实与纪实的区别，如钟大年指出的“纪实不是真实，纪实是一种美学风格，是一种与真实的关系。影像不是现实，而是被中介了的现实，在观众与现实世界之间，还存在着创作者、摄像机、再现的作用与方式等因素”。① 胡智锋教授从电视纪录片传播角度提出的“多重假定的真实”概念，认为电视纪录片产生的“生活真实感”经过了多重假定程序，实现“多种假定的真实”的前提是电视节目创造者与电视观众对于生活原生态

---

① 钟大年．论纪实不是真实［J］．现代传播，1992（3）：19-27.

真实取得某种默契和共识，并对电视媒介语言有着某种共同的理解和熟悉。[①] 在理论家的视野之中，真实的标准是复杂多变的，人们对于文本真实性的认同是一个动态的、充满不确定性的过程。

毫无疑问，无论是对于制作方还是对于观众来说，真实都是真人秀节目必须具备的基本美好品质。真实性是人们对客观事物的感知真实和积极评价，从观众收视期待而言，真实性往往能促进观众持续收看某个节目。人们会选择那些他们认为足够真实的，或者足够接近于他们亲身经历的节目，这种真实与观众对节目合理性的判断有关。[②] 在学术研究领域，专门研究观众对真人秀的真实性接受的文献非常少。那么，重新认识真人秀的真实性，该从何入手呢？从实证角度而言，对解答真实性问题有裨益的研究有两类：一种是电视节目真实性接受研究，另一种是真人秀观众接受研究。这两类研究既包含批评领域，也包含实证领域。在电视节目真实性接受的实证研究中，隆·莱博的研究给笔者较大启发。他曾在20世纪60年代对北加利福尼亚工厂工人进行访谈，考察电视收视文化中媒介权力和观众观看之间的关系，在较为宽泛的范畴内提出了与真实性接受相关的概念，如合理性判断、批判性收视、识别程式等，这些概念对于解释中国观众对真人秀节目的接受过程非常具有启发性。在真人秀受众研究领域，比较系统的实证研究是安妮特·希尔（Annette Hill）2000至2005年的真人秀观众研究，她使用定性与定量结合的方法，调查英国观众对真实娱乐类节目的看法，在积极受众范式内考察了观众对于真人秀节目的看法，揭示了观众对真实性信任所具备的复杂性一面。与安妮特·希尔比较相似的还有2005年谢豫琦对于《恋爱巴士》节目的阅听人的研究，详细考察了制作单位、参与者和阅听人之间"真实契约"的形成机制。与之相类似，珍妮特·梅根·琼斯（Janet Megan Jones，2003）通过网络问卷对《老大哥》观众的跟踪研究，呈现了观众与节目达成"个人真实契约"（personalised reality contacts）的过程。在偏向实证的研究之中，关于真人秀节目观众接受的模型较为少见。卡罗琳·米歇尔（Carolyn Michelle）在对真人秀《超新星》（*Rock Star*：*Supernova*）的分析中，使用了一个"观众接受的混合多维模式"（Composite Multi-dimensional Model of Audience Reception），他参照"编码解码"理论，将真人秀接受按照文本与观众之间的不同关系分

---

① 胡智锋．论电视纪录美学（上）［J］．现代传播，1993（1）：52-62.

② 隆·莱博．思考电视［M］．葛忠明，译．北京：中华书局，2005：207.

为四种模式，通过这四种模式分析不同观众对于真人秀节目的真实性认同，以及不同观众对真人秀文本的接受过程，从较为具象的层面揭示了真人秀节目的“文本—观众”二维关系形成的机理，这个模型对本书也具有较大启发。

在真人秀的观众接受研究中，真实性是媒介批评领域关注的重点，但因真实性这个概念难以描述，更难以测量，这令诸多实证研究领域的研究者无从下手，因此，也并没有现成的、完整的模式可供套用。但是，以往研究为重新认识中国真人秀的真实性提供了宝贵的经验，尤其在理论思路与方法设计方面，借由实证研究重新考察、重新描摹、重新认识中国真人秀节目的真实性是可行的，且必要的。

1.3 作为新范式的“批判的观众”

戴维·莫利提出，媒介研究被“钟摆效应”主导了很长一段时间，研究者要么专门研究信息，要么专门研究受众，很少把二者结合起来。电视真人秀研究的“钟摆效应”导致了极端观点：文本研究专注于电视真人秀节目批评，认为观众全盘接受节目传递的信息与价值观念，倡导真人秀传播的“皮下注射”模式与“魔弹式”受众观，仿佛媒介在建构真实方面拥有绝对霸权；受众研究专注于观众接触节目文本之后的差异化反应，倾向于“使用与满足”理论，仿佛媒介毫无影响力。自真人秀节目《老大哥》在全世界走红，首先比较流行的是文本中心论者的“魔弹式”受众观，倾向于认为观众是消极的、不理智的、缺乏智慧的。后来，观众接受研究从某种程度上推翻了“魔弹论”的绝对性，证实观众对于真人秀节目的真实性并非全盘接受。例如，安妮特·希尔对英国真人秀的系列研究全面否决了消极的观众，证实英国观众在节目接受过程中具有批判性，从而将真人秀观众从“沙发上的土豆”扭转为主动、理性、清醒的积极形象，这种“积极受众”范式是真人秀观众接受研究的主流。为了避免“钟摆效应”，戴维·莫利将大众传播过程总结为三个要素：对媒介产品生产过程的研究、对产品的研究（研究电视节目，把其当成一套承载信息的符号单位）、对符号进行解码或诠释的过程。观众主动参与了大众传播过程。孤立地看这一个过程的各个因素，并由此做出对大众传播的理解是不恰当的[①]。在这个意义上，观众的主动性与批判性在媒介研究中的效用被凸显出来，观众对于文本的解码机制成为重新理解媒介产品生产的基点。在“媒介—受众”二元关系中，观众对于真人秀真实性的诠释方式是探讨“批判性观众”的核心，也成为重新理解真人秀的真实性认同的基点。观众的主体性体现了大众文化范畴内的媒介与受众之间的权力关系正在发生倾斜，为了考察这种权力关系的变化，如何观察具有批判色彩的思维与观众的能动性成为本书实证设计的重点。

电视真人秀一向被视为开放性文本，但更为重要的一点是，文本的多义性并不是必然存在的。在真实性问题上，真人秀文本呈现出“导向性封闭结构”特征，通过各种方式引导观众按照制作方的意图解读文本，提示观众节目呈现的所有故事都是真实的。与纯粹的受众研究不同，基于“媒介—受众”二元关系的研究既关注真人秀文本传送主控意义的方式，也关注观众批判性接受或拒绝主控意义的方式。基于此，两者之间的“真实契约”是如何在意义的协商之中形成的，这对于理解文本的真实性来说尤为重要。实现兼顾两端的研究，首先需要的是对真人秀生产机制的考察，即制作方拍摄制作真人秀的理念、方法与过程，这有利于在具体事实层面揭示真实性被建构的方式：在固定的叙事框架之下，某些结构被凸显出来，某些则被隐藏起来，文本的主控意义由此被生产出来。

对批判性观众的考察则被置于与之相对，却更具分量的地位。在当下的真人秀生产与传播过程中，“受众本位”原则被放在重要位置，对于观众成长性的直接观察具有某种时代样本意义，尤其是对观众的批判性的考察，即观众自觉对真人秀节目去伪存真的过程，不仅是决定真人秀文本真实性的因素，也是未来在文化层面左右真人秀节目发展态势的因素之一。从更为广泛的社会文化意义来讲，批判性观众的群像也是当代社会媒介文化景观的重要组成部分，从某个时间切片层面对其进行细致的描摹具有样本意义。在传播效果层面，本书在此借用戴维·莫利的定义，将真实性理解为中国观众对于真人秀节目“编码时所规划的倾向性（或主控）解读方式范围内进行解读的程度”。那么，中国观众如何理解真人秀节目的真实性？观众的解码方式与制作方编码方式是否存在共通之处呢？节目制作方所建构的真实是被观众接受还

---

① 转引自：戴维·莫利．电视、受众与文化研究［M］．史安斌，译．北京：新华出版社，2005：88.

是被拒绝了呢？“批判的观众”范式将使用实证材料解答上述问题。

1.4 面向田野的重新出发

作为一种具备多种媒介特征的文本，真人秀热潮为观察新旧媒介的融合转型提供了一个契机，新旧媒介交叉融合的传播环境也为理论的贴地飞行带来诸多不确定因素。在确定研究目标之后，笔者曾积极寻求多种渠道进行田野调查，参与媒体实践，在2015年3月，笔者接到湖南卫视的邀请，到真人秀《我是歌手》录制现场参加调研并录制节目。在此过程中，笔者保持与卫视真人秀导演的联系并对其进行跟踪访谈，导演提供的专业实践领域经验性观点令人获益匪浅。在媒体调研与观众调研中，方法设计与理论框架屡次修改并逐渐成形，最终确定以“媒介—受众”二元关系为基点，通过聚焦真人秀的真实性来洞察真人秀产业领域的权力关系与价值转型的研究架构。本书使用定性与定量结合的方法分析中国真人秀节目的真实性认同，追寻真实性问题的历史与理论脉络，将真人秀节目的真实性问题纳入实证研究领域。在研究的过程中，问题的创新价值逐渐凸显出来。在时间层面，2013年是观察式真人秀崛起的黄金时期，此时距离此前标志性真人秀节目《超级女声》热潮的2004年恰好将近十年，这个时间阶段是考察真人秀作为一种独立电视节目类型转型轨迹不可多得的时机。从1999年《老大哥》诞生之日起，真人秀这种节目类型在世界电视荧屏上已流行十多年，西方学术范畴内的真人秀接受研究已瀚如星海，但从真实性角度进行观众接受研究的文献在国内却寥寥无几。本书之所以选择真实性作为观众接受研究角度，与近几年真人秀价值诉求从“秀”转为“真”、又在“真”与“秀”之间漂移有关。观察式拍摄手法与戏剧性叙事糅合的方式使得真人秀获得了巨大商业成功，但在价值建构领域，真人秀的旁观美学却容易与电视纪录片发生交错，造成观众对于文本真实性认知的混乱。从真实性角度进行观众接受研究具有一定挑战性，在特定时代背景下，这是笔者作为普通观众与学术研究者做出的兼具个人倾向与理性责任的选择，本书的研究结果对于从事学术研究的读者、媒介从业者与广大观众均有借鉴价值。在研究实践中，本书试图搜集翔实的田野调查资料、访谈资料与观众调研数据，一手材料涉及众多中国观众耳熟能详的现象级真人秀节目，这些原始材料包含了解读符号真实与认识论真实两种层次的“真实”密码，本书在此基础上挖掘两种真实的关系，这在真人秀的媒介实践中具有不可多得的样本性价值。

西方批评家担忧纪录片衰退和真人秀崛起将带来一群对于真实“去敏感化”的观众，这种担忧并不是空穴来风。这正是本书首先叩问的问题，中国观众将以怎样的面目来面对迅速崛起的各类真实娱乐节目呢？在真人秀节目中，“真实”以各种新鲜的面目出现在人们眼前，中国观众又是怎样逐步适应与处理这些真假混杂的故事呢？在中国电视媒介历史上，从未有任何电视节目类型能够像真人秀这样长时间占据如此规模的媒介资源与公众注意力，这种杂交体使媒介与受众之间的关系处于动态平衡之中，两者对于“真实”的编码解码必将呈现出多重交叉与断裂、协商与共鸣并存的特点。观众对真人秀的真实性认同或将证明电视媒介影响力依然强大，又或将显示观众的自觉意识逐渐觉醒，对于高度仿真符号逐渐具备愈来愈可怕的批判能力。“批判的观众”是新媒体崛起、旧媒介衰落的复杂传播格局中凸显出的标志性转型表征。在“媒介—受众”力量角逐的动态过程中，“批判的观众”将为未来信息娱乐产业发展带来新的不确定因素。正如议程设置理论带来的启示，媒介影响的并不是人们脑海中的观念，而是人们思考问题所使用的概念和思维方式，观众的觉醒是一个可喜的现象，但观众的批判能力只有在逐步培育中才能逐渐获得成长，在实践中，他们逐渐学会如何与媒介文本在接触中保持一定的距离，保留理性的思考空间。在新媒介迅速崛起与扩张的过程之中，受众的理性意识在逐渐觉醒，并显示出鲜明的成长性潜力。尽管如此，“魔弹论”所描述的观众形象却并未完全消失，从长远来看，如果真人秀使人们逐渐习惯于使用相对轻松的方式去获取“真实”的消费方式，那才是真正值得警惕的。

2 真实性问题溯源

2.1 什么是真实性

真实是一个既古老又新鲜的议题，它既是哲学命题，也是一个与人类现实生活密切相关的话题。媒介为人们提供信息，人们通过媒介接触感知客观世界。媒介提供的信息是否真实、真实程度如何，决定人们是否能对客观世界形成正确的认知，并进一步决定人们能否基于周围环境做出正确的判断。

2.1.1 真实的含义

真实的定义原本指向事物与客观存在之间的关系，在不同的语境之下，真实的含义并不统一。在英文中，与“真实”对应的单词有 real，true 和 authentic。根据《英汉大词典》的解释，real 的意思是：真的、真正的，天然的；现实的、实际的，真实的、实在的；逼真的，似真的。① true 的意思是：真实的，确实的，如实的；真的，真正的，非人造的；纯正的，纯种的。②英文 authentic 的含义比较靠近真诚，它指的是：可靠的，诚实的；（口）真诚；真的，真正的；逼真的。另外，authentic 的名词形式 authenticity 还指可靠性、真实性。③在和真人秀相关的翻译中，有一些词汇与真实有关，如 Truman Show，Reality TV，也有一些与事实有关，如 Factual TV。根据《辞海》的解释，“真”指的是“符合事实的、正确的（跟‘假’‘伪’相对）”，“真实”指的是“符合客观实际的；非虚假的”。④ 根据《现代汉语词典》的解释，

---

① 陆谷孙．英汉大词典［M］．上海：上海译文出版社，2007：2798.
② 陆谷孙．英汉大词典［M］．上海：上海译文出版社，2007：3744.
③ 陆谷孙．英汉大词典［M］．上海：上海译文出版社，2007：196.
④ 路丽梅，王群会，江培英．辞海［M］．北京：光明日报出版社，2012：1504.

"真实"还指"实际存在的"。①《说文解字》对"真"字的解释如下："真，仙人变形而登天也。此真字本义也。经典但言诚实，无言真实者。诸子百家乃有真字耳。"② 可见，"真"最早指的是"诚"，"真实"是由"诚实"演化而来的。聂欣如认为，"真诚"二字最早在人们头脑中形成的时候，是对某事物至诚的相信。这种内在的诚信随着时间的推移和人们对外部世界的认识的增加而逐渐外化，也就是将自己相信的事物通过逻辑推理进行了验证和区分，被证实的和那些不能被证实的产生了分离，被验证的那些事物最后变成了我们今天专指外部事物的那个"真实"。③ 迄今为止，真实在口语表达中仍含有真诚的意思，尤其在形容一个人时，真实仍然与诚实、真诚等品质有关，也常常指一个人的本真性（authenticity），本真性指的是一个人不同于他人的特殊的个性。对于一个人来说是本真的，就意味着这个人有自己独特的、真实的个性。从形式上来说，只有是在个人获得了现代意义上的自决的自由后才可能出现本真性的问题。④ 在不同的历史文化环境中，真实一词的含义经过漫长的演绎，成为一个具有现代色彩的词汇。人们在对客观事物认知过程中，对真实性概念的定义吸纳了人们所具备的批判性因素，强调人们去伪存真的主观能动性，具有一定的理性色彩。

2.1.2 媒介与真实性：作为一种认识论中心的媒介

在关于真实的哲学图景中有一个重要假设，即所有人都不可能直接接触客观世界，只有通过某个中介，人们才能获得对于客观世界的认知。尤其是在现代社会中，人们获取信息的手段越来越多，对媒介技术的依赖程度也越来越高，在众多获取信息的渠道中，人们仍然乐于首先相信那些号称是真实的媒介，正如苏珊·桑塔格所说："人类还冥顽不灵地呆在柏拉图的洞穴里，一如既往地、乐不可支地咀嚼着真理的幻影。"⑤

人们对于媒介真实的认知，最早是从一个"信以为真"的比喻开始的。柏拉图的"洞穴之喻"设定了一个半封闭的洞穴，一群将幻象当作"真实"的囚徒："设想，一些人住在地下洞穴之类的囚室里，那里有一个朝向光亮的

① 《实用现代汉语词典》编写委员会．现代汉语词典［M］．吉林：吉林出版集团有限责任公司，2013：1425.

② 许慎．说文解字［M］．段玉裁，注．上海：上海古籍出版社，1986：384.

③ 聂欣如．纪录片研究［M］．上海：复旦大学出版社，2010：345.

④ 金炳华．哲学大辞典［M］．上海：上海辞书出版社，2007：912.

⑤ 苏珊·桑塔格．论摄影［M］．顾铮，译．上海：上海译文出版社，2008：3.

入口，还有一段通往地洞的长通道。在这里，他们的腿和脖子从小被铁链拴着，不能动弹，只能看到眼前的东西，因为铁链使他们无法扭头。远处的上边有一个在他们背后燃烧的火炉，发出亮光。”柏拉图把这个洞穴比作一个地下影院，囚犯就是看戏的观众，影像从他们身后投射而来。“这些囚犯除了只能把那些人造物体的影子当作实在以外，不会把任何东西当作实在。”① 柏拉图的“洞穴之喻”充满思辨与智慧，它涉及人与影像、人与客观世界的关系，讲述了一群囚犯通过虚构的影像来认识客观世界的悲剧。尽管“洞穴之喻”的设定并非是在真实世界中发生的，但在理论场域中，“洞穴之喻”却屡次被征用。在媒介研究领域，柏拉图的“洞穴”常常被用来比喻一个理想的“虚拟环境”，引发“真”与“非真”的论辩，以及如何处理虚拟世界和真实世界之间关系的思考。无独有偶，舆论学创始人李普曼在“外部世界与我们头脑中的想象”中提到一个岛屿，岛上住着英国人、法国人和德国人，岛屿几乎与世隔绝，只靠两个月来一回的邮轮与外界保持联系。英国人和法国人与德国人开战，但由于信息通道的闭塞，岛民们仍然像朋友一样相处，而事实上，他们已经成了敌人。李普曼关于岛屿的例子和“洞穴之喻”有类似之处，两者都假设了一群被孤立的人，以及基于人们对环境的有限或歪曲的认识而产生的虚拟环境和真实世界。以岛屿例子为引子，李普曼指出：人们眼中的世界景象有时候是多么荒诞不经。“偶然的事件、创造性的想象、情不自禁的信以为真，这三种因素便会产生一种虚假的现实，导致人们做出激烈的本能反应。”② 在李普曼眼里，人并不是亚里士多德哲学中的神，匆匆一瞥就能看破一切，人们眼中的世界与他们所处的真实的环境之间并不是对等的关系，解决问题的最终方法是诉诸理性，“以理性的方式对付非理性思维的世界”。正如在“洞穴之喻”中柏拉图假设有人走出洞穴接受真理的阳光，李普曼对于“虚拟环境”的诠释也散发着理性的光辉。

关于真实的智慧性观点在传播学理论中也有体现。波兹曼曾在“媒介即信息”的基础上提出“媒介即隐喻”“媒介即认识论”的观点：每一种媒介都会用“一种隐蔽但有力的暗示来定义现实世界”。波兹曼认为，媒介能够影响“我们对于真善美的看法，并且一直左右着我们理解真理和定义真理的方法”。③ 在现代社会，不同媒介交织在一起为人们构筑了一个精美的信息“洞

---

① 柏拉图．理想国［M］．张造勋，译．北京：北京大学出版社，2010：170-171.

② 沃尔特·李普曼．公众舆论［M］．闫克文，江红，译．上海：上海人民出版社，2002：3-25.

③ 尼尔·波兹曼．娱乐至死［M］．章艳，吴燕莛，译．桂林：广西师范大学出版社，2009：11-18.

穴”，人们身处其中却已感觉不到它的存在，为“信以为真”现象提供了新的诠释背景。就像麦克卢汉曾提过的“那喀索斯综合征（Narcissus）”，“凭借这种综合征，人们把媒介的心理和社会影响维持在无意识的水平，就像鱼对水的存在浑然不觉一样”。[①]在麦克卢汉的比喻中，如果我们把柏拉图“洞穴”放置在特定社会文化背景之下，一种前所未有的新媒体突然加入，在某个时间节点打破原有传播结构，并改变人们对于“真实”原有的认识方式，那么，“洞穴”之内的状态会发生些许改变吗？麦克卢汉曾用“混搭”（hybridity）的概念回答自己提出的“那喀索斯综合征”问题：两种媒介的杂交或交汇，是一个真理或者启示诞生的时刻，一种新的形式诞生了。两种媒介的相互比拟，将我们置于形式的边界上，将我们从那喀索斯综合征之中拖曳出来（The hybrid or the meeting of two media is a moment of truth and revelation from which a new form is born. The parallel between two media holds us on the frontiers between forms that snap us out of the Narcissusnarcosis.）。[②]

在新旧媒介冲突共存的当下，人们通过媒介到达真实的方式开始发生改变，从认识论角度重新审视受众对于“真实”的认知具有新的价值。以电视媒介为例，受众接收信息的情境已经发生了翻天覆地的变化。在很长一段时间里，电视曾是媒介权力的象征。让·波德里亚曾批评电视媒介对于人类意识的绝对掌控力，“电视，通过其本身的在场，就是在家里对社会进行控制，没必要将电视想象成每个人私生活中针对体制的间谍潜望镜，因为电视的能力远非如此：它能确信人们不再交谈，面对一种无须回应的语言，人们被彻底孤立”。[③] 而现在，没有人在孤立或静默的情境之中看电视，作为“第二屏幕”的手机/电脑已经成为人们收看电视的伴随物，移动社交媒体使陌生人随时随地交流，使收视行为成为一种社交互动：一群相熟或并不相识的人出现在同一个客厅里，坐在同一张沙发上收看同样的节目。通过社交网络技术分析（SNA，social network analysis），研究者发现一个有趣的现象：在特定电视节目收视中，受众之间的讨论已经呈现“中心化”与“去中心化”并存的状态，即围绕某个话题，受众出现一个紧密聚合的中心社区，而周围是众多相

① 范龙．媒介现象学：麦克卢汉传播思想研究［M］．北京：中国大百科全书出版社，2012：66.

② Müller J E. Intermediality revisited：Some reflections about basic principles of this axe de pertinence［C］// Elleström L. Media Borders，Multimodality and Intermediality. London：Palgrave Macmillan，2010：245-246.

③ 让·波德里亚．游戏与警察［M］．张新木，孟婕，译．南京：南京大学出版社，2013：65-66.

对离散的小社区。[①] 波兹曼曾形容电视是“新认识论中心”，随着新媒体的介入，传统媒介的绝对中心被打破，受众认知世界的方式越来越多元化。在新媒介的冲击与解构之下，受众对电视媒介所呈现的真实世界产生怀疑的情形将会越来越多，电视的操控能力也将越来越弱，“新认识论的中心”的制高点已不再被电视所独占。然而，在多种媒介“混搭”的传播格局中，“那喀索斯综合征”会不会消失、真理或启示性会不会诞生的问题并没有答案，但对于仍期待从传统媒介中获取真实的人们来说，新媒介已成为一种新的认知工具。

在真与非真的矛盾关系中，人们通过媒介到达真知的路径有很多，李普曼给出的答案是“理性”，麦克卢汉给出的启示是“混搭”，这些观点对于本研究都具有启发意义。随着技术的变迁，媒介之间的边界一直在变化，时而分明，时而混乱，这是真实问题发生的根源之一。电视本身便是技术进步与媒介杂交的产物，在内容领域，媒介产品种类之间的边界一再发生变化，使媒介范畴内的真实问题越来越复杂。

2.1.3 去边界化：电视的真与非真

媒介建构真实的方式存在巨大差异，在媒介发展史上，文字、绘画、戏剧、电影等艺术手段的发展使人们接近真实的方式越来越多样，也让人们接触到的真实越来越“仿真”。照相机发明之后曾经得到法国电影理论家安德烈·巴赞的由衷赞美：“一切艺术都是以人的参与为基础的，唯独在摄影中，我们有了不让人介入的特权。照片作为‘自然’现象作用于我们的感官，它犹如兰卉，宛如雪花，而鲜花与冰雪的美离不开植物与大地的本源。”[②]这是巴赞影像本体论的核心，即影像与客观现实中被摄物的同一性。后来，摄像机使人们获得比肉眼更为完美的接近真实的方式，维尔托夫坚持认为，电影眼睛远比肉眼更加优秀，因为“电影眼睛存在和运动于时空之中，它以一种和肉眼完全不同的方式搜集和记录各种印象。我们观察时，身体的位置或者我们在某一瞬间对某一视觉印象的许多特征的感知，并不构成摄影机视野的局限”。[③] 每一种新媒介的出现，都在旧媒介的基础上改进人们获取真实的方式，

---

① Doughty M, Rowland D, Lawson S. Who is on your sofa?: TV audience communities and second screening social networks [C] //Proceedings of the 10th European conference on Interactive tv and video. ACM, 2012: 79-86.

② 安德烈·巴赞. 电影是什么 [M]. 崔君衍，译. 文化艺术出版社，2008：10.

③ 杨远婴. 电影理论读本 [M]. 北京：世界图书出版公司，2012：124.

而电视的出现，则使人们获得了迄今为止最接近现实生活的媒介。相较于电影，电视能够为人们提供关于客观世界的即时的、真实的信息。尼尔·波兹曼认为，电视是电报和摄影术的融合，“电视为电报和摄影术提供了最有力的表现形式，把图像和瞬息时刻的结合发挥到了危险的完美境界，而且进入了千家万户”。①

在建构真实的方式上，艺术媒介之间界限相对分明，如纪录片与戏剧电影之间存在非虚构与虚构的边界；而在电视媒介内部，节目类型之间常常重叠交叉，边界不够分明，因此导致人们对于节目真实性的认知出现偏差。例如，在电视诞生之初，为了创造出比电影更贴近现实的节目类型，出现了用纪录片手法拍摄的纪实电视剧，这类“仿真”内容的传播直接影响到当时人们的生活。英国电视剧制作人肯尼迪·特罗德曾经说过：“如果我们在星期三晚上播出一部反映利物浦船坞工人罢工的电视剧，那么在星期四早上，其他港口也将罢工。”美国哥伦比亚大学新闻研究院院长奥斯邦·爱略特也指出：“纪实电视剧使观众分不清哪些是事实，哪些是为了娱乐的虚构。”②电视节目中非虚构与虚构边界混乱，是观众对于节目真实性认知出现偏差的根本原因，如果观众对虚构的影像“信以为真”，就会导致他们对客观现实产生错误的判断与决策。

自20世纪80年代末90年代初，中国电视开始学习西方纪录电影的纪实方法，这些纪实方法既包括直接电影的“旁观”，也包括真实电影的“在场”，在这两种不同的真实理念的指导下，中国电视纪实传统自此逐渐成形，涌现出一大批经典电视纪录片作品。在20世纪90年代，中国电视出现纪录片栏目化热潮，实现对传统事实类节目的日常生产③。直至现在，我们依然常常看见两种真实理念在文本中杂交的印记：在许多新闻、纪录片节目中，等拍、抢拍与挑拍是同时出现的，旁观式记录与碎片式介入常常是混杂的，“旁观”与“在场”两种拍摄理念之间的界限并不分明。尤其是在既追求时效性、又追求完整性的民生新闻中，作为第三方的记者常常直接介入，促

---

① 尼尔·波兹曼．娱乐至死［M］．章艳，吴燕莛，译．桂林：广西师范大学出版社，2009：71.

② 李幸，欧慧玲．视听传播史论［M］．北京：中国社会科学出版社，2010：234.

③ 纪录片栏目化以1993年北京和上海几乎同时出现的两个栏目《生活空间》和《纪录片编辑室》为主要标志，自此，电视纪录片更加贴近和关注市民的日常生活，为纪录片在中国的发展奠定了最广大的群众基础。上海电视台《纪录片编辑室》曾经创下36%的高收视率，并涌现了一大批规模巨大、内容深刻、制作精良的纪录片。

使事件在播出之前有一个相对符合客观事实的结论。长期以来，无论是节目制作方还是观众均已习惯将不同风格的纪实手法纳入“真实”范畴。

20世纪末21世纪初，传统纪录片在世界电视屏幕上逐渐凋敝，中国电视的纪录片生产也渐入低谷，取而代之的是逐渐席卷全球电视产业的真实电视（reality TV）。真实电视也被称为真人秀（truman show），真人秀在中国是比较通行的称呼，指代的就是真实电视。真实电视（真人秀）是一种典型的杂交类型，安妮特·希尔指出，真实电视与三个独特的但又相互重叠的媒介产品种类相关：小报新闻业、电视纪录片和大众娱乐业。而这种类型的电视节目“通常假定观众不能在通俗事实娱乐电视节目提供的娱乐、信息、幻想与真实之间加以区别”。① 马克·安德烈杰维奇（Mark Andrejevic）指出，作为虚构与非虚构类型杂交体，真人秀的出现被称为“真实的回归”（return of the real）：“从内容转到形式，真实类型的标志就是各种类型的联合：虚构类型、肥皂剧和纪录片。类型循环的突变重新启用了虚构类型，将其置换到真实领域……这种对真实的合成，通过超越工业化文化产业抽象关系的方式被用以振兴已经出现疲态的类型。”② 在真人秀节目中，通常的做法是采用纪实方式拍摄，但对于拍摄的客体是虚构或非虚构并不加以严格限定。作为一种独立的电视节目类型，真人秀的出现标志着电视媒介回到原点，它并不打算解决在其诞生之初就产生的问题——“真”与“非真”的无边界状态；它使得人们获取“真实”的手段越来越娱乐化，但“真实”却有可能离我们越来越远。在此，我们不得不借用鲁道夫·爱因海姆的提醒：我们所掌握的直接经验的工具越完备，我们就越容易陷入一种危险的错觉，即以为看到就等于知道和理解。③

2.2 影像真实性问题变迁路径

在影像传播领域，关于真实性讨论从本体论转移到认识论。理论家们早

---

① 安妮特·希尔．流行真人秀：真实电视节目受众的定性与定量研究［M］．赵彦华，译．北京：中国国际广播出版社，2008：2-3.

② Andrejevic M. Reality TV：The work of being watched［M］. New York：Rowman & Littlefield Publishers，2003：69.

③《电影作为艺术》中译本第160页．转引自：胡智锋．论电视纪录美学（上）［J］．现代传播，1993（1）：52-62.

已指出：纪实不等于真实，纪实只是呈现真实的一种方式。在影像与原生态真实之间，存在媒介技术中介化和制作方视野等因素，决定着影像不可能是原生态真实的忠实复制，而真实性问题以怎样的方式出现，不仅取决于影像被中介化的技术因素，也取决于影像在社会文化环境中被人们观看的方式。随着媒介技术的发展，影像建构真实的方式随之发生变迁，同时在不同的历史文化环境中，人们观看影像的方式也存在巨大差异，这两种因素使影像真实性问题以各种面目出现，并最终在观众接受领域凸显出来。

2.2.1 影像真实性与机械复制

对于影像视觉媒介来说，真实最初是与摄像机的复制功能联系在一起的。在摄影机诞生之初，影像便以真实性吸引观众。在写实主义的刺激下诞生的第一批电影被称为“实况电影”（actualities），其内容正如雷蒙·费汀所言，乃是“非刻意安排的一般性活动”。[①] 这类影像取材自现实生活，观众常被其真实感所震撼，产生休克效应。当卢米埃尔兄弟拍摄的影片《火车进站》放映时，观众看到火车头冲着镜头呼啸而过，有人感觉十分恐惧，以为真会被火车轧死，吓得惊慌四散。“实况电影”的出现来自人们观看他人世俗生活的需要，在摄像技术尚未发达之前，一些关于世俗生活的碎片化瞬间是导演们常常表现的题材。“一部又一部的创作关于日常生活无足轻重的瞬间的电影：工人离开工厂大门；一辆火车到达站台……伐木工人去工作。”这些早期的生活碎片式的电影扮演了类似于《老大哥》（*Big Brother*）和《真实世界》（*The Real World*）一般世俗的角色，它们经常聚焦于日常生活的细节：拍摄人们打扫院子，洗盘子，围坐在桌子旁边少言寡语。[②]

虽然实况电影基本上不使用演员，但并未因此摆脱被刻意安排过的嫌疑。最早被讨论的作品是影片《工厂大门》，它记录的是卢米埃尔工厂午休时工人们离开工厂回家吃饭的情形，由于当时摄影机只能拍摄一分钟的影片，这部《工厂大门》只有一个镜头。最初质疑这部影片的人认为，这个镜头有可能是经过“搬演的”，而不是自然发生的，例如，“工人们出厂分别从两个左右方向出画，难道就没有可能有人向摄影机走来？”“出厂的工人有百余人，竟然

---

① 巴萨姆．纪录与真实：世界非剧情片批评史［M］．王亚维，译．台北：远流出版公司，1996：39.

② Andrejevic M. Reality TV：The work of being watched［M］．New York：Rowman & Littlefield Publishers，2003，65.

没有一个人看镜头。”“工人行走的速度较正常情况快。”[①] 对于《工厂大门》的质疑打破了巴赞所称的影像“不让人介入的特权”，直至现在，原生态真实是否被导演“介入”仍是观众判别影像真实性的重要指标，特别是在人们对摄影技术并不了解的时期。并非所有的“搬演”都会被观众识别，“美国纪录片之父”弗拉哈迪拍摄的《北方的那努克》为了表现那努克人的生活方式，雇佣当地人去拍摄猎杀海象镜头，观众在观看的时候相信他们所见为真，而事实上当时因纽特人的生活已经与影片中描写的有巨大差异。在纪录影像诞生之初，影像与事实之间的关系经常出现偏差，当时人们虽然拥有复制事实的手段，却并未掌握纪实美学思想，更别提制定技术守则对影像的真实性进行严格规范了。

2.2.2 影像真实性与纪实观念

在“纪实”成为一种观念出现之前，导演们建构真实的方式是不被限制的，比如在19世纪末20世纪初存在搬演事实的“新闻电影”，每周一次报道世界各地发生的事情，囿于笨重的摄像机，导演有时无法拍摄真正的现场，只能通过搬演的手段在镜头中将现场再现出来，如果没有特别的说明，观众往往把搬演的事实当作客观真实。搬演本身是一种表演，在通过搬演而呈现的事实面前，观众与导演之间的权力关系是完全不对等的，欺骗观众是一件非常容易的事情。

“我们相信，可以利用一种新的富有生命力的艺术形式挖掘电影之把握环境、观察现实和选择生活的能力。摄影棚大大地忽略了银幕敞向真实世界的可能性，只拍摄人工背景前表演的故事，纪录片拍摄的是活生生的场景和活生生的故事。”[②] 通过与摄影棚分道扬镳，格里尔逊宣布了纪录片的诞生。可以说，纪录片正是在对戏剧、电影等艺术的反抗中诞生的，而纪录片所宣称的“真实”正是虚构的对立面。纪实观念出现之后，导演建构真实的手段便有了诸多限制，借此衍生出不同的真实流派，例如直接电影与真实电影，拍摄技术手段与呈现真实理念在不同的流派之间有了一一对应的关系，在纪录片这种独立的影像艺术门类内部，直接电影与真实电影之间形成了相对鲜明的边界。

---

① 聂欣如．纪录片研究［M］．上海：复旦大学出版社，2010：4.

② 聂欣如．纪录片研究［M］，上海：复旦大学出版社，2010：48.

观察式真人秀从直接电影衍生而来。在真实娱乐的电视谱系中，观察式真人秀逐渐成为主流之一，尤其是近三年期间，观察式真人秀一度成为电视市场中风靡一时的样式。从技术角度而言，观察式真人秀指的是秉持“非介入”原则、通过旁观式手法拍摄的真人秀，如《爸爸去哪儿》《爸爸回来了》即是典型的观察式真人秀。在影像史上，直接电影因不事介入、冷静理性的美学风格被称为“墙壁上的苍蝇”，并一度成为严肃纪录片的代表。聂欣如教授将直接电影称为纪录片中的“贵族”，并指出这种被称为“旁观”的书写方式给观众提供了尽可能多的素材，并在可能的范围内保持可能少的观念的注入，从而使不同观众对于同一事物的不同理解和阐释成为可能。① 尽管在拍摄技术上与直接电影一脉相承，但观察式真人秀本质上来说是一种信息娱乐业范畴内的媒介产品，它强调娱乐化、戏剧化和碎片化，对于“真实”的价值坚守不像纪录片那么坚定执着。正如斯特拉·布鲁兹指出的，真人秀是媒体、观众以及节目制作方三方合力建构的一种新型的“真实娱乐”，而这类新类型的出现，标示着纪录片与剧情片之间泾渭分明的界限开始松脱与模糊。②

真人秀出现之后，电视领域的各类事实节目均受到冲击。安妮特·希尔指出，混种（hybridity）是目前事实性的显著特征。流行事实节目不再自我封闭、稳定而易知，它们易移植、突变、复制，重要的是，它们跨入现有的事实类型，并与已有的类型杂交，加快新闻、时事、纪录片的变化步伐。③ 真人秀是处于事实类型边缘的一种电视类型。根据安妮特·希尔的实证研究，区分自然/人工是受众理解真实标榜（truth claim）的一种方式，在真实性排行榜中，观众将新闻、时事和某些类型纪录片置于榜首，真实电视排在末尾。④ 也就是说，相对于严肃事实类电视节目，真人秀并不是天然被观众信任的节目类型。

2.2.3 影像真实性与观众的认同

在各类事实节目类型边界混杂的情况下，影像的真实性逐渐从一个美学

---

① 聂欣如．纪录片研究［M］，上海：复旦大学出版社，2010：101.

② 斯特拉·布鲁兹．新纪录：批评性导论［M］．吴畅畅，译．上海：复旦大学出版社，2013：172.

③ 安妮特·希尔．重塑“事实”：观看新闻、纪录片和真实电视［J］．侯晓燕，译．新闻与传播评论，2008：1-15.

④ 安妮特·希尔．重塑“事实”：观看新闻、纪录片和真实电视［J］．侯晓燕，译．新闻与传播评论，2008：1-15.

问题演化为观众接受问题。长期从事纪录片教学的聂欣如教授曾提到过一个纪录片真实性被“拒绝”的案例：伊文思的影片《球的故事》在课堂上放映时，大部分同学认为这部影片不真实。他们觉得这部影片很可能事先进行了排练，因为其中人物的举止言谈有表演的倾向。① 然而《球的故事》确实是一部真实的纪录片，聂教授认为它之所以被“拒绝”完全是因为影片中那个时代学生的思想、行为方式同今天的学生几乎没有丝毫共同之处。笔者也曾研究过一个事实类节目的真实性被观众“拒绝”的案例，中央电视台在2012年播出的系列节目《假日特别调查：你幸福吗》（下文简称《你幸福吗》），该节目模仿法国真实电影创始人让·鲁什的纪录电影《夏日纪事》，向全国各地的普通人提出两个问题：“你幸福吗?”“幸福是什么?”节目播出后遭到网友的集体吐槽，一些网民认为，《你幸福吗》只不过是一个虚假的电视秀。根据笔者对同类样本（其余三个为《夏日纪事》、央视2015纪录片《幸福在哪里》、《你幸福吗》纽约版本）的文本对比分析，发现《你幸福吗》之所以被观众拒绝，主要因素有两个：一是因为影像对于事实的呈现具有明显的倾向性，媒介框架不够客观；二是因为网络传播环境的“去中心化”倾向，使受众启动个人框架拒绝影像所呈现的事实。

在后现代文化环境下，对真实与现实关系的讨论逐渐被放弃，真实作为一种认识论和观众接受问题凸显出来，观众在新的传播环境下对事实类电视节目进行的批判性接受成为研究真实性问题的关键。我们对纪录片不再奢望某种可以“倾心相许”的信任，我们在阅读纪录片的时候能够保持批判的眼光，深入解构作品结构，从而能够分离纪录片制作者对素材与编排的操纵，提出对真实更高的要求。② 对于真人秀来说，真实性问题亦是如此。该怎样定义真人秀的真实性，观众从多大程度上认同真人秀的真实性，成为真人秀的真实性研究亟须界定的范畴。

2.3 对真人秀真实性的界定与探讨

从宽泛意义上来说，真实是多数人认可的东西，像文化的其他方面一样，是一种社会结构。③ 在以反映客观世界为目的的影像中，真实性被视作一种建

---

① 聂欣如．纪录片研究［M］，上海：复旦大学出版社，2010：387.

② 聂欣如．纪录片研究［M］，上海：复旦大学出版社，2010：352.

③ 雷蔚真．电视纪实论［M］．北京：中国传媒大学出版社，2005：5.

构之物，经过制作者的介入、摄像机中介化之后，影像对原生态真实的反映是有限的，因此，从认识论角度来讲，真实性往往被视作一种协商的结果，这种协商包含制作方、媒介、受众三方之间的关系。另外，真实性问题并非真人秀独有，在新闻和纪录片等严肃事实类节目中，关于真实性的讨论由来已久，但对真人秀的真实性研究则初现端倪。本节试图参考事实类影像真实性的定义，从认识论角度对真人秀的真实性进行讨论与界定。

2.3.1 严肃事实类影像的真实性

在电视新闻领域，影像真实性标准与新闻真实性要求是同步的。英国广播公司（BBC，British Broadcasting Corporation）出台的《制作者守则》（Producers' Guidelines）阐述了BBC的价值理念，即“准确、稳健、独立、公正”（accurate，robust，independent，impartial），制作方所生产的事实类节目（factual programs）必须遵守五大基本原则：①事实性与准确性（truth and accuracy）；②保证公众利益（serving the public interest）；③无偏性和观点多元化（impartiality and diversity of opinion）；④独立性（independence）；⑤问责性（accountability）。其中，新闻适用的原则是准确性和公正性，“报道应该是冷静的、涉及广泛和具有信息量的。新闻节目应该为观众和听众提供对事件具有智慧和可靠的解释，以便于他们形成自己的判断。”[①]《中国新闻工作者职业道德准则》规定，新闻工作者要“把真实作为新闻的生命”，将新闻真实性的标准界定为“真实、准确、全面、客观”。从业者必须“认真核实新闻信息来源，确保新闻要素及情节准确”“不夸大不缩小不歪曲事实，不摆布采访报道对象”“不刊播违反科学和生活常识的内容”。[②]作为新闻职业准则的一部分，真实性一直是衡量新闻作品价值的重要基本准则，它不仅要求新闻作品具备真实性品质，也要求从业者在制作过程中遵守相关准则，因此，新闻的真实性标准不仅体现在它的严肃性、公共性、完整性上，更体现在它是可以通过某种手段在客观世界中得到验证的，是经得起检验的真实。

在纪录片领域，真实性被放置在“非虚构”概念下讨论，并与直接电影流派的真实理念和技术准则联系在一起。由于“非虚构”概念比较笼统，对

① BBC. Producers' guidelines：The BBC's values and standards［ED/OL］. http：//www.bbc.co.uk/guidelines/.

② 中国新闻工作者职业道德准则［ED/OL］.［2009-11-27］. 中国新闻网. http：//www.chinanews.com/gn/news/2009/11-27/1988722.shtml.

它的讨论并没有涉及相关的操作标准，因此，纪录片领域的真实性概念可主要借鉴直接电影和真实电影的理念与相关准则。聂欣如指出，直接电影在技术上大大推进了纪录片的纪实理想的流派发展，“直接电影的本质是在近乎极端的意义上靠近人们的外部世界，它使用先进的技术手段——一种将人为影响降低至最低的手段来做到这一点，并在相对的意义上获得了成功”。[①]直接电影最鲜明的理念是“非介入”，并因此被称为“墙壁上的苍蝇”（fly on the wall）：在拍摄的过程中，电影制作者持绝对旁观态度，尽量不介入被拍摄客体，影片摒弃搬演手段，也基本不使用旁白与采访。直接电影代表作《初选》的导演曾提到电影拍摄中的一些具体规则：“没有灯光，没有三脚架，不戴耳机。永远不要超过两个人，永远不要安排你的被摄者去做任何事情。”[②] 在“非介入”方面，直接电影与电视新闻的真实理念是相通的，即排除拍摄者的干扰，使得影像无限接近客观现实。“对电影工作者而言，这样的作业（即操作，笔者注）即是要对现实做直接的观察，对观众而言，其结果是对现实有了直接的理解。”[③] 如果说直接电影关注的是无限接近的客观真实，那么真实电影则致力于发掘人的内在真实。以法国纪录片导演拍摄的《夏日纪事》为代表，真实电影采用大量采访、介入手法，将普通人在镜头面前的真实反应拍摄下来。“直接电影在摄像机拍摄到的事件中找到它的真实，真实电影则专注于一种自相矛盾（paradox）的情况，也即在人营造的环境中发掘出隐藏的真实。”[④]

随着纪录片的发展，其流派分类越来越繁杂，从本体意义上对真实进行界定愈发困难，于是，近些年对纪录片真实性的讨论开始从本体论转移到认识论。在认识论意义上，真实性被作为观众接受的一部分，研究者开始注重观众个体或群体在作品接受过程中所产生的诠释，并以此为标准对作品的真实性进行衡量。斯特拉·布鲁兹指出：“真实是一种建构之物。我们谈论的不是一种绝对的真实，而是感性的、个人的真实。谁谈论绝对的真实呢？没有人。真实在不断的诠释过程中，真实永远是一种诠释，是我们引介给观众的

---

① 聂欣如．纪录片研究［M］，上海：复旦大学出版社，2010：351.

② 聂欣如．纪录片研究［M］，上海：复旦大学出版社，2010：91.

③ 巴萨姆．纪录与真实：世界非剧情片批评史［M］．王亚维，译．台北：远流出版公司，1996：433.

④ 巴萨姆．纪录与真实：世界非剧情片批评史［M］．王亚维，译．台北：远流出版公司，1996：435.

一些相关事实。”① 聂欣如也强调真实在观众接受中的重要性：“机械主义在记录真实的过程中可以发挥巨大的作用，但只要纪录片还需要观众，这种作用便永远是第二性的，永远不可能喧宾夺主。我们尽管可以在记录的过程中排斥人的因素的参与，但却没有可能在素材的选择和编排上排除人的因素。这也就是说，真实与否的结论不再仅仅维系于素材的取得，而是必须考虑素材的取舍以及观众接受的参与。”② 赵曦指出，从观众欣赏的角度，纪录片的真实意味着使观众产生真实的判断和认同感，即相信影片影像所呈现的内容与真实世界之间是一种可靠的符合一致关系，相信影片的声音和图像都有真实的事实根据和事实逻辑。③ 在电视领域，由于多了电视媒介传播这重因素，对电视纪录片真实性的界定更加复杂。胡智锋曾提出“多重假定的真实”概念，这些“多重假定”指的是横亘于生活原生态真实与观众所接受的“真实”之间的中间环节，包括：①电视媒介的工作者的选择、淘汰与提取；②摄像机、编辑机、特技机的处理加工；③电视荧屏的中介化传播；④观众个体差异与社会文化背景差异。“多重假定的真实”概念强调的是原生态真实与媒介真实之间的差异，这些多重因素的存在，导致了电视纪录片真实的不确定性。④

从制作理念与技术准则两个方面来看，新闻与纪录片的真实性存在诸多相通之处，这与电视电影两种媒介在某个历史时期的杂交有关。真实性概念在严肃事实类影像中的交汇点，对于界定真人秀真实性具有借鉴意义。回溯电视媒介发展的时间轨迹，真人秀曾与纪录片发生杂交，而这种杂交被公认为与 20 世纪 60 年代兴起的观察式电影浪潮，以及轻便的摄像机和同步录音设备的出现有关。马克·安德烈杰维奇（Mark Andrejevic）认为，早期电视真人秀节目格式（如《一个美国家庭》）是虚构类型、肥皂剧与纪录片的结合体，凭借“技术可能性、结合电视名人文化，以及 PBS（Public Broadcasting Service）电影制作者的经验性方法，生产出了第一个真实电视系列剧。”⑤ 直至 20 世纪末期，以竞技类或监视类为主的真人秀开始扎堆涌现，并成为打造

① 斯特拉·布鲁兹．新纪录：批评性导论［M］．吴畅畅，译．上海：复旦大学出版社，2013：189.

② 聂欣如．纪录片研究［M］，上海：复旦大学出版社，2010：349.

③ 赵曦．纪录片边界问题研究［D］．北京：中国传媒大学，2005：1-184.

④ 胡智锋．论电视纪录美学（上）［J］．现代传播，1993（1）：52-62.

⑤ Andrejevic M. Reality TV：The work of being watched［M］. Marylanel：Rowman & Littlefield Publishers，2003：69.

黄金时段“真实性娱乐”节目的不二之选，风靡世界的真人秀《老大哥》便是其中翘楚。在2013至2015年，中国电视真人秀领域出现大规模纪实风格的节目，有的节目通过模仿观察式纪录片从多种角度采用不事介入的旁观式拍摄手法，有的则模仿真实电影刻意表现制作方的介入，如画外音、对着镜头说话的参与者、主持人在场等，这些手法在制作领域提高了节目的符号真实感；出于市场因素考虑，制作方也乐于将评判真实的权力交到广大观众手中，让观众在观看节目的过程中获得主观真实。真人秀是媒介杂交的产物，在制作理念与技术准则方面，它与严肃事实类影像既存在相通之处也存在明显差异，这使得在探讨严肃事实类影像基础上重新界定真人秀的真实性成为可能。

2.3.2 真人秀真实性内涵初探

阿多尼和梅尼提出，社会真实的建构由三个部分组成，即客观真实、符号真实和主观真实，其中，主观真实是个人在客观真实和符号真实的基础上建构的真实。① 从客观真实性与符号真实性角度来讲，对真人秀真实性的界定可从技术方面衡量，考察其制作理念与技术准则从多大程度上借鉴了严肃事实类影像；从主观真实角度来讲，真人秀比严肃事实类影像文本开放性强，从观众接受角度衡量与界定真人秀的真实性是一个比较可行的路径。

真实性是人们对客观事物的感知真实和积极评价，可从多个方面进行考察。严肃事实节目的真实性标准往往与客观、精确、公正、完整等标准有关；相对而言，真人秀的真实性标准则复杂多变，观众对于真实性的判断亦是一个动态的、充满不确定性的过程。从制作角度而言，真人秀的真实性要求制作方必须真实地记录节目完整的过程，保证“环境真实”“人物真实”“制作真实”三个方面。② 从观众收视期待而言，真实性往往能促进观众持续收看某个节目，隆·莱博认为，人们会选择那些他们认为足够真实的，或者足够接近于他们亲身经历的节目，这种真实与观众对节目合理性的判断有关，包括人物塑造的合理性、背景和故事线索的合理性、故事线索的不可预见性之合理性。③ 从观众接受角度而言，电视节目真实性是指观众认为电视节目真实可

---

① 周庆山．传播学概论［M］．北京：北京大学出版社，2004：244.

② 苗棣，毕啸南．解密真人秀：规则、模式与创作技巧［M］．北京：中国广播影视出版社，2015：60-80.

③ 隆·莱博．思考电视［M］．葛忠明，译．北京：中华书局，2005：207.

信、合乎逻辑，反映了真实的客观世界，观众对真实性的感知包含情境感受度、身份认同感、叙事接受度三个方面。在这个意义上，真人秀节目的真实性认同是通过观众对情境、身份认同以及叙事的解构、现实和虚构矛盾协商的复杂过程而形成的。[①] 因此，真人秀真实性并不在于节目中角色表演与其个体生活的客观一致，而是角色体现基于社会主体一致的社会经验与共同认知，即通过舞台所建构的情境是社会主体对于现实世界共同认可的一致性解释。[②] 最后，观众对于真人秀节目的真实性认同是一个主动参与的批判性过程。安妮特·希尔指出，真人秀通常假定观众不能在娱乐与信息、幻想与真实之间加以区别。[③] 在评价真人秀是否真实的时候，观众会挑出节目中最具表演性的成分，将其边缘化和排除出事实性的范畴，通过这种方法，观众将事实和虚构分离开来。[④]

无论是纪录片、新闻还是真人秀，关于真实性问题的讨论与学术研究大部分在观众接受领域，在主观真实性的意义上，真人秀的真实性可被视为一种观众接受与认同机制。在这个前提之下，真人秀真实性指的是观众对于节目真实性的认可程度，即观众是否认为节目真实可信、合乎逻辑，反映了真实的客观世界，节目中的人物、背景、故事线索都是真实可靠的、合理的。赵军据此提出，观众对于真人秀真实性的接受包含情境感受度、身份认同感、叙事接受度三个方面。[⑤] 由于真人秀节目类型的杂交性与当前传播环境的复杂性，观众对于真实性的考察可能远远超出情境、身份和叙事等文本范畴，节目拍摄手法、节目所归属的格式类型等因素，也是观众判断节目真实性的参考指标。基于当下真人秀所呈现的纪实性特征，观众在考察其真实性的时候，往往还会参照电视纪录片或新闻等严肃事实类节目的标准，即真人秀是否客观、公正、全面地反映原生态真实。在本书中，对于真人秀的真实性界定基于以下几个方面：基于旁观式记录原则而制作的真人秀文本，通过娱乐方式反映当下社会现实，并在传播过程中赢得观众信任与共鸣，为观众感知和处

---

① 赵军．真人秀电视节目的真实性研究［J］．青年记者，2010（3）：74-76.

② 胡国栋．电视真人秀的真实性情境建构：以《非诚勿扰》为例［J］．新闻界，2012（24）：37-42.

③ 安妮特·希尔．流行真人秀：真实电视节目受众的定性与定量研究［M］．赵彦华，译．北京：中国国际广播出版社，2008：2.

④ 安妮特·希尔．重塑“事实”：观看新闻、纪录片和真实电视［J］．侯晓燕，译．新闻与传播评论，2008：1-15.

⑤ 赵军．真人秀电视节目的真实性研究［J］．青年记者，2010（3）：74-76.

理客观现实提供参照。

2.3.3 观众对真人秀的真实性接受

约翰·菲斯克说过，“不要试图去寻找电视节目与真实世界之间的关系，因为它们是编造出来供观众娱乐的，而不是以透明或者客观的方式表现真实世界”，“对于受众来说，喜欢的就被看成是真实的，而不喜欢的就被看成是不真实的”。[①]真实可分为客观真实、符号真实与主观真实，在方法论上，本书并不侧重真人秀文本与现实之间的关系，即客观真实，而更倾向于探索基于制作方、文本、观众之间的三角关系而形成的符号真实与主观真实之间的互动。

从媒介文化角度来看，真人秀所宣称的“真实”也与严肃事实类节目存在显著差异。劳里·奥埃莱特和苏珊·穆雷（Laurie Ouellette & Susan Murray）曾指出，（真人秀）提供真实的入口是以戏剧不确定性、窥私癖和流行娱乐的方式呈现的，这就是为什么真人秀不像新闻、纪录片和其他有约束的信息格式那样，其真实声明与对经典公共服务传统的残念和理解精确联系在一起。（Whose truth claims are explicitly tied to the residual goals and understanding of the classic pubic service tradition.）尽管流行真人秀传播了意识形态、神话和生活模式这些可被看作是具有‘教育性’的东西，它仍回避了非流行（unpopularity）和非盈利（unprofitability）这两种品质，而这正是将严肃事实类型与流行娱乐区别开来的双重期望。如果真人秀将真实作为一种卖点，它就与经过深思熟虑的准确性和对人类主体的伦理关怀保持了一定的距离，而这种品质正是纪录片作为理想现代主义形式的特征。[②] 也就是说，与严肃事实类节目相比，在公共性、教育性、社会文化价值方面，真人秀所宣称的真实是大打折扣的。另外，真人秀被认为是一种杂交文本，从文本与观众关系角度而言，真人秀与纪录片存在本质区别。纪录片真实以创作者为主导，纪录片所表现的内容是纪录片作者所观察和理解的真实，它意味着作者对世界的某种判断和把握方式，每一个纪录片作者所拍摄和记录的内容，从根本而言，都反映出他对于“什么是真实”这一问题的思考和理解。[③] 相比较而言，真人秀更倾向于

---

① 约翰·菲斯克. 电视文化［M］. 祁阿红，张鲲，译. 北京：商务印书馆，2010：166.

② Susan Murray，Laurie Ouellette. Reality TV：Remarking television culture［C］. New York and London：New York University Press，2009：3-4.

③ 赵曦. 纪录片边界问题研究［D］. 北京：中国传媒大学，2005：1-184.

观众主导的模式。斯特拉·布鲁兹指出，尽管真人秀与类型化纪录片偏好观察手法，以知晓参与者在镜头前的一举一动，不过，它们处于受到高度控制的流程当中。“当观众坐下来观看电视节目时，心里清楚将会看到什么。”① 总之，观众期待什么，是决定真人秀呈现什么样的真实，以及怎样呈现真实的决定性因素。因此，从文本与受众关系来看，真实性主要指向观众接受层面，即观众对真人秀真实性的认同。

在真人秀的观众接受研究中，较早期且颇具规模的是针对真人秀节目《老大哥》的研究。哥兹（Götz，2004）针对德国青少年的实证研究表明，青少年对于真人秀节目《老大哥》的接受态度非常幼稚，认为节目呈现的是绝对真实；霍布森（Hobson）在2004年的研究证实，年轻女性认为真人秀节目《老大哥》如纪录片一样，非中介化地反映了相对真实的人与真实的生活；曾罗宾等（Lumbiy & Probyn，2004）针对澳大利亚年轻女性的群体访谈表明，她们将真人秀节目《老大哥》看作“人际关系的收藏馆”，从中看见友谊、热情和仇恨，并在不危及自我的情况下对这种关系进行思忖、判断和批评。② 这些研究反映了消极的真人秀观众，观众被看作是“不明智的、缺乏批判能力与品味的、没有想法的”。相反，安妮特·希尔在2005年通过对英国观众的定性与定量研究证实，观众在真人秀节目的接受中具有批判性，他们并不认为真人秀是绝对真实的。“电视观众当然意识到电视是‘把真实放在一起’的方式，并且谈论着各种各样的节目格式和编辑技术，在通俗事实电视里，如何能创造出不同程度的‘真实’。”③珍妮特·梅根·琼斯（Janet Megan Jones，2003）通过网络问卷对《老大哥》观众的跟踪研究也呈现了观众批判性，观众在与节目达成“个人真实契约”（personalised reality contacts）的复杂过程中，经常质疑节目所宣称的真实，同时他们将这种不信任悬置起来，在人工性中寻找真实。④ 在上述研究中，真人秀的观众被认为是主动、理智、

① 斯特拉·布鲁兹．新纪录：批评性导论［M］．吴畅畅，译．上海：复旦大学出版社，2013：207-209.

② Carolyn Michelle.（Re）contextualising audience receptions of reality TV［J］. Journal of Audience & Reception Studies. 2009（6）：137-170.

③ 安妮特·希尔．流行真人秀：真实电视节目受众的定性与定量研究［M］．赵彦华，译．北京：中国国际广播出版社，2008：59.

④ Jones J M. Show your real face：A fan study of the UK Big Brother transmissions（2000，2001，2002）. Investigating the Boundaries between Notions of Consumers and Producers of Factual Television［J］. New Media & Society，2003，5（3）：400-421.

清醒的。克里斯社（Chris She）的研究显示，观众对真人秀真实性的认同与不同的文化环境有关，通过对比中国与英国的真人秀节目，他认为中国观众更加相信真人秀（如《非诚勿扰》）的真实性。①

观众接受或认同是真人秀真实性概念的重要部分，它既是对真人秀宣称“真实”的回应，也是驱动真人秀去“秀”归“真”的重要力量。自2013年开始，观察式真人秀在中国电视市场从兴起走到繁荣，其间，观众对于真人秀真实性的认知与判断经历了一个主体自觉的过程。2013年湖南卫视真人秀节目《爸爸去哪儿》第一季刚刚播出的时候，关于节目真实性的讨论在社交媒体上屡屡成为热门话题，大部分观众受到新鲜的节目形式冲击而沉浸在新奇与兴奋之中，很少质疑其真实性；随着第二季与第三季的陆续播出，有些观众对于节目形式的新奇感消失之后，其对于节目真实性的评价开始打折，与此同时，观众评判真实性所使用的框架也开始逐渐分化并呈现多元态势。在这个意义上，观众接受是真人秀真实性研究的重要面向，观众是否认同真人秀所呈现的真实，既是衡量真人秀的真实性价值的重要标准，也是决定真人秀能否在更为广泛的社会价值与更为深层次的文化价值建构领域发挥作用的唯一指标。

2.4 本章小结

本章回溯了真实性概念的历史与理论脉络，初步界定真人秀真实性概念与理论建构可能。

真实是人们感知客观世界的方式，在学术研究范畴，真实是一个充满理性光辉的概念。媒介是人们获取真实的途径，不同的媒介为人们建构不同的真实图景，照相机诞生之后，影像成为建构真实的方式之一，并催生纪录片等纪实类型，随着人们越来越靠近真实，影像的真实性问题在接受领域逐渐凸显出来。在电视领域，作为一种杂交类型的真人秀打破了传统事实节目的边界。真人秀与纪录片存在本质区别，相对而言，真人秀真实比严肃事实节目复杂多变，在本书中，真人秀的真实性被作为一种观众接受领域的认同机制，聚焦观众对于真人秀真实性的信任与批判性接受研究。本章对于真人秀

---

① She C. How real is reality television in China? On the success of a Chinese dating program ［C］ // Lorenzo-Dus, N., & Blitvich, P. G. C. (Eds.). Real Talk: Reality Television and Discourse Analysis in Action ［C］. New York: Palgrave Macmillan, 2013: 3-65.

的真实性界定基于以下几点：基于旁观式记录原则而制作的真人秀文本，通过娱乐方式反映当下社会现实，并在传播过程中赢得观众信任与共鸣，为观众感知和处理客观现实提供参照。本章将观众的批判性观看与真人秀真实作为相辅相成的概念，假设观众通过批判性观看实现对于真人秀的真实性接受或认同。

3

真人秀的媒介特性

3.1　媒介与跨媒介：本体论中的真人秀

作为一种杂交节目类型，真人秀具备多种媒介与艺术形态杂糅的特征，是一种极端复杂的真实类型。真人秀是电视突破媒介边界、向其他媒介学习的成果，它不仅拥有电视的媒介本体特征，还具备电视媒介与其他多种媒介的杂糅的特征。因此，剖析真人秀的特征可从两个角度入手：媒介本体特征与跨媒介特征。

3.1.1　真人秀的媒介本体特征

电影理论家诺埃尔·卡罗尔（Noël Carroll）曾提出“媒介中心主义”（medium essentialism）概念，“这是一个规律，每一种艺术形式都有自己独特的媒介，这种媒介将艺术与其他艺术形式区别开来……这种媒介本质昭示着处理媒介的最佳方式”。“媒介中心主义”暗示着追求媒介的纯粹性是现代媒介艺术的终极目标，例如，电影的媒介特殊属性（medium-specific property）决定于镜头与蒙太奇的运用。[①]理论家假设每一种艺术均有特殊的媒介技术特征，这种技术特征对艺术生产起到某种程度的决定性作用，这种“媒介中心主义”思路为界定某种特定类型的影视内容产品提供了启示，暗示着通过分析其媒介技术特征，从本体意义上界定内容产品的特性是有可能的。安妮特·希尔曾指出真人秀是拒绝被定义的，制作方、参与者和受众利用不同类型和社会文化潮流为跨媒介内容创造了新的类型杂交空间。[②] 尽管如此，为了

① Balme C B. Intermediality: Rethinking the relationship between theatre and media [J] . Thewis, 2004, 1 (4): 1-18.

② Hill A. Reality TV [M] . New York: Routledge, 2015: 139.

厘清真人秀建构真实的机制，我们仍需从本体论角度去界定真人秀的媒介技术特征。真人秀是电视媒介产品，它的真实性首先倚赖电视媒介的技术特性，从媒介本体角度去观察真人秀文本特征是界定真人秀这种杂交节目类型的一种方式。

波兹曼指出，电视是一种“现在时态”的媒介，它是以现时为中心的，它的语法里没有表达过去的时态。图像的一切是“现在”发生的事情，正因为这样，所以电视节目要特别用语言指出，我们现在看到的录像是几个月前录制的。因为有了电视，我们便纵身跃入了一个与过去毫无关联的现时世界。① 媒介学者菲利普·奥斯兰德（Philip Auslander）进一步将电视的“现在时态”提炼为电视对现场的呈现，即“现场性”。他也认为，早期电视直播对于现场（living）的表现，使其更接近于戏剧而非电影；早期电视更具备对现场的表现能力，而非电影化能力（filmic capacity）。“不论电视中的事件是否是直播，对于在家里观看的观众来说，电视都会将事件表现得好像就是现场一样。”“电视的本质首先在于在事件发生的时候传输给大众，而非为了事后观看的电影式记录。”② 对现场的呈现原本被认为是电视新闻的特征，电视将新闻变成“正在发生的事实”，即在新闻发生的时候，电视通过直播方式将现场复制下来传输给受众。李幸、欧慧玲认为，这种（直播的）新闻事件一般是预知的，人们在看这样的现场直播时，实际的心理状态是在看戏，观看一出生活戏剧，一出确实发生的并且出了海报的由当事人扮演的戏剧。③

真人秀与电视新闻对现场的呈现方式存在相通之处，它通过旁观式拍摄记录现场发生的事件，并将不同类型的现场拼接起来。不同的是，与记录原发性现场的新闻相比，真人秀中并没有自然发生的事件。从宽泛意义上来讲，现场是容纳在特定时间点所发生的事件的空间，游戏、竞技或表演均需要不同的现场空间。比如，《我是歌手》是以舞台现场为中心的一系列现场，《爸爸去哪儿》是参与者在不同情境下的人际互动现场，《奔跑吧兄弟》则是不同情境下的竞技现场。真人秀对于各种现场的创造性处理有如下几个特征：①时间性，事件发生在特定的时间；②空间性，事件发生在某个有局限的空间；③不可精确复制，事件具有某种程度的不确定性；④非原发性，为了拍

① 沃尔特·李普曼．公众舆论［M］．闫克文，江红，译．上海：上海人民出版社，2002：117-118.

② Auslander P. Liveness：Performance in a mediatized culture ［M］．New York：Routledge，2008：12-14.

③ 李幸，欧慧玲．视听传播史论［M］．北京：中国社会科学出版社，2010：237.

摄而发生的事件；⑤目的性，所有人都知道现在所发生的一切是给谁看的。同时具备以上五个特征，才被视为是比较接近真人秀的现场。相比较而言，戏剧电影对于现场的复制并不具备第三点，戏剧电影中的表演现场是可以被精确复制的；而新闻现场并不具备第四点和第五点，新闻现场是原发性现场，一般不具备任何表演特征。

另外，真人秀现场的创造性还体现表演与事实的混杂。约翰·康纳（John Corner）认为，真人秀《老大哥》（*Big Brother*）可以被放置在后现代纪录片的框架之下阐释，因为它“在完全人工的环境内展开如其所宣称的真实性，其中所有的事情是注定被设计过的，比如，摄像机前人们的行为和言辞明显有设计痕迹”，“它将日常行为放置在摄像机前面，这种环境并不是为了旁观而是为了呈现；现场空间也是表演空间”。[①] 通过将现场空间转化为表演空间，真人秀使现实与舞台的界限开始模糊。实际上，只要有现场存在，就会有表演存在。斯特拉·布鲁兹认为，“电视真人秀与类型化纪录片暗示表演恰恰是现场必不可少的组成部分……当代真实性娱乐节目从不标识它的被建构性，从不将任何重要的潜台词公之于众”。[②] 从表演的角度思考，户外真人秀也处处存在“无形的摄影棚”，如《爸爸去哪儿》第一季拍摄地点在秀水村，节目中出现的村民实际上不是现实中的真人，而是角色，他们扮演自己并表演自己的生活方式，就如弗拉哈迪的纪录片《北方的纳努克》中的纳努克人一样，他们捕猎海豹的情节是在表演自己真实的生活。因此在多数情况下，户外真人秀中的环境在很大程度上是拟真环境，是对真实环境的创造性处理，绝非等同于原生态真实。

尽管现场被创造性地混入了表演，真人秀对现场的处理仍然非常“拟真”。为了使现场更接近于电视新闻所呈现的原生态现场，“非介入”理念被众多真人秀制作方奉为圭臬，无论是户外实境真人秀《爸爸去哪儿》，还是舞台真人秀《中国好声音》，都声称是记录“失控”的现场。[③] 在制作方眼中，“失控”指的是发生意想不到的事情，或者参与者有意想不到的表现，呈现出

---

① Corner J. Performing the real：Documentary diversions［J］. Television & New Media，2002，3（3）：255-269.

② 斯特拉·布鲁兹．新纪录：批评性导论［M］．吴畅畅，译．上海：复旦大学出版社，2013：214.

③ 李邑兰．好的真人秀现场必须是失控的［EB/OL］．［2015-03-13］. http：//chuansong. me/n/1207922.

一定的戏剧性。需要指出的是，“失控”的现场与原发性现场是存在重大区别的，为了能够制造“失控”的现场，制作方投入巨大精力进行前期策划和预判，观众所看到的“失控”并不能消除其人工性。可以说，发展到成熟阶段的真人秀正在努力摆脱其在幼年时期饱受诟病的模式化故事和人为修改的痕迹，通过对原发性现场的模仿，为电视机前的观众建构出一种看似不被介入的“真实”。正如《爸爸去哪儿》的导演谢涤葵所说，这种“真实”看起来“没有一个地方是设计的，但是又可以说全部都是设计的”。①

对于现场的旁观式记录是电视媒介在20世纪60年代开始形成的技术性特征。由于现场拍摄与同期收音的轻便型摄像机以及便携式音响设备的出现，电视开始采用“准观察式手法”。另外，其他技术进步如监视技术与连续镜头的整合，形成了“真人秀”的典型特征：标注时间的摄像机的在场，它记录下被拍摄主体的一举一动。②从表面上看，真人秀的“旁观式”技术特征是对直播技术的继承与模仿，这种技术特征暗示了真人秀与直播技术一样，是对于现场最忠实的记录，是一种质朴的“真实”。这是早期真人秀最明显的特征，到成熟时期之后，这种“旁观式”模仿又吸收了旁观式纪录片的表现方法，突破电视的媒介边界，成为一种具备跨媒介特征的电视内容产品，这一点在下文将重点详述。

总之，真人秀对于现场的创造性媒介化方式，首先是基于电视媒介本体的技术特征。纵观电视对节目形态的长期探索，可以说真人秀是最符合电视本性的：电视这一个以声像二维传播世界的媒介，若它把焦点对准人，无非是“真实的人”，而不是电影更擅长的虚构的、表演的人。③

3.1.2 真人秀的跨媒介特征

如果将真人秀放置于媒介技术变迁的历史轨迹之上，就会发现其对于真实的建构方式与戏剧电影媒介存在千丝万缕的联系。奥斯兰德认为，“电视变得电影化是在电视媒介‘成年’之后。随着电视技术变得更精致、电视摄像机更精巧，电视叙事更为戏剧化和电影化”。“电视不仅仅是简单地改变了现有的媒介形式（戏剧、电影、广播），而是改变和融合它们，把它们变成不一

① 看明星如何当父亲［EB/OL］. http://hzdaily.hangzhou.com.cn/cb/html/2013-11/19/content_1619137.htm.

② 斯特拉·布鲁兹. 新纪录：批评性导论［M］. 吴畅畅，译. 上海：复旦大学出版社，2013：173.

③ 李幸，欧慧玲. 视听传播史论［M］. 北京：中国社会科学出版社，2010：274.

样的东西，电视本身。[Television "does not simply 'transport' previous forms (theatre, film, radio) but rather translates them and recombines them, thus turn them into something different: television itself.]"①从奥斯兰德的观点来看，中国早期的真人秀如《超级女声》(2004—2006) 是非常电视化的文本。在真人选秀节目中，摄影机的功能是记录纯粹的舞台现场，节目文本并不具备电影化的叙事特征；而2013至2015年间的观察式真人秀则呈现出更明显的跨媒介特征，摄影机的功能是记录不同情境中发生的故事，节目文本呈现出相对具有戏剧化和完整性的叙事结构。

表3.1 真人秀的跨媒介特征（加粗部分）

	电视（事实电视）	**戏剧**	**电影**
媒介时空	真实时空	真实时空	**自由时空**
媒介特性	**强现场**、弱叙事	强现场、**强叙事**	弱现场、**强叙事**
拍摄客体	**事实**	**表演**	**表演**
人物	**真实的人**	虚构角色	虚构角色
情境	真实情境	**人造情境**	**人造情境**
观看方式	**直播或事后观看**	现场观看	**事后观看**
真实性	**非虚构**	**虚构**	**虚构**

作为一种跨媒介文本，真人秀体现了电视、戏剧与电影三种媒介特性的不同方面，现象级真人秀建构故事的方式呈现出某种"去电视化"色彩，在很多方面更靠近戏剧和电影，具体表现在：

①自由时空；②强现场、强叙事；③事实与表演混杂；④拍摄对象为现实中的人；⑤人造情境；⑥是一种事后观看的文本；⑦虚构与非虚构混杂。

作为杂交体，真人秀体现了媒介化现场的电视本体特征，也吸收了电影叙事方法。尼古拉斯·阿伯克龙比借埃利斯的观点阐释电视与电影之间的差别：电影故事通常以某种杂乱无序的状态开始，然后是一系列跌宕起伏的情节发展，再到无序状态的结束，最终恢复平静。电视则没有这样的结局，没有这种结尾。它表现的是一套不完整的、反复的片段内容。② 作为一种事后观

① Auslander P. Liveness: Performance in a mediatized culture [M]. New York: Routledge, 2008, 14-21.

② 尼古拉斯·阿伯克龙比．电视与社会［M］．张永喜，鲍贵，陈光明，译．南京：南京大学出版社，2002：11.

看的文本，真人秀通过对碎片化情节的拼接试图讲述一个基本完整的故事，这正是真人秀向电影学习的成果。苗棣 、毕啸南认为，界定真人秀的三大特征是人造情境、自由时空和真实记录。其中，自由时空是指真人秀“将戏剧性结构和记录式语态相结合，在时空表现中达到最大化自由”。[①] 自由时空特征最为鲜明的是实境真人秀，实境真人秀走出摄影棚，在真实环境中拍摄参与者的故事，并勾勒出相对完整的情节和鲜明的人物形象，叙事性比舞台真人秀强得多。实境真人秀《爸爸去哪儿》总导演谢涤葵认为，中国的观众期望每一期节目都是一个完整的故事，中国版《爸爸去哪儿》与韩国原版《爸爸，我们去哪儿》最大的不同之处在于，它将电影的剪辑手法运用在电视上，尤其是蒙太奇剪辑手法的运用，加快了节奏，打通了各个线索，让场景的转换充满戏剧化。[②]

另外，真人秀具备戏剧的某些特征，是具备完整情节和鲜明人物角色的现场。摄像机在刚刚被发明的时候，最初的功能便是复制舞台剧，即记录表演现场。真人秀向戏剧学习最为成功的地方便是现场的戏剧性，它通过情节来展现人物与人物之间的关系，这与戏剧结构非常相似。斯特拉·布鲁兹这样描述真人秀中的“迷你情节”：“与直接电影中的‘情节关系’不同，纪实性肥皂剧只关注那些世俗的、琐碎微小的事件，由此，剧情结构将产生迥异的效果——日常生活不再毫无关联，而是前后一致，引人发笑。”而这些迷你情节往往是在一个相对封闭的现场中发生的，并通过现场与现场之间的转场实现情节推进。与戏剧不同的是，真人秀并不注重宏大叙事，戏剧是按照背后的剧本呈现情节冲突，而真人秀则通过其他方式。

跨媒介是新旧媒介交接时产生的现象。在媒介深度融合的时代，影像的内容与载体往往是分离的，在旧内容与新载体重新适应的过程中产生了杂交体，杂交体在不同的媒介间穿梭游移，各类影像媒介逐渐冲破原有的边界，在生产领域发生深度融合。真人秀就是这么一种跨越电视媒介边界、融合不同媒介艺术特征的影像。真人秀的跨媒介性有利于通过互联网、电视、电影院等不同的渠道进行传播，获得最大的经济效益，赢得最广泛的观众群体。真人秀的跨媒介性也决定了它并不像新闻或纪录片那样致力于呈现一种完整而客观的真实，也不会像戏剧电影那样呈现艺术化的真实，而是最终呈现出

① 苗棣，毕啸南．解密真人秀：规则、模式与创作技巧［M］．北京：中国广播影视出版社，2015：60.

② 谢涤葵，刘旷．用真人秀模式打造现象级电视节目［J］．中国电视，2014（6）：40-42.

一种事实与表演相混杂的、充满后现代色彩的真实。

3.1.3 真人秀的跨媒体传播特征

2013年伊始，真人秀节目热潮迭起并形成巨大的观众市场，随着互联网社交媒介的崛起，真人秀节目成为一种横跨多种传播渠道的文本，观众对于真人秀的消费呈现明显的“游牧式”特征。

“电视化”是芬兰传播学者尤哈·海尔克曼（Juha Herkman）提出的概念，指的是电视在20世纪晚期的流行报纸的源头和话题中成为一个中心，这个过程被视为媒介市场整合以及协同的一部分，是跨界生产与跨界营销的结果。（Herkman argues that television became a central subject for the late twentieth century' s popular press as a source and a topic, and therefore, this impact could be called televisualization. That process can be seen as part of the converging media market and an attempt at synergy, which is achieved by cross-production and cross promotion.）① 在现象级真人秀的跨媒介传播中，节目本身作为“媒介事件”撬动了丰富的跨媒介资源，总的来说，“互联网—电视”双屏传播格局成为真人秀传播的标配，在商业程度较高的真人秀节目中，如《爸爸去哪儿》增加了第三个屏幕，即大屏幕的电影院线传播渠道，由此形成了“互联网—电视—电影”跨屏幕跨媒体传播格局。在复杂的跨媒体传播格局之中，聚合观众成为真人秀生产的主要目标。在一档真人秀节目还未开始制作播出之前，制作方往往已经锚定数量庞大的潜在目标观众群体，即社交媒介上的明星粉丝群。例如《奔跑吧兄弟》在开始制作之前，制作方在选择明星的时候，其微博粉丝数量是一个重要的参考指标。②

在新旧媒介并存的时代，真人秀在生产环节被设计为一种为某个观众群体量身定制的、具备跨媒介特征的文本，在不同的媒介之间穿梭游移，真人秀文

---

① Kannisto M. Dancing with the media: Finnish case study of intern ational strategies in the media event [C]. Jamper: Tampere university press, 2012: 208-209.

② 总导演×××在本书的访谈中提到节目的传播策略：“它（微博）起到一个宣传推广、推波助澜的作用，只要这个节目好了，又有推广途径了，很多人就会第二次、第三次，口口相传，大家都来看我们的节目，于是我们这个节目的收视率也就高了。新媒体开始发展之后，渐渐开始台网互动，就像现在的《好声音》，它推出一个在朋友圈分享的东西，你猜这个学员唱完之后选哪个导师？它可以做到跟电视同步，接下来这个学员要出来了，他在几分钟之内会选，在这个几分钟之内你可以跟着他选，我觉得这个属于新媒体和传统媒体一个很好的结合。《爸爸回来了》，包括我后面做的 *Running man*（《奔跑吧兄弟》），我们都在尝试这么做。这是大势所趋。”

本成为一种看似无边界的视觉影像。对于传统电视媒介的“中心化”效果来说，互联网社交媒介具有解构作用，这种解构非常鲜明地体现在真人秀的跨媒介传播过程中，其最直接的特征就是观众对于真人秀真实性认同的“去中心化”现象，观众不再笃信真人秀所呈现的真实。这种现象尤其在真人秀节目的成熟期表现得比较明显，例如，在《爸爸去哪儿》第三季播出的时候，观众开始多方位质疑涉及真实性的细节：明星爸爸使用价值较小的物品成功跟村民换取冰箱等价值较大的物品，许多观众质疑，如果没有制作方介入，这种情节在现实生活中不可能发生；一个叫轩轩的孩子向商贩购买了一根明显高于市场价的玩具金箍棒，观众质疑制作方安排商贩故意抬高价格。因为以上情节均发生在真实环境之中，与现实联系紧密程度比较高，且有真实居民参与，所以有些观众开始使用观看事实类节目（新闻或纪录片）的方式来评判节目的真实性。

在跨媒介接触真人秀文本的过程中，社交媒介为观众提供了一个新的平台，来自不同背景的观众在这里充分探讨真人秀故事的建构性，并以自身经验性标准评判真人秀节目的真实性。正如亨利·詹金斯（Henry Jenkins）所提到的，媒介融合是一个自下而上的消费者驱动的过程，消费者移民式穿梭于各种媒介，通过互动与集体智慧建构自己的神话，构成媒介文化的新面貌。[①]消费者自下而上的驱动，是电视媒介内容生产发生变革的重要力量，而传统事实类节目与娱乐节目之间的杂交，就是这种驱动力量的体现。“近年来，真实电视（Reality TV）越来越像纪录片，纪录片越来越像真实电视，一些新闻节目似乎正好介乎其间，所以，它们没有一个是全然事实的（factual）。”[②]“游牧式”观众对于真人秀的解构与重构，也从一定程度上推动了真人秀与传统严肃事实类节目之间的分化与融合趋势，促进真人秀衍生出形态更为丰富的杂交节目形态。

3.2 虚构与非虚构：真人秀文本特征

3.2.1 “宣称真实”：真人秀与事实类节目之间的差异

真人秀文本是虚构与非虚构的综合体，真人秀拍摄的现场并非是原发性

① Jenkins H. Convergence culture：Where old and new media collide［M］. New York：New York University Press，2006：18.

② 安妮特·希尔. 重塑“事实”：观看新闻、纪录片和真实电视［J］. 侯晓燕，译. 新闻与传播评论，2008：1-15.

事实，而是具有一定假定性的事件，就真实性而言，这些事件是对于社会化现实的模仿与映射。因此，真人秀与新闻或纪录片对事实的呈现方式存在差异，这决定真人秀的真实性与传统事实节目有本质的区别。

在电视媒介发展历史上，真人秀的出现满足人们对生活化真实的强烈需求。随着纪录片对外界的关注，其对内心世界故事的兴趣也逐渐增长，特别是过去十年的电视。"对于内心世界故事的兴趣需要扩大对采访和部分戏剧化的需求，以便于获得个人和微型社会在荧屏上呈现。"① 与电视纪录片不同，自诞生之日起，真人秀聚焦的就是私人领域的生活，而非严肃的公共领域。早年公共广播公司电视台（PBS）制作的电视真人秀《一个美国家庭》（*An American Family*）呈现的是一个真实家庭的真实生活，真人秀《老大哥》（*Big Brother*）表现的也是青年男女参与者共同生活在同一个屋檐下的过程。真人秀通过对世俗化生活图景与个体内心世界的呈现将观众重新吸引到电视机前，它对观看者宣称绝对真实，以摄像机为技术工具，对以往人们充满好奇心的各个神秘领域逐个进行"祛魅"，在充满后现代色彩的文化环境中迅速成为一种独立的电视节目类型。尽管在技术基因的传承中，真人秀与纪录片有着千丝万缕的关联，但其独特的文化背景决定着真人秀呈现的是一种完全不同的真实。

（1）真人秀呈现模拟真实，而非客观真实。聂欣如教授认为，"纪录片"要求两个基本因素：非虚构和叙事，即纪录片的影像构成必须是非虚构和叙事的。真人秀与纪录片主要区别在于虚构性，真人秀尽管在外部形态上还保持着非虚构表演的特点，但是其虚伪的程序不能在最终的结果上表现出被验证、被索引的真实，至少是不能确切的、毫无疑问地表现出这一点。② "虚伪的程序"指的是真人秀中人为制定的规则，其核心是对于现实社会规则的模仿。比如真人秀中的游戏、竞技或体验，所有的规则都是对现实社会规则的模仿，参与者以真实身份参与其中，展示自身真实的性格和实际具备的技能、特长或优势。基于人为制定的规则，参与者在节目之中建立各种关系，这些在镜头前建立的关系也是对现实社会人际关系的模仿，因此，真人秀规则的存在决定节目中的故事并不是自然发生的事实，无论是制作方、参与者，还是观众，都不会将其当作客观现实。

---

① Corner J. Performing the real: Documentary diversions [J]. Television & New Media, 2002, 3 (3): 255-269.

② 聂欣如. 纪录片研究 [M]. 上海：复旦大学出版社，2010：211-215.

例如，湖南卫视《爸爸去哪儿》（2013—2015）是一档宣称非常接近纪录片的真人秀，它采取不事惊扰的旁观式记录手法，节目通过户外旅游体验和游戏手段，发掘参与者不为公众所知的一面，使他们在镜头面前展现出更为真实的表情、行为和情感，以迎合观众观看“真实”的明星的收视心态。《爸爸去哪儿》拍摄的是父子/父女单独出去旅游的故事，参与者父子/父女虽是真实的关系，但节目并不是跟踪拍摄真实的明星亲子旅游过程，而是模拟现实生活中父子/父女单独出去旅游这么一件事情，而节目设计的游戏也是模拟旅游中可能发生的事件。因此，真人秀所拍摄的模拟或假设的事实、可能发生的事件，只能从某种程度上映射或贴近人的现实生活，其本身并不完全是“被验证、被索引的真实”。

（2）真人秀呈现碎片化真实，而非完整真实。如果说真人秀的真实性可以由某种因素来界定，那么这个因素的内核应是节目规则的合理性。在较有影响力的真人秀中，节目规则设定常常贴近现实生活，能洞察丰富的人性，创造性地将参与者最靠近本真的一面呈现给观众。比如，游戏秀的核心就是节目制作方人为制定的规则，虽然游戏使真人秀出现程序上的虚构，但这种虚构并不能等同于戏剧电影文学的虚构，如果参与者在镜头前表演虚构的情节，真人秀就成了剧情片。游戏的功能是创造出特定的情境，使真人秀在情节发展上有既定的方向。

真人秀导演普遍持有的一种观点是，处于陌生化的游戏环境中的明星们远比在其他情境（如舞台或影视剧）中更加真诚，因此游戏的设定往往注重激发参与者异于平常（如兴奋、流泪、沮丧或恐惧等情感迸发的细节）的瞬间，将参与者心理或情感的爆点作为一种奇观呈现出来供观众消费。在植入游戏后，真人秀中的“真实”是以琐碎细节呈现的。因此，相比较于传统纪录片的情节真实，真人秀往往过度关注细节真实，“真实”由此变得极度碎片化和表浅化。斯特拉·布鲁兹指出，“这仿若在漂浮于池塘上的睡莲中奔跑，你不可能在每一个场景太长时间，因为整个故事会下沉……所以你唯一能做的就是奔跑、移动，不断提供兴奋的瞬间、一点点颜色、一个笑话或一个感性的时刻——任何东西不能太沉重”。①

（3）真人秀呈现娱乐化真实，而非严肃真实。很多真实电视节目的主要目标是“消遣娱乐而不是提供启示”，虽然有些真实电视节目制作者争辩说，

① 斯特拉·布鲁兹. 新纪录：批评性导论［M］. 吴畅畅，译. 上海：复旦大学出版社，2013：183.

某些形式能提供社会价值，从整体来说，它的风格是为实现娱乐价值设计的。[①] 真人秀往往排斥严肃议题，或回避深入探讨严肃议题，这是其娱乐性决定的。以游戏为情节推手的真人秀节目呈现出碎片化、表浅化、奇观化的特征，与传统纪录片的宏大叙事风格相比显得格格不入。真人秀往往无法呈现对于严肃话题的深度讨论，一旦涉及严肃话题，镜头就出现缺位状态，甚至连留白都没有。比如在《爸爸去哪儿》中出现的严肃议题有留守儿童与留守老人，制作方做法是将这些角色贴上相关标签，并不想花费任何笔墨描写他们真实的生活状态，而是以关爱和温情的方式进行浅表处理，以此彰显节目所传递的主流的价值倾向。在真实价值精神高度方面，电视真人秀与新闻或纪录片确实存在无法弥合的差距。

纵观一些高收视率的真人秀节目，其价值诉求往往着力表现亲情、友情、爱情等生活化领域的真情实感，既不碰触负能量底线，也不攀正能量的高峰；尤其是成为现象级真人秀的节目，虽吸引众多观众眼球，天天霸占媒体头条，但其对于社会发展中的重大议题，基本处于失语状态。

3.2.2 “合理假定”：真人秀将虚构引入真实之域

如果说仅仅存在游戏、竞技或体验，真人秀所呈现的故事往往流于单薄肤浅，容易引起观众的厌倦；为了保证节目的娱乐性，真人秀将虚构作为一种“合理假定”引入创意之中。“假定性”是一种美学和艺术理论术语，比如在戏剧中，观众首先承认舞台空间与时间的假定性。而真人秀创作的“假定性”不是对虚构类型单纯的模仿，而是将虚构元素引入纪实领域的手段。

在真人秀中，“假定性”表现之一就是节目制作方植入的角色。与韩国模板《爸爸，我们去哪儿》相比，湖南卫视《爸爸去哪儿》最明显的差别就是“村长”角色的植入，这个角色担负着规则制定者、游戏推动者、竞赛裁定者的功能：“村长”角色由湖南电视台主持人李锐扮演，在节目中，“村长”负责向父子们派发“任务卡”、宣布游戏规则、实施奖赏或惩罚等。在节目中，游戏植入起着推动情节发展、制造冲突性瞬间的关键作用，而“村长”的出现像一条线索将所有的规则串联起来，并使规则在不同情境中实施起来并不显得太突兀。另外，节目制作方对参与者任务进程的介入都是通过“村长”角色来实施的，

---

① 安妮特·希尔．流行真人秀：真实电视节目受众的定性与定量研究［M］．赵彦华，译．北京：中国国际广播出版社，2008：20.

可以说，“村长”角色将节目中一切与虚构有关的部分合理化，成为一种“合理假定”。另外，随着真人秀娱乐性越来越强，节目开始将虚构的历史背景、虚构的人物角色引入故事线，以制造更加曲折离奇的情节。下面列举一个非常典型的文本（见表3.2）：在《爸爸去哪儿》第三季“星爸萌娃上演清宫穿越大戏”（2015-10-9期）中，制作方在节目中引入一部分虚构情节，并为每一对父子设置了虚构的身份，如“皇帝”“乞丐”“将军”“囚犯”“包青天”等，并邀请一些专业演员加入，根据剧本情节饰演虚拟的角色。在整个节目中，明星爸爸对剧本稍微有些了解，而孩子们并不能够分辨哪些是虚构的情节、哪些是现实发生的事情，在本期节目中，虚构与非虚构出现前所未有的混杂状态。

表3.2 《爸爸去哪儿3》（2015-10-9期）部分节目文本

文本	纪实/表演
旁白：我们接到多位市民电话反映，他们看到疑似来自古代的人在市中心穿行，更离奇的是，这种现象在我国多地同时发生。（参与者身着古装，出现在街头、公交车、地铁、出租车上，引起市民围观）	纪实
字幕：朱门轻启，一段秘密的历史尘缘，正在等待解开封印。通往过去的大门一旦开启，众人即将扭转时空，穿梭百年回到大清王朝，回到古代，他们即将迎来怎样的命运？ 旁白：这一站，他们将到浙江横店影视城，穿过神奇的时空之门回到清朝，体验各种角色的千般滋味，一场史无前例的穿越之旅即将上演咯！	剧情说明
“村长”李锐（太监）：“在我的身后，是一道神奇的宫门，宫中一日，世上已是百年，各位只要齐心合力打开这扇宫门，你们的身份都将被激活，来吧！让我们齐心合力打开这道神奇的宫门，开始穿越之旅吧！”	剧情说明
侍卫：“谁是夏克立？” 夏克立（囚犯）：“是我。” 侍卫：“把他带走！” （夏克立被套上枷锁带走） 夏克立（囚犯）：“夏天！我没有做错什么！夏天！救我！”	表演
夏天（囚犯之女）：“我好怕！你就放了他吧。”（哭泣） 诺一（将军之子）：“‘村长’，拜托放了他吧。” 李锐（太监）：“不是我，是太尉抓的，我去跟他们说一声好吗？” 诺一（将军之子）：“你去跟他们说，他不是坏人，他是好人，他只是扮演的。” （夏克立被带走） 邹市明（皇帝）：“我们现在怎么办？我们现在怎样才能救他？” 李锐（太监）：“只要我们进入这个宫门之中，开始我们的神奇之旅，你们就可以救出夏叔叔。”	纪实

续表

文本	纪实/表演
公公："开宫门——" 公公："恭迎圣驾——" （参与者进入皇宫） 公公："哪里来的乞丐，快来人给我轰出去！" 林永健（乞丐）："为什么呀？" 侍卫："乞丐不得进入皇宫！"（林永健父子被阻挡在宫门之外）	表演
林大竣（乞丐之子）：……（哭泣） 林永健（乞丐）："怎么办？不能跟小朋友一块玩了是吧？是不是心里难受？谁让咱演乞丐呢？"（宫门被关上）	纪实
夏天（囚犯之女）："我不想我爸爸死掉。" （看到夏克立即将被侍卫砍头） 夏克立（囚犯）："不要砍掉我的头！我女儿都还没有过来！我女儿不爱我！" 夏天（囚犯之女）：……（哭泣） 侍卫："不要哭，乖，过来。" 夏天（囚犯之女）："求求你可以把他放开吗？" 侍卫："没问题。" …… 夏克立（囚犯）："谢谢夏天，你救了我。对不起，我们让你怕死了。"	纪实与表演混杂
夏克立："我真的很感谢这段设计，因为她很努力救我，我真的很感动，我看到她真的很爱我，我如果真的发生什么事，她也会这么疯得去帮我。" 胡军："所有的穿越，大家都知道，都是假的，假定性。但是在这整个过程当中，能把孩子这份真诚的、很感人的、最本初的东西给激发出来，我觉得还是挺有意义的。"	采访/纪实

从《爸爸去哪儿3》（2015-10-9期）部分节目文本可以看到，虚拟情节是通过游戏的任务设定被逐渐引入叙事之中的。在节目开头，纪实与表演是界限分明的状态，随着表演的混入，两者之间的界限渐渐模糊，节目最终呈现出表演与纪实的混杂状态。尽管作为参与者对节目评价很高，但是观众认为本期节目具有争议性。一部分网友认为这些虚拟剧情损害节目的本真，微博网友"sherry_ FU小文"评论道："各位演技不精的老爸和什么都不知道还信以为真的宝宝一起陪节目组演了一集粗制滥造的清宫戏。""winson9898"评论道："现在节目里的小孩已经越来越成为大人表演、煽情的工具，大人以弄哭小孩来表现父子情深。"也有网友认为这种创意有利于增加节目的娱乐

性，微博网友“不得不默默”评论道：“一个娱乐节目而已，小孩子事后就会知道是演戏，会有什么心理伤害？而且这些孩子都不看电视的吗？最多当时一下子反应不过来，过一会就知道是演戏了。个人认为这种尝试对增加节目的娱乐性有好处，关键在于爸爸们的配合。”在此，网友能够清晰地意识到真人秀中游戏的假定性。

所有的游戏都要求游戏者了解，正在做的这件事情和它看上去所要表现的不是一回事。正是这种不真实的态度使游戏的后果减轻：其结果是使游戏得以成为游戏。① 真人秀中的游戏有利于表现参与者与情境之间的关系，方便镜头呈现参与者对虚拟情境的真实反应。但是，游戏并不是现实的替代品，游戏只能模仿现实，或作为对现实的一种反射，合理的游戏设计甚至可以揭示隐藏在表象之下的人性本真。如果说真人秀可以通过游戏到达真实的人性，那么，相比较而言，真人秀中的表演却不具备任何真实性。表演的混入，其根源除了角色植入之外，另外一个重要因素是真人秀节目生产过程中所存在的“编剧”。自国内各大卫视开始大量引进韩式真人秀模式开始，真人秀节目均毫不避讳地承认引入了“编剧”，并声称真人秀中的“编剧”能保证节目叙事清晰、爆点不断。虽然真人秀的“编剧”并非像文学剧本编剧那样可随意虚构情节，但实际上在节目制作过程中，“编剧”的存在本身意味着现场某些元素是可以随时被改写的；退一步说，虽然“编剧”不一定有权力改写真人秀的故事线，但它至少意味着现场是可以被介入的，而一旦现场被介入，表演就更加难以避免。

到目前为止，国内真人秀对表演与纪实之间的边界是没有任何规范的。制作方可以根据娱乐的需要随意加入角色、混入表演，尽管这些元素可能会损害节目的真实性。相比较而言，纪录片对于表演有严格的控制，表演只能以情景再现的方式出现，为了呈现不能被摄像机复制的原始现场，演员的表演必须忠实于已经发生的公认事实。在对真实性的建构方面，真人秀最为致命的缺陷在于它无法做到像传统纪录片那样严格地将纪实与表演明显区分开来，无论是现实发生的客观情形还是令人存疑的表演，都被遮蔽在旁观美学的大伞之下，令观众无法识别。

3.2.3 “导向性封闭结构”：真人秀的“文本—受众”关系

尽管真人秀建构真实的方式与严肃事实类节目存在差异，但真实性仍是真

① 凯瑟琳·贾维．游戏［M］．王蓓华，译．成都：四川教育出版社，2006：8.

人秀的重要品质。安妮特·希尔在研究中发现，对于电视观众而言，对纪录片中的标准与观众对电视新闻的准确性和无偏性的期望是联系在一起的，当观众想看真实电视的时候，这些期望并没有消失。① 在观众眼中，失去技术真实的基础，真人秀就不再是真人秀，而是其他的节目形式，观众甚至希望真人秀与其他严肃事实类节目一样，能够客观反映摄像机捕捉到的事实。从制作方的角度来看，要满足观众的期望，真人秀必须在传播过程中“宣称真实”，使观众相信看到的一切都是基于真实基础发生的。为了达到这个目的，真人秀文本在传播过程中形成一定的封闭性结构，引导观众按照制作方的意图解读文本。

（1）作为“导向性封闭结构”的真人秀宣传片。戴维·莫利在对《全国新闻》进行文本分析时，曾重点研究文本的“导向性封闭结构”，如节目的通栏标题、主要观点摘要等，以破解文本的主控解码框架。② 真人秀呈现主控意义的方式也不外乎几种常用的电视语言，如宣传片、主持人解说、字幕等。其中，真人秀宣传片集中体现了制作方的意图，几乎是微缩版的真人秀文本。表 3.3 所示的就是代表性真人秀宣传片文本总结。

表 3.3　代表性真人秀宣传片

节目	文本	备注
湖南卫视《爸爸去哪儿》③	[旁白] 这是一次充满梦幻的旅行，五个性格各异的爸爸，五个古灵精怪的孩子，在一个陌生好玩的地方度过没有妈妈的七十二小时。他们要靠运气选择住所，要靠努力获取食材，要入乡随俗完成各种任务。于是，有的爸爸疲于奔命；于是，有夜晚交心的父子情深。这是一档需要静下心观看的节目，这是《爸爸去哪儿》。 [采访] 田亮：我是一个年轻的爸爸。 [采访] 郭涛：我是一个不像爸爸的爸爸。 [采访] 王岳伦：我是一个不太专业的爸爸。 [采访] 林志颖：我自己不敢说是一个非常棒的父亲，但是我敢说我还算是一个蛮尽责的父亲。 [采访] 张亮：我们两个要做一辈子好哥们，一辈子好朋友。	宣传片介绍了节目所要拍摄的事件（亲子旅行）和游戏规则（完成任务）。通过采访的方式暗示节目的纪实美学，向观众宣告参与者以真实的社会性身份参加节目

① 安妮特·希尔．流行真人秀：真实电视节目受众的定性与定量研究［M］．赵彦华，译．北京：中国国际广播出版社，2008：64.

② 戴维·莫利．电视、受众与文化研究［M］．史安斌，译．北京：新华出版社，2005：25.

③ 观看地址：http：//v. pps. tv/play_ 38NQF2. html.

续表

节目	文本	备注
浙江卫视《奔跑吧兄弟》①	[旁白] 今晚，就在这座城市。一段传奇拉开帷幕。冒险与奇迹，意外和重生，最崩溃的游戏，最可怕的对手。 参与者："太可怕了！""我不玩儿了！""遇到他没有人不 out。" [旁白] 奔跑吧！兄弟！	宣传片由节目戏剧性的片段剪辑而成，表现节目叙事结构与情绪张力
湖南卫视《我是歌手》②	【第三季"我是谁"篇】 [旁白] 心，是世界的起点；心，是前行的方向。从哪里来不重要，重要的是我在这个舞台。我的过去不重要，重要的是我是歌手。过程是什么不重要，重要的是不忘初心。我，是谁？ 【第三季孙楠篇】 [独白] 我啊，一个爱唱歌的歌手，唱了这么多年歌以后，对舞台的那种渴望现在越来越淡了，非常想念那种感觉，在舞台下面激动得不得了，等着上台，(在)《我是歌手》的舞台（上）如果能找到这种感觉，回归当初的那种纯粹，那是最好的。我是孙楠，我是歌手。	这两部宣传片通过对节目碎片的剪辑、歌手独白，表现节目通过舞台竞技挖掘真实人性、重塑歌手的形象的功能
东方卫视《急诊室故事》③	[旁白] 上海市第六人民医院急诊部，上海最大的急诊楼，在这里，聚集了你能想象的所有疼痛、爱、坚守和希望。这是全国首档大型纪实急救真人秀。78 个摄像头，24 小时全面覆盖。 [采访] 医生："抢救室是充满各种意外的地方，我们永远不知道下一个病人是什么情况。""当巨大的痛苦向你袭来时，一切你平时在意的钱、职位都会消失，你只会希望你的亲人陪伴在你身边，陪伴你的，还有我们。" [采访] 病人家属："下辈子我去学医，专门伺候你。" [旁白] 我们带着对生命的极度热爱，为您讲述最真实的急诊室故事。	这是一个介绍性宣传片，包含了各个节目要素：节目类型、拍摄方式、情感诉求、节目定位

① 观看地址：http：//www. iqiyi. com/v_ 19rrnnwgo4. html .

② 观看地址：http：//www. letv. com/ptv/vplay/21573010. html.

③ 观看地址：http：//www. fun. tv/vplay/v-3566172/.

续表

节目	文本	备注
江苏卫视《女婿上门了》①	【宣传片 1】 ［字幕］您觉得一个女婿是半个儿吗？ 岳父（陈兆民，女婿是一位厨师）：对。 岳父（张建德，女婿是一名技术员）：还是不一样。儿子呢，可以说；女婿呢，最好不要说。 岳父（刘量庆，女婿是贸易公司总经理）：再忙也要抽空回来看看，这是年轻人对老人的一种孝敬。 岳母（张桂枝，女婿是一名人民警察）：都是我的孩子，儿子是我身上掉下来的肉，我把女婿也当成儿子一样看待。 岳母（李崇兰，女婿独自在美国创业）：一个男人在外面创业能容易吗？生怕他在外面出点什么事，我不是他丈母娘，我就是他亲妈，很担心他（流泪）。 ［旁白］最真挚的爱，给最熟悉的陌生人。 ［字幕］江苏卫视，24 小时全天拍摄 360 度无死角。 【宣传片 2】 ［字幕］抽样调查显示：中国女婿平均每年与岳父母独处时间不超过三天。 ［字幕］你觉得喊岳父母爸妈时自然吗？ 女婿：不是很自然。 女婿：喊伯父伯母吧。 女婿：那是天经地义的事。 ［字幕］你与岳父母最亲近的一刻是什么时候？ 女婿（张伯顺，结婚 1 年）：这还真没有。 女婿（姚亦峰，结婚 12 年）：我帮他（岳父）搓背的时候。 女婿（马志华，结婚 7 年）：唯一一次看升国旗，是我岳父拉着我的手一起看的，我觉得他就是我的父亲。 女婿（潘强，结婚 15 年）：在他去世的时候帮他擦身，突然发现，我又失去了一位伟大的父亲。 女婿（林济成，结婚 26 年）：平常跟他话也不多，但我这半边肾，是他给的。 ［旁白］最真挚的爱，给最熟悉的陌生人。	在《女婿上门了》这档节目中，明星女婿们将独自去岳父母家，与老人相处三天两夜 宣传片通过模仿纪录片的拍摄方式，通过一组一组的采访，镜像式反映普通人生活中的女婿与岳父母之间的情感关系。同时，纪实方式也暗示了节目“24 小时全天拍摄 360 度无死角”的技术手段能够呈现真实的情感

① 观看地址：http：//www.iqiyi.com/w_19rt9aia4l.html.

为在激烈的收视市场竞争中赢得一席之地，真人秀将“真实”作为卖点，声称为观众提供各种生活化的情感体验，这从宣传片中可见一斑。总的来说，宣传片中的信息分为几种：①对于节目中真实性要素的说明。节目的真实性要素包含真实的人物身份、真实的情境 、真实的故事结构，例如《爸爸去哪儿》的真实性要素是，明星以真实的父子身份来参与节目录制，在真实的社会情境中进行旅游。②对于节目的拍摄方式的说明。有些宣传片用明文说明节目拍摄方式，如《急诊室故事》的拍摄方式是“98 个摄像头，24 小时全景记录”，《女婿上门了》是“24 小时全天拍摄 360 度无死角”；有些宣传片通过镜头语言和纪实风格暗示节目的真实性，如《爸爸去哪儿》。③向观众展示节目所诉求的真情实感。如《爸爸去哪儿》诉求的是“父子情深”，《急诊室故事》呈现的情感是“疼痛、爱、坚守和希望” 和 “对生命的极度热爱”，《女婿上门了》诉求的是“最真挚的爱，给最熟悉的陌生人”。

在真人秀的传播策略中，宣传片相当于一种“类别契约”，使观众期待节目以生活化或娱乐化方式呈现真实，而不像新闻或纪录片那般客观严肃。约翰·菲斯克认为，“类别契约”起到了限制和规范观众反应的作用，同时还起到了限制解读可能性的作用。“观众的各种潜在快乐受到类别的引导和规范，类别是通过对已知的一套反应以及观看规则的识别来运行的。”①

另外，戴维·莫利曾提示研究者寻找隐含在节目中的隐性信息，即“在节目中什么被认为是理所当然的（‘不言而喻’的是什么）”。② 类似于新闻文本中的媒介框架概念，真人秀节目也会通过一些手段突出制作方想要呈现的故事，隐藏不希望被观众看到的部分。例如，湖南卫视《爸爸去哪儿》第一季总导演谢涤葵在媒体采访中强调：“我有一个很详细的流程。但是中间这些环节他们会发生什么样的状况，他们会讲什么样的话，他们会出现什么样的事情，我们完全都不知道。”“（对明星爸爸）我说你们不用做任何准备，平时是什么样儿，上节目也是什么样。”③ 参与者郭涛在第一季节目开头对观众说道：“这不是一个秀，也不是一个节目，我们把它当成孩子人生当中的一个挑战。”（见图 3.1）对于观众来说，这些信息意味着《爸爸去哪儿》会隐去制作方的介入，总体呈现出旁观式拍摄风格，去掉参与者的明星光环，呈现

---

① 戴维·莫利. 电视、受众与文化研究［M］. 史安斌，译. 北京：新华出版社，2005：93.

② 戴维·莫利. 电视、受众与文化研究［M］. 史安斌，译. 北京：新华出版社，2005：93.

③《爸爸去哪儿》导演：有流程编剧无故事设定［EB/OL］.［2013－10－28］. http://media.sohu.com/20131028/n389040359.shtml.

其作为普通人的一面。另外，《爸爸去哪儿》在表现孩子们的行为时并不避讳镜头的“在场”，节目中经常出现孩子们与工作人员对话、与摄像机互动的情节，这也暗示了《爸爸去哪儿》节目最想突出的卖点：孩子们的一切都是真实的（见图 3.2）。

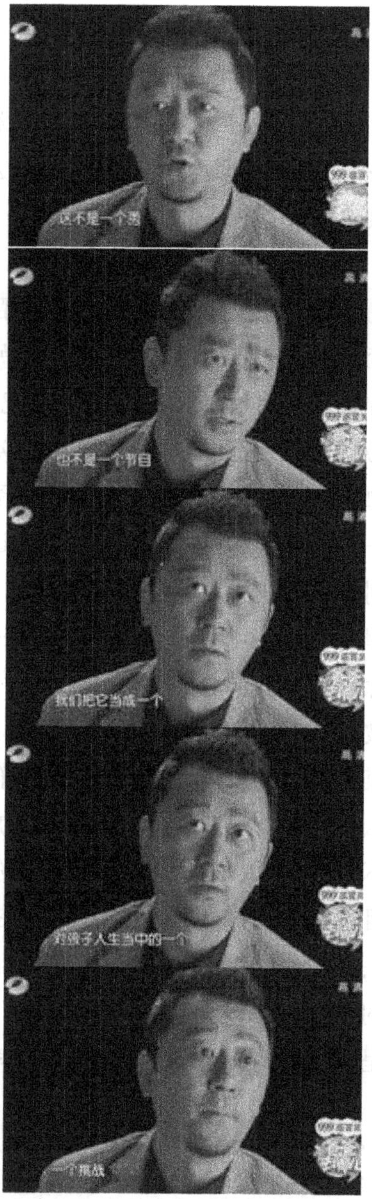

图 3.1　“这不是一个秀”

图 3.2 摄像机“在场”

（2）作为文本内部导向性结构的特效字幕。由于真人秀大多采用旁观式拍摄，原始素材量非常庞大，剪辑率也非常高，这被业内称为“大后期”。例如，《爸爸去哪儿》现场有40多个机位，后期剪辑人员需要将1 000多个小时的素材剪辑为90分钟的节目，由此，在庞杂的现场素材中找到戏剧性瞬间是保证节目品质的关键。那么，如何让观众充分沉浸到这90分钟的戏剧性瞬间呢？节目采用了其他类型的电视节目比较少用的制作方式——特效字幕。特效字幕是与真人秀的碎片化情节相配套的制作方法，从观看的角度来讲，特效字幕也起到了类似于内部“导向性封闭结构”的作用。

据统计，《爸爸去哪儿》第一季中每一期的特效字幕达到1 000多字，有研究者将真人秀的特效字幕分为两种：强调性字幕和引申性字幕。前者用文字强调或放大画面和同期声中某些具有搞笑意味或突显人物内心状态的人物语言，提醒观众注意；后者则是捕捉到画面或同期声中的某些值得强调的细节，依靠文字的引申发挥，制造出某种特定的效果，带有一定的主观色彩。①

---

① 黄丽丽．真人秀节目中特效字幕功能研究：以《爸爸去哪儿》为例［J］．东南传播，2015（1）：80-81.

在观众观看过程中，特效字幕的作用有两个：①建构真实效果，提示观众现场发生的戏剧性事实。②增强沉浸效果：使用娱乐化语言引导受众沉浸到情节之中。

在观众观看节目的过程中，特效字幕起到了辅助的“封闭性导向结构”作用，即引导观众按照导演的意图去理解现场发生的故事。据了解，在真人秀制作过程中，负责记录的“场记”（有时候是编剧）会在拍摄环节将具有戏剧性的镜头记录下来并进行编号，供后期剪辑人员参考，而字幕组则会通过字幕、音乐、卡通等各种特效突出戏剧性瞬间。《爸爸去哪儿》特效字幕组的后期特效人员多数是年轻的“90后”工作人员，他们熟练掌握网络语言，容易与年轻观众产生共鸣，“重要的是他本身要入戏，要像普通观众一样哭一样笑，比较感性，这样才能带着大家一起入戏。”①由此可见，真人秀特效字幕除了要站在制作方的角度引导观众，还要站在观众角度解读文本意义，其本身就是一种意义再生产的方式。另外，特效字幕文案语言活泼、充满卡通元素，深受年轻观众喜爱，增强了观众的娱乐体验。《爸爸去哪儿》播出后，其特效字幕“黑米哥哥”“森蝶”“风一样的女子”等语言在网络上风靡一时，其青春化、碎片化、无厘头的特征契合了社交媒介内容传播的特性，制造了无数话题。特效字幕作为一种制作元素，其本身成为一种网络狂欢现象，这是传统的电视节目所无法达到的传播效果。娱乐性是社交媒体与电视共通的媒介特性，特效字幕通过本身碎片化娱乐特征，成为打通电视文本与网络文本之间区隔的媒介，促成真人秀本身成为一种跨媒介的文化现象。相对于宣传片、旁白字幕、主持人等元素，特效字幕的封闭性较弱，它通过软性方式将真人秀与严肃事实类节目区别开来，成为引导观众对故事真实性产生认同的一种协调性引导机制。

通过各类封闭性引导结构，真人秀使观众相信节目是真实的，或者具有呈现真实的力量。通过考察真人秀“导向性封闭结构”，我们可以获知真人秀制作方的意图，即制作方希望观众通过何种方式去解读真人秀文本。在商业化市场环境中，制作方将这种意图植入文本内部与文本外部，引导观众在观看过程中形成对节目真实性的判断，包括故事情节是否合乎常理、人物形象是否真诚丰满、节目所设置情境是否贴合现实环境，等等。通过考察真人秀

---

① 《爸爸去哪儿》神字幕：就是要带着你入戏［EB/OL］．［2013－10－25］．http：//weifang. dzwww. com/yl/201310/t20131025_ 9066645. htm.

“导向性封闭结构”，我们不仅可以获知媒介权力如何通过真人秀得到彰显，也可以获知观众是否具备批判性，以及他们通过何种方式对真人秀的真实性进行批判。总的来说，真人秀的“导向性封闭结构”为观众提供了参考框架，有的观众完全参照这种框架进行解读，倾向于认为真人秀是完全真实的，而有的观众则在参照框架进行解读的同时启动自身经验知识所构成的框架对真人秀进行批判式解读，在去伪存真的过程中选择自身所认同的真实。因此，在对真人秀真实性进行考察的过程中，“导向性封闭结构”可以作为参照系，将制作方意图与观众解读进行对比，考察两者之间的互动关系。在这种互动关系中，电视媒介施加权力的方式与观众在解读过程中的抵抗方式在特定的传播环境中被呈现出来。

3.3 被建构的真实：全面娱乐化风潮中的真人秀

自2000年以来，传统纪录片在电视屏幕上凋敝及其引起的公共价值衰落成为一个世界性的话题。在英国“模仿性事实节目的出现，使电视纪录片几乎从电视荧屏上消失了。电视纪录片的‘责任意识’在公共服务频道商品化的十年间，像凋枯了的葡萄藤”。① 同样，中国电视的事实类节目生产经历了一个曲折的过程。最初，作为传统节目类型的新闻与纪录片承担主流价值传播与集体记忆建构的功能，呈现出严肃化真实；到了20世纪90年代左右，电视开始通过民生栏目转型为生活化真实；直至现在真人秀的迅速崛起，电视媒介开始呈现全方位的娱乐化真实。在媒介生产领域，由真人秀引领的真实生产开始摆脱来自严肃事实领域的严苛规则，全面卷入传统媒介与新媒介合谋而成的娱乐化风潮之中。为制造可供观众消费的故事，真人秀制作方发展出各种模仿真实事件的技术，从“故事制造”“故事改造”到“故事重塑”，他们越来越擅长操控真实，根据观众模式将事件重塑为兼具合理性和戏剧性的“故事”。由此，真人秀的真实性问题逐渐从表层潜入深层，从现场转移到后期，真实性问题发生的方式越来越多元，而造假的领域也越来越隐秘。

3.3.1 “故事制造”：被生编硬造出来的真人秀故事

“故事”，是真人秀节目主要的内容生产项目之一。为了在收视市场占据

---

① 安妮特·希尔．流行真人秀：真实电视节目受众的定性与定量研究［M］．赵彦华，译．北京：中国国际广播出版社，2008：2.

一席之地，真人秀必须源源不断地向观众提供故事，在巨大的收视压力之下，一些真人秀节目开始模式化批量“制造”故事。在制造故事的过程中，制作方通过各种方式使表演和编造的“事实”混入现场，让真人秀纯粹成为一场“故事秀”。被生硬制造出来的“故事”往往真假难辨，也无法求证，成为真人秀饱受造假质疑的源头。

“故事制造”的重灾区是真人选秀节目，为博取观众眼泪与高收视率，选秀节目往往“以身世带才艺，以故事助表演”，并一度流传着“没有剧本的真人秀不是好节目，不编剧本的导演不是好导演”和“用心良苦，以假胜真”的制作理念。[①] 制造出来的故事虽真假难辨，其戏剧性程度涉及制作方与节目参与者之间的共同利益，在价值引导和经济效益双重压力之下，“故事制造”往往成为节目制作方与参与者之间的合谋，真实性是他们首要选择牺牲的品质。在这种情况下，真人秀不仅缺乏真实的故事，也没有真实的人物。尤其是作为公众人物的明星，既要为节目收视率做出牺牲，又要维护自己的光鲜形象，于是就常常考虑：“在录制真人秀节目中，如何避开节目组设的陷阱，克制自己的某些本性，再巧妙而自然地秀出缺点可爱、优点突出的‘真的自己’。”[②] 随着真人秀节目形态多元化发展，“故事制造”的方式也越来越多，造假成为一个世界性话题。例如，欧美的电视制作者不断为真人秀加入新的娱乐元素，参与者和制作人员屡屡爆出弄虚作假的内幕，“事实上，在大多数真人秀节目中，节目录出来的片段是人为制造的，为了胜出而发生倾轧和争斗是早已设计好的；播出的场景是从不同时间摄制的原始素材中抽取出来缝合在一起的，甚至每一集的拍摄内容早在录制之前就已经开始了故事情节的串联安排……”有人这么形容真人秀：真人秀的拍摄制作，在某种程度上是一种“处于绝望中的人不得不设法在短短几天内制造一个故事”的工作——而且这个故事必须比真正的现实有趣。[③]

“故事制造”通过生编硬造的手段生产出非真实的故事，是真人秀最为低劣的制作手段。在宣传策略中，节目制作方当然不会承认采用“人工加料”的方式虚构故事，而在巨大的收视压力之下，故事生产本身已经成为在竞争激烈的市场中赢得受众的主要手段，市场经济的逻辑决定制作方在衡量一个

---

① 刘影慧．浅析电视真人秀节目中的造假现象［J］．新闻世界，2014（8）：72-73.

② 王欣．真人秀不过是个全民鉴婊游戏［EB/OL］．［2015－07－01］．http：//mp. weixin. qq. com.

③ 木容．西方真人秀节目造假内幕［J］．环球，2006（5-1）：56-58.

故事的价值时，其本身是否足够真实并不重要，重要的是它看起来足够真实。“失真”最直接的后果是“失信”，在《时代杂志》的民意调查中，仅有30%的回复者相信真人秀很大程度上反映了真实发生的事情，25%的人认为这类节目几乎是彻头彻尾的编造。更为恶劣的后果是，超过一半的被调查者认为，就他们从真人秀中获得的娱乐而言，准确性并不是其中的元素——也就是说喜欢看真人秀的人，其实并不在乎其中有多少真实无误的内容。①

3.3.2 “故事改造”：多元媒介化手段制作的真人秀故事

真实通过怎样的方式被呈现出来？观众变得越来越挑剔，与之相对应，制作方对原生态真实与媒介化真实之间的关系越来越用心。随着媒介技术的发展，真人秀呈现真实的技术手段越来越多样，制作方的经验也越来越成熟，各种高超的媒介化手段被用来重塑真实，以达到不露痕迹的目的。

某节目是湖南卫视研发的、号称中国第一档生活类角色互换节目的本土化产品，在百度百科的介绍中，该节目的分类是“纪录片”。实际上，这档拍摄手法确实非常靠近纪录片的真人秀，最近却屡屡在网络上被网友爆出造假内幕，许多原本认为该节目非常真实的观众，认为有的地方被拍“变形”了。对此节目导演声称，即使是被网友看作“变形”的地方，该节目拍摄与制作仍遵循了纪实规则：“一些所谓的爆点，就是冲突点，这个东西其实都是真实发生的，只是说在后期创作上、时间点、可能左右的位置发生变化，有加工的东西在里面。但是平心而论的话，该节目是一个特别真实的真人秀。这个是我理解的真人秀的东西。我在南广（中国传媒大学南广学院）上学的时候，有一个教纪录片的老师给我们放了一个纪录片，当时我没看下去，觉得特别假。但后来发现真正去拍这个东西的时候，你会发现，其实拍的东西是真的。只是说，这个东西通过电视呈现出来会让观众以为这很假。”②采用纪实手法拍摄出来的节目，其真实性被观众拒绝，编导认为，这并非是因为节目造假，而是“电视呈现”，亦即原生态真实被媒介化的过程出了问题：在建构真实的过程中，制作方和观众之间对于某种东西的认知出现了偏差，并没有达成共识。“比如拍摄考试，我们要求这堂课是考试，跟主人公说也是考试，我们跟老师还有其他人说，你们半个小时之内，不管答成什么样都要交卷，过了半

① 木容．西方真人秀节目造假内幕［J］．环球，2006（5-1）：56-58.

② 笔者于2014年11月8日在上海对编导Hxx的访谈资料．

个小时大家交卷了，这个主人公（在）后面的一个小时之内不知道干吗，就他一个人在教室里待着，但是他本身是不知道这个情况是怎么发生的。哎？怎么所有人都交卷了呢？我不会告诉他人家半个小时交卷了，你把这个紧张和不满演出来，因为他做不到，他就像一个被带入陷阱的人一样，所有的坑都是我们挖的。他本身不知道。我们基本秉承，有情节推动点的地方，我们是这么设计的。观众会觉得，这是你们设计的，让孩子去演的。”①

对于表演与事实的认知偏差，是导致真实性被观众拒绝的主要原因，这在真人秀节目传播中越来越常见。如果制作方和观众对于电视媒介建构真实的技术手段并没有达到共同的理解，那么当制作放宽故事的客观性与戏剧性之间的尺度时，观众会认为某些情节冲突看起来太过激烈，距离现实生活差距太大，难免怀疑事件背后有导演介入，将故事戏剧性等同于造假。同样的问题还发生在湖南卫视现象级真人秀《我是歌手》，当歌手在台上演唱时，台下的观众呈现出非常陶醉的表情，堪称“表情帝”。那么“表情帝”的表情是表演还是真实反应？“表情帝”是怎么被制造出来的呢？根据笔者2015年3月在湖南卫视进行田野调查时的观察与体验，笔者认为，“表情帝”是多种媒介化手段制造出来的戏剧性效果，观众之所以能够呈现出丰富的“表情”，离不开导演的引导和摄像机的暗示。首先，在歌手上台之前，热场导演会对台下的观众进行培训，鼓励观众在镜头面前表达自己的情绪，笔者在《我是歌手》第11期录制现场看到总导演洪涛在台上鼓励观众：“我看到女孩子们画着精致的妆，涂着鲜艳的口红，大家肯定都期待被摄像机拍到吧。”② 其次是摄像机的暗示，根据笔者的观察，《我是歌手》录制现场对准观众席的固定机位多达十余台，当歌手开始演唱时，还增加了一些游动机位。众多摄像机的在场暗示观众已经成为舞台的主角，再加上一些观众本来就希望自己的面孔能被镜头捕捉，于是不少人纷纷成了“抢镜帝”。而根据媒体的报道，“抢镜帝”也并非随时都会出现，如果某一期节目观众的表情不到位，那么可能会使用备播中的镜头。实际上，每一期节目中观众都精神饱满、兴奋异常是不可能的，有些频频出现的“抢镜帝”未必都是即时的同步镜头。③

在多元媒介化手段塑造的真人秀故事中，对于表演的认知成为观众对真

---

① 笔者于2014年11月8日在上海对编导Hxx的访谈资料.

② 详见本文附录1“心怀真诚去娱乐——湖南卫视真人秀《我是歌手》现场手记”。

③ “我是歌手”“表情帝”观众养成记：有表现力更易入选．[EB/OL]．[2015-01-19]．http：//media.people.com.cn/n/2015/0119/c40606-26406613.html.

实性判断的核心。这种争议就如当初真人秀《一个美国家庭》（*An American Family*）所引发的争论那样，说明真人秀本身的人工性已经引起观众的警觉。对此，《一个美国家庭》的制作者克雷格·吉尔伯特（Craig Gilbert）说道："如果这些反应被摄像机改变了，那么这些反应依然是有效的。"换句话说，尽管环境是人工的，但是反应是真实的。① 这就要求制作方从观众视角重新审视真人秀建构故事的方式，将原生态素材重塑为一个符合观众想象的故事。

3.3.3 "故事重塑"：根据"观众原则"建构的真人秀故事

根据观众原则重塑故事，是真人秀建构真实的最高法则。在高度商业化的真人秀产业中，观众本位思想已经渗入真人秀制作的各个环节，成为最终决定故事呈现方式的无形法则，这种法则决定着真人秀必须在尊重事件真实性的前提下，使用相关媒介技术手段对事件进行局部修改，最终重塑为符合观众想象的故事。下文以湖南卫视真人秀节目《我是歌手》为例，阐释真人秀在建构故事过程中的"观众原则"。

能将事故"做"成一个"故事"的，恐怕只有湖南卫视了。《我是歌手》第三季（2015）总决赛的"孙楠退赛"事件在互联网上引起了一场关于真假的大讨论，网友、专家、媒体人士围绕电视直播技术、参与者的动机、制作方的目的进行各种猜测。

（1）事件描述。2015 年 3 月 27 日晚，在《我是歌手》第三季总决赛中，歌手韩红成为终极歌王。不过，当晚最大的焦点却是"孙楠退赛"事件。在临近最终决赛的时候，处在现场的孙楠向观众宣布退出比赛。孙楠宣布退赛的举动打乱了《我是歌手》的直播流程，主持人汪涵在台上机智应变、临场发挥，并临时插入 5 分钟广告，为导演组调整后续比赛赢得了时间，最后决赛得以顺利进行。

"孙楠退赛"事件发生后，引发了诸多媒体报道，网友对于事件真实性纷纷展开猜测与讨论。关于事件的真实性，总的来说有几种说法：一是"单方退赛说"，"单方退赛说"支持事件真实性，将事件描述为歌手孙楠在直播现场草率退赛，主持人汪涵机智救场并展现真实一面，并将救场的成功归因于湖南卫视专业素养与团队精神；二是"事前商量说"，"事前商量说"否认事

① Andrejevic M. Reality TV：The work of being watched［M］. New York：Rowman & Littlefield Publishers，2003：66.

件真实性，强调制作方对于退赛事先知情并已经“提前商量”；三是“双赢说”，“双赢说”主要来自第三方声音，网友通过分析直播技术推测事件来龙去脉，认为“节目组不可能不知情，不可能毫无准备”，而“孙楠退赛”是相关利益方协商的结果，事件中没有输家。“比较可信的推断，是导演组小范围知情，并小范围决定了‘让他说，让他退’，并制作了预案，最后挑了一个最适合执行的时间点来执行。”①

实际上，观众对于“孙楠退赛”事件真实性的讨论热情远远超过了对《我是歌手》总决赛结局的关注。为了挖掘真相，得出相对客观的结论，媒体甚至邀请测谎技术专家参与，根据影像呈现结果得出相对权威的结论：①孙楠是单方面退出的；②节目组顺势而为；③所谓的顺势而为呢，就是双方对于退出的时间和退出的方式其实是有沟通的，大家心知肚明；④因为真实性的需要，汪涵真的是不知道的（见图 3.3）；⑤而冠军韩红，则应该提前就知道孙楠要退赛了。② 孙楠退赛事件的真相究竟是什么呢？观众所看到的故事距离原生态事实究竟有多远？因涉及内部机密，真相恐怕就像装在一个黑箱之内，外人难以一窥全貌。

图 3.3　汪涵救场下台后直摸心脏

① 孙楠退出，节目组真的不知情吗？[EB/OL]．[2015-03-30]．http：//mp. weixin. qq. com.

② 华政测谎专家：孙楠退赛节目组和韩红事先知情［EB/OL］．［2015-03-31］．http：//wx. shenchuang. com/article/2015-03-31/524863. html.

（2）从“事故”到“故事”。媒介技术与观众模式之间的协商。在电视上，“孙楠退赛”是一个被重新建构的、符合观众想象的故事。虽然在直播现场，“孙楠退赛”事件是真实发生的偶然性事故，但在观众一端，所有人看到的是一个有情节、有起承转合、有结局的“故事”，这个“故事”符合参与者、制作方、广告商等各方利益诉求，最重要的是，它符合观众的想象。从“事故”到“故事”，这种重塑只有通过电视媒体制作人员高度默契、密切合作才能实现。就此案例来讲，一个经过复杂建构过程但仍不失真实性的故事具备以下要素：第一，一个真实发生的事件。退赛是孙楠本人的真实意愿，事件实际发生在幕后，最初并没有进入《我是歌手》的媒介表现空间。第二，一个将事件进行再造的技术空间。孙楠提出退赛请求发生在半决赛，当时制作方对于事件仍有主动权，制作方选择通过直播技术条件对事件进行再造，将其改造为一个富有表现力的故事，即“孙楠当场退赛，汪涵机智救场”，再造后的故事从幕后转移到台前，并且更符合观众的收视心理。第三，原生态事件与再造后的“故事”存在细微差异，对事件基本要素不进行修改，被修改的是一些不引人注意的细节。在这个事件中，它们可能是孙楠退赛的情境（事情发生在幕后，观众看到是台前）、知情的人物（部分歌手与制作人员知情，而观众看到的镜头是全体不知情）、制作方知情的时间（已提前知情，观众看到的是刚刚知情）等。另外，直播这种技术形式本身足以掩盖诸多事实，而电视机前观众将注意力放在事件戏剧性效果时，这些细节可能完全被观众忽略，使观众以为自己看到的就是原生态真实。

在此值得一提的是在整个过程中起决定性作用的中介角色，即电视制片人/导演。电视制片人是原生态真实与媒介化真实之间的协同机制，在制作节目的时候，制片人心中往往装着一个观众模式，并根据他对观众模式的理解对事实进行选择、淘汰和改造。尼古拉斯·阿伯克龙比提到过制片人的四条观众原则：第一，吸引观众的原则；第二，制片人必须牢记观众具有认识世界的能力；第三，制片人必须满足观众对节目的期望；第四，编剧和制片人一定要遵循“团结观众”的原则。[①] 从事故到故事，到“孙楠退赛”，再从“孙楠退赛”到“汪涵救场”，显然是湖南卫视制片人/导演娴熟运用技术手段与观众模式进行协调的结果。

---

① 尼古拉斯·阿伯克龙比．电视与社会［M］．张永喜，鲍贵，陈光明，译．南京：南京大学出版社，2002：130.

3.4 本章小结

真实并不是无根之水，本章通过界定真人秀的媒介特性，并结合 2013 年至 2015 年间的真人秀节目样本，进一步探讨了真人秀的真实性，深入分析了真人秀在内容生产过程中建构符号真实的方式。

总的来说，真人秀是一种基于电视媒介本体，并吸收戏剧电影媒介特征的跨媒介文本，就媒介本体来说，现场性是真人秀最为明显的特征。真人秀的本体性和跨媒介性决定它是一种极端复杂的真实类型：它并不能像新闻或纪录片那样呈现一种客观、完整、严肃的真实，也不会像戏剧电影那样呈现一种艺术化的真实，而是一种事实与表演相混杂的复杂的真实。与新闻或纪录片相比，真人秀对于客观事实的呈现方式存在巨大差异，真人秀真实与严肃事实类节目有本质的区别。相比较而言，真人秀呈现的是模拟真实，而非客观真实；呈现碎片化真实，而非完整真实；呈现娱乐化真实，而非严肃真实。另外，摄像机的拍摄客体是表演与事实的混合体，这决定了真人秀是一种杂交真实类型。随着娱乐化倾向越来越严重，真人秀将虚构作为一种看似合理的“假定”引入文本。对于观众来说，真人秀无法做到像传统纪录片那样严格地将纪实与表演明显区分开来，无论是现实发生的客观情形还是令人存疑的表演，都被遮蔽在旁观美学的大伞之下。为了与观众达成“真实”契约，真人秀节目宣称真实，并通过各种导向性封闭结构引导观众，使观众对文本真实性产生认同。在内容制作领域，真人秀始终在非虚构与虚构之间滑移。从“故事制造”“故事改造”到“故事重塑”，真人秀使用多种媒介手段建构真实符号，将精心编织的故事呈现在电视上。在重塑故事的过程中，真人秀制作方根据观众模式对于真实发生的事件进行选择、淘汰和改造，从而将事件重塑成一个具有戏剧性的故事。

4

真人秀真实性价值建构

4.1 制作领域的真实性价值与技术标准

追求真实是人的本能。在影像史上，纪录片以“非虚构”意涵确立真实价值。从技术角度而言，真人秀与电视纪录片一脉相承；从文化角度而言，真人秀也竭力诉求真实。那么，作为一种价值理念，真实性在真人秀制作的微观层面是怎样被实现的？传统的技术方式被哪些因素改变，而哪些新的观念又被确立起来了呢？本章通过对现象级真人秀节目导演的访谈，探究真人秀在制作过程中建构真实的框架。

4.1.1 研究方法：真人秀导演访谈

真人秀是通过工业化流程生产的集体作品，制作方往往是一个相对庞大的团队协作系统，在这个体系中，导演是第一现场的见证者。在原生态真实与媒介化真实之间，导演扮演统筹者和协调者角色，在决定观众能看到什么样的故事方面，导演拥有最大的决定权。笔者认为，真人秀导演在制作过程中所秉持的观念是可被描述的，挖掘、描述、提炼这些与真实性相关的观念，是窥探真人秀真实性机制的窗口。

本节研究采用访谈法，在 2013 至 2015 年间，笔者访谈了多位在一线从事真人秀制作工作的导演与制片人，他们主要来自湖南卫视、浙江卫视，以及江苏卫视。访谈目的在于提炼导演在制作过程中所秉持的“真实观”，从而探索制作方如何在生产环节处理原生态真实与媒介化真实之间的关系。访谈内容主要为导演在真人秀拍摄与制作过程中形成的关于“真实”的看法、标准和价值观。访谈程序如下：第一，在访谈开始前，笔者将访谈大纲和访谈邀请函发给导演本人，请对方提前了解访谈内容，并告知对方保密原则以及访谈内容仅供学术研究所用。第二，访谈方式经过邮件预约、正式访谈、录音整理三个程序，正式访谈一般通过电话进行，并在通话时进行录音并提前告知。第三，在访谈结束后，笔者会通过邮件将访谈文字发给被访者，邀请对方对访谈内容进行核对和确认，并根据对方的要求隐去姓名与其他相关信息。通过对导演访谈文本的内容分析，笔者试图讨论制作方在制作过程中所秉持的真实观念，以及在制作过程中如何执行，包括如何鉴别与规避表演、如何把握事实与表演的边界、如何把握虚构与非虚构的边界。第四，总结出导演建构真实所使用的框架，从认识论意义上界定导演对真实的认知、判断和行为。通过访谈，本章试图回答以下问题：①对于真人秀制作方来说，“真实重要吗”，通过这个问题试图衡量真实价值能在多大程度上影响故事架构方式。②“真实是什么”，通过这个问题考察真人秀真实所包含的要素（或子概念），以及这些要素是通过什么样的技术手段被组合在一起的。③“影响真实的因素有哪些”，这个问题分析在不同类型的真人秀中，导演是如何处理相互冲突的真实性原则的，并在这个过程中试图重新建立真人秀真实性的边界。

4.1.2 访谈内容：真实性的价值评判、子概念与技术标准

（1）真实重要吗？对于真人秀来说，真实重要吗？这个问题考察的是在娱乐化、商业化的背景之下，真实性是否是衡量真人秀节目的价值标准，以及它的分量如何。对此，六位不同年龄、不同学科背景、不同工作经历，且来自不同真人秀节目团队的导演是这么回答的：

Cxx：我这个节目的话，我会选择真实性。

Yxx：真实的，所有的东西都是真实的。真人秀如果不真的话，那秀出来的东西全是假的。

Lxx：我觉得非常重要啊，不然的话，大家干吗不去看电视剧啊。

Hx：我个人来讲，我觉得真实对真人秀来说是非常重要的，是至关重要的。

Jxx：真实肯定很重要，任何一个真人秀，特别是这种情感类真人秀，……情感类节目只有是真实的东西，观众才愿意去看，如果演的话那完全就是电视剧了。

Hxx：我刚入行的时候，带我的老导演说过这样的话，你做节目首先你要相信这个东西是真的。

Yxx：对节目本身来讲，真实是一个生命，在真人秀节目里面，真实就是

灵魂。如果节目太假，就是作秀，而不叫真人秀。真的假不了，真实是电视节目的生命。我们会高举真实的大旗，不做假，不留太多的水分，让我们的节目真正能走进观众的内心世界。

真实性对真人秀来说至关重要，真实是真人秀本体的一部分，这反映了一线导演在本体论意义上对于真人秀的认知。真人秀节目在营销市场上不遗余力地“宣称真实”，可见无论是在制作领域还是商业化收视市场，真实性均是真人秀节目品质最重要的价值考量。另外，真实性在制作领域成为真人秀的价值评判标准，这意味着与事实节目相关的技术标准也同样适用于真人秀生产。在2013至2015年间，多数真人秀节目采用旁观式拍摄方法，但如第二章提到的，尽管真实性价值是真人秀的特征之一，但这并不意味着制作方会严格按照传统事实类节目如新闻或纪录片的真实性标准来建构故事。

（2）真实是什么？对于导演来说，对于节目真实性的理解是其使用何种技术手段的前提。在访谈中，真实被作为一个主题而非一个具有固定定义的概念来使用。作为访谈对象的导演一般不会直接谈论概念本身，而是通过讨论拍摄对象和拍摄方式来界定什么是真实，什么是不真实。在这个过程中，不同层级的真实子概念渐渐凸显出来。

Cxx：这是他本身生活中会发生的。

Lxx：拍摄主体（参与者）遵循自己的意愿来做出反应。

Yxx：（参与者）表现自己真实的生活状态、在当时那个环境里面真实的反应。……所有场景是真实发生的。……对话、故事，一切都是原生态的，我们从来不在现场导演，从来不会打搅或终止他们的生活状态。一句话，就是不干预。他们说什么，我们就录什么。这是一个方面，首先我们必须保证我们所看到的、我们所记录的是真实的，所以叫“眼见为实”。

Hx：（真实是）那种情理之中意料之外的东西。所以你不能去营造什么，不能去告诉他什么，只能让它自然地发生，你要让它自然地发生。

Jxx：真实节目情境一定要是真实的，当事人双方的基础信息一定是真实的，你不能让他在一个虚无缥缈的基础上去演绎一个东西……他很期待，很容易进入这个情境里面。在这个基础上发生戏剧性的事情，或者是我们设计的但不是生硬的、猎奇的东西。这种真实就是电视的真实。

Hxx：你（导演）要首先自我催眠，这个是真的。……以你（导演）的真实的状态去反映出来……是一个比较好的状态。你说当时小孩哭，被感动的时候，只有他在哭吗？我们（导演）也在哭。

据上文，节目在制作领域的真实性被界定为以下几个方面：①关于事件本身，即客观发生的事件（即使没有节目拍摄，行为也会发生）、在（镜头与制作方的）非介入状态之下发生的事件。②关于参与者，参与者对于特定场景做出真实反应，在镜头前的行为均出自本人真实意愿。③关于情境，情境的真实性可以作为一个基础条件。④关于制作方，制作方在拍摄制作过程中保持的真诚状态。这些子概念描述了节目真实性的各个维度，同时也揭示了真实是多组矛盾统一的关系：首先，真实最重要的维度是被拍摄客体的客观性，指事件与客观世界中的现实有关联，其对立面是人工性（被虚构或被介入）；其次，真实指向参与者的真诚性，其对立面是表演（伪装自我）；最后，真诚性也可以包含拍摄者与被拍摄者之间的关系，制作主体也被纳入真诚性的考核范围，其对立面是造假（歪曲篡改）。在导演的描述中，上述三组对立的价值判断标准是很常见的，尤其是真诚与表演，如果导演认为参与者在表演，即判断参与者不真诚。由于真实概念本身的抽象性与多义性，当被访者表达对真实的理解时，往往首先描述什么是不真实，本节为了讨论真实，被访者对于不真实的认知与判断也被纳入讨论范围中作为参考。

（3）真实是怎样被建构的？被拍摄者、拍摄者与摄像机之间的三角关系是影像建构真实的内部机制，在真人秀的制作过程中，不同的节目模式决定了不同的三角关系，也决定了节目呈现真实的方式。在访谈中，多数导演涉及了“介入/非介入”“真诚/表演”“虚构/非虚构”三组关系。

①介入/非介入。“介入”与“非介入”是一组完全相反的真实理念。在模仿纪录片的道路上，西方真人秀经历了长久的历程，观察式真人秀最初模仿观察式纪录片（直接电影），将“非介入”作为其主要理念。在20世纪90年代末至21世纪初，引领观察式纪录片潮流的纪实肥皂剧《皇家海军光辉号》，奉行绝不介入之原则，全剧没有画外音，导演特里尔声称，影片导演不应当有任何的价值判断，抑或扭曲影片中的人物理解事物的方式。而在此后，真人秀“或多或少显示出制作团队的操纵与介入手法，无论是画外音、剪辑风格，还是对着镜头说话的撰稿者或主持人在场等其他手法”。[1] 将“介入”放置在文本之中，是真人秀逐渐偏离观察式纪录片的表现。在某档真人秀节目中，制作方与摄像机的“介入”已经成节目叙事的一部分，尤其是摄像机，

---

① 斯特拉·布鲁兹．新纪录：批评性导论［M］．吴畅畅，译．上海：复旦大学出版社，2013：180.

在节目中有很强的存在感。节目并不吝惜笔墨去展现孩子们与摄像机互动的瞬间，不少情节均是讲述孩子们在拍摄过程中如何逐渐学会与摄像机友好相处，接受摄像机的存在。在节目中，孩子们旁若无人地与摄像机一起玩，对着摄像机说话的镜头，仿佛在验证维尔托夫的名言："我是电影眼睛，我是机械眼睛，我是一部机器，向你展示只有我才能看见的世界。"①

Hx：我也去韩国考察过节目，小孩子天生不太会去跟镜头互动，但是我们这个节目拍摄的时候，孩子就跟镜头互动了，这个互动非常好，这是他自发的，他很真实地去讲话，我觉得这个东西，只要是真实的，就没有什么是不可以的。他跟镜头讲话，说白了，他其实是在跟镜头后面的摄影师讲话。

Yxx：这个一定是真实的，一定是真实的，包括我们摄像跟拍，他们会有一些保护自己的潜意识的动作和行为，我们要学会观察，你作为观众，你能不能看出他们的表现是另外一种真实，这就是节目最大的魅力。它给你另外一种真实，你去看它，你觉得这是表演，这是做假，那是你的理解。

除了参与者与摄像机的互动，参与者和制作方的互动亦屡屡可见，营造了一种制作方"在场"的真实感。在某档真人秀节目中，参与者为了"交房租"，二人结伴去卖小鸭子给当地村民，不料，途中参与者发现小鸭子突然不动了，参与者扔下背包、放弃任务，扑向一位节目工作人员的怀抱失控大哭。

参与者：好了！我不卖鸭子了！

（参与者放弃任务，镜头跟随参与者去寻找导演，参与者找到导演后失控大哭。）

节目工作人员：我知道你很难过，没关系的。有什么事情，你跟我讲。

参与者：我已经弄死两只了。

节目工作人员：你已经弄死两只鸭子了？

参与者：我家里也有一只，它跑掉了，被猫吃掉了。

节目工作人员：你以前也养过一只鸭子，然后鸭子被猫吃掉了，对不对？所以你就很难过，对不对？

……

另一位参与者：鸭子已经活了。

节目工作人员：她说鸭子活了。

通过导演的"在场"和引导，故事背后的故事被讲述出来。因为这段影

① 聂欣如．纪录片研究［M］．上海：复旦大学出版社，2010：219.

像戏剧性与真实感兼备，整段情节被完整地保留在节目中。

Hx：我不希望在节目里呈现过多的工作人员的东西，但是我看了节目之后，我觉得这其实也是一种真实。……这是一种被动的参与，对我们来讲是尽可能地让工作人员不出现。我们不希望让观众觉得我们干预了节目拍摄，但实际上我们是没有干预的。

真人秀的导演非常清楚，在声称绝对旁观的真人秀中，导演对于故事的干预都是隐匿在镜头背后的，而涉嫌过度介入的镜头会引起观众对故事真实性与节目公正性的质疑，“不希望让观众觉得我们干预了节目拍摄”凸显了导演对于观众接受的极端重视。

实际上，“旁观”与“在场”的矛盾并非是真人秀节目独有的，它是中国电视发展历史上形成的一个特殊现象。中国电视人在向西方学习的过程中，既吸收了直接电影的“旁观”理念，也吸收了真实电影的“在场”理念，因此，在事实类电视节目中，观众常常既可以看到拍摄者/记者在等拍，即像“墙壁上的苍蝇”一样静静旁观事情的发生，也可以看到拍摄者/记者在挑拍，即拍摄者/记者介入事件发展过程，直到它有一个结局。李幸、欧慧玲将其称为“电影与电视的矛盾统一”。“想要一刻不停地记录是不可能也是没有意义的，我们提供给观众的永远只是片段，只需在片段的真实性上下功夫即可，道理就是这么简单。”① 将“介入”明朗化，恰恰是真人秀节目文本比较开放的标志，它邀请观众体验“拍摄者、被拍摄者、摄像机”的三角关系，以增强节目的真实感。

与湖南卫视《爸爸去哪儿》形成对比的是浙江卫视的《爸爸回来了》，这两档号称拍摄手法都接近于纪录片的亲子真人秀，最大的区别在于《爸爸去哪儿》的叙事通过游戏来推动，而《爸爸回来了》的叙事是通过导演的幕后设计完成的。实际上，任何宣称真实的影像都不可能排除介入的存在。为了完成故事和推动情节，真人秀的拍摄制作存在一定程度的介入，只不过有的介入被置于前台，有的介入被隐藏在摄像机之后。

Cxx：记录的过程中有预判，有选择性地记录，就像我们拍的两天两夜里面，并不是所有的东西都是纯天然的，这两天两夜里面我们要做的事情就是跟爸爸提前沟通好，……比如说，J某某（参与者）的女儿七天后才去医院的，我跟他说你现在去医院，我们也会提前问J某某（参与者），你要跟医生

---

① 李幸，欧慧玲．视听传播史论［M］．北京：中国社会科学出版社，2010：261.

聊哪些话题，跟他说这些话题是我们要的，其他话题你可以留在下次跟医生聊，等于说，虽然经过设计，但这些又是真实的。

另外，声称奉行“非介入”原则的还有江苏卫视的《女婿上门了》、东方卫视的《急诊室故事》、深圳卫视的《来吧孩子》，这三档节目均全部使用监视拍摄手法，或者监视拍摄与旁观式拍摄混合的手法，在无剧本设定的情况下，导演不会直接介入人物之间的互动关系。

Jxx：我们是偏纪录的真人秀，导演不会特别介入，我们只是告诉他今天要做哪几件事情，至于他做得怎么样，做得有没有达到要求，这个要看他自己的表现。这个节目难就难在这个地方，因为它没有大的戏剧冲突，它是一个比较温情的东西。

②真诚/表演。这里的表演并非指节目中穿插的文艺表演或根据剧本情节进行专业表演，而是指真人秀中一些参与者在镜头前表演自己、伪装自我，隐藏其真实的一面。表演是真实的对立面。国家广播电视总局相关专家曾通过媒体批判真人秀大多是明星“作秀”，认为“明星会带着‘演’的状态进入真人秀，那真人秀就假了”。[①] 真人秀中的表演广受诟病，所以导演们无一例外回避表演的存在，声称他们能够通过个人经验来识别现场存在的表演。

Yxx：他们会夸大一些身体上的反应，会说出一些常人想不到的话语，甚至会故意引逗大家发笑，这就是表演，就是秀。

Lxx：你在拍摄过程当中，有的明星会自觉不自觉“找镜头”。这个是他们在平时的训练当中根深蒂固了的，明星会找镜头，看镜头在哪里。他会根据镜头的位置调整自己的……不知道该怎么说，他会面对镜头，或者侧面对镜头。往往在这个时候，他对自己的行为都会有所顾忌。(你在拍节目的时候碰到明星一直在“找镜头”或者表演，你是怎么处理的?）这个基本没有太多的办法来处理，你只能把他放在特定的情境当中。

真人秀诉求真情实感，要求参与者在拍摄过程中充分展现自己的真实状态，而不是伪装自我。导演认为，通过技术性操控，表演是可以避免的。

Cxx：我们安排了一次，让J某某（参与者）带着女儿去帮他的朋友卖东西，本来我们以为明星到店里会有群众围观，我们觉得蛮好看的，但是事实上，一点都不好，一个是孩子状态不佳，因为这个事情她从来没经历过，她

---

① 总局有关人士批“明星真人秀”多是明星作秀［EB/OL］.［2015-09-08］.http://www.mediaob.com.

也不会去经历这个事情。J某某（参与者）说他以前做过，做得特别特别少，他有表演的成分，所以这一段在节目中就全部剪掉了，一点都没剩。

Jxx：这个（表演）基本上没有，因为我们是隐匿拍摄，在家里装了摄像头，没有摄像师。在室内的话，他们基本上感觉不到任何存在。摄像机都是隐蔽摄像机，摄像师都不在房间里面，我们都是把线拉在另外一个房间里面去的，比如说我在S某某（参与者）岳父母家里拍，但我所有的摄像可能是在楼上，或者对门租一个房子，所有的摄像、工人都在里面，可以遥控摄像机，所以这个情境里面只有他岳父母和S某某（参与者）。在这种情况下他完全不会考虑机位啊，摄像机啊，我们是360度无死角抓拍，就不会存在说他们刻意去干嘛干嘛。

Yxx：艺人是非常聪明的，因为他知道电视节目要什么，观众要什么。他有的时候会给自己加一些东西进来，但是这些东西一定不是导演教的。艺人也了解自己的性格，他会在节目当中揣测，今天我该讲什么，明天我该讲什么，后天我是不是该流点眼泪了。

导演们十分清楚，表演是真实的对立面，“观众宁愿看真实人物的情感表达，而不是模拟情感的表演”。[①] 在许多真人秀节目中，参与者往往是具备表演技能的明星，他们在摄像机镜头面前伪装自我，往往难以识别，许多真人秀节目开始设置极端环境和激烈竞技环节，目的就是规避表演。

Lxx：真人秀拍摄的现场，大概可以分为三种不同的情况：受控、可控跟失控，受控最大的问题可能是会让拍摄主体变得有很多演绎（表演）的成分。可控的话，那无非就是现场编导或编剧会给一些提示，由拍摄主体来执行。但是失控才是最能够打动观众的，那往往是拍摄主体最真实、最本能的一种反应。所有的真人秀都喜欢“失控”。

Yxx：我们喜欢看明星，看明星的丑事，喜欢看明星出状况，为什么？你知道吗？出状况的情况下，他的表现是最强烈的、最激烈的，你会觉得，这是一种快感，这是另外一种感情体验。你看到的和你想的，结合你个人的人生经历，去理解它，找到共同点，找到共鸣点，那么，这个节目也成功了。

规避虚假表演、展现真情实感使真人秀节目在观众中产生普世性价值。为了塑造令人共鸣的生活化真实，真人秀导演往往针对发生在普通个体身上

---

① 斯特拉·布鲁兹．新纪录：批评性导论［M］．吴畅畅，译．上海：复旦大学出版社，2013：202.

的世俗事件做文章。

Yxx：时间一长，（情绪）累积到了一定量的时候，我们会判断她什么时候爆发，她一爆发我们就会在后期放大，比如说，我们会把一个镜头反复播放或者反复强调，在后期剪辑的过程中把这个矛盾放大，观众看到了之后会觉得，哇，原来她们是这样子的，一个情绪的爆炸点。这就是我们做真人秀的一个手段。

具有普世性意义的情感呈现易使观众产生代入感，在明星真人秀节目中，制作方试图通过创意化设计让明星成为普通人，并在电视机前对观众流露真情，这成为增加真人秀真实度的一种重要手段。因此，真人秀导演都乐意创造“失控的现场”，他们认为，“失控”呈现的是参与者在一种极端情况下的真实人性。在调研中，一位导演曾就“失控”提起一个案例：某位参与者平时以酷帅形象示人，舞台风格也非常稳重，有一次，当她在拍摄过程中接受采访，回忆往事无法自持，在摄像机前面动情落泪。按道理说，这属于“失控”的现场。然而，后期剪辑时节目却并未保留该镜头。原因非常简单，即这种“失控”并不符合她在节目中的形象定位。尽管“失控”被认为是真实的，但导演们非常清楚，并不是所有的“失控”都会被观众接受。“失控”只有被放置在一个合理的叙事框架内，才会被受众认为是真实的，否则它只是一个镜头，或者说是一个现场的碎片。

③非虚构/虚构。遵循虚构性原则的是真人秀中的游戏设计与编剧。真人秀与纪录片最大的区别在于它具有某种程度的虚构性，真人秀最主要的手段是游戏或者任务设计，目的在于推动情节发展，激发戏剧性瞬间，增强可看性。这些游戏或任务打破了虚构与非虚构之间的界限，在多数真人秀节目中，游戏或任务并不单纯，而是附带一系列详细的规则，作为虚构性内核，这些规则决定了真人秀的情节延展速度与发展方向。

Hx：我没有把孩子跟父亲放在一个地方之后我就不管了，正儿八经地（让他们）在那儿生活几天，没有，你把他们丢在那儿正儿八经生活几天，那个是纪录片。但是真人秀是带着任务的，比如说你几点必须起床，你要去参加什么任务，你要完成任务才能怎么样，这个东西和纪录片是不一样的。纪录片是纯不干预，尽量让他觉得没有旁人（镜头）在，但是这个节目，他们还是会知道的，比如说有“村长”在，比如说他们知道我们要比赛才能得到好房子。

Yxx：我们在第一季就打的是“穷游”的概念，那什么是穷游，我们首先会去想穷游会给人带来哪些情绪。对那些已经过惯了好生活的艺人来说，他的问题可能就会被放大，他可能会经验不足、不适应，在不适应的过程当中可能会产生普通人一样的问题，可能会被放大，放得很大。这就造成了一些“戏剧点”。

除了游戏，能够体现虚构性的还有真人秀中的编剧，编剧意味着制作方可以牢牢把控虚构与非虚构之间的主动权，把控真实感和戏剧感之间的尺度。就像《爸爸去哪儿》总导演谢涤葵所说，编剧能使一切看起来“没有一个地方是设计的”。

Hx：其实编剧是从韩文里面直译过来的，在中国的真人秀里面，包括《我是歌手》也好，《花儿与少年》也好，所有的真人秀，其实编剧就相当于编导。节目拍摄是有流程的，但是这个流程只是接下来几点到几点会做什么任务，至于中间在任务中发生什么都是随机的，都是真实的。……所以你说编剧能改写什么？他并不能改写什么。

娱乐性决定着真人秀必须有戏剧冲突。即使是采用监视拍摄与观察式拍摄的真人秀也并非完全是非虚构的。导演为了增加可看性，也会设计一些具有戏剧冲突的桥段。在某些被观众津津乐道的看点和桥段中，导演为增强冲突感而不失真实感可谓费尽了心思。

Jxx：这个节目不是纯纪录片，纪录片一天二十四小时跟拍，纯纪录片嘛。但是作为一个电视真人秀节目的话不是这种手法。比如S某某（参与者）被催婚，催婚的话我们必须设计怎么个催法。催婚肯定要有亲戚，这个是我们设计的。至于亲戚来以后怎么说，那是亲戚的事情。（亲戚来的话，双方都是不知道的，对吧?）亲戚来的话，S某某（参与者）肯定是不知道的。这个还是要征求当事人真实的意愿，就是S某某（参与者）的岳父母他们是很希望有人过来帮他们催结婚的。编导跟他们一沟通，包括哪个亲戚来催婚都是他们提供的，“这个人能说，这个说挺好，让他来”。W某某（节目参与者，S某某的女友）的干爹是真的干爹，那个干爹他就特别疼W某某，小时候一家子很好，确实以前S某某每次回来就跟他喝酒，他就劝结婚啊，喊爸妈啊，都是这样的。他有真实的底子，所以我们把这个拉进来，他是真实的，我们不是凭白无故地设计这么一个东西，而是在真实基础上设计一个合情合理的东西。

遵循非虚构原则的是真人秀制作流程中的后期剪辑。后期剪辑不仅是对原始素材的精细化筛选，也是一种再度创作，“非虚构”是“大后期”再创作的重要原则。在“编剧”“剧本”代表虚构的名词进入真人秀节目策划之前，一些老牌真人秀就采取了一些类似手法，导演常常在拍摄前期“设计”一些“埋伏”引发戏剧冲突，但在后期剪辑时，导演会对原始素材按照“非虚构”的程度进行筛选和排序，优先采用事实程度较高的故事，将“真实的故事”排在第一位，而“看起来是真实的故事”排在第二位。但另外一些定位完全不同的真人秀则主要在尊重人物真实关系的基础上建构新的故事。

Hxx：状态是真的，事件是真的，这些都是作为首选的。……比如说摄像时候机器不好了，或者说机器淋雨了，记录的东西全是那种抽帧的，或者断码的，那我们就把它放进去，也就是说我们不会去顾及画面的东西，就是你画面有没有都没问题，我们做二维推上来都没问题，全部都是颗粒点都没问题，因为你的状态是真的。观众看到这个他会认为是真的。……状态是真的，可能整个事件是我们造的，这个就作为备选。

Yxx：后期的故事完全是重新做出来的一个新故事，它首先不会去改变人与人之间的逻辑关系。但是，我会去想，这一期我重点突出谁，以谁为我的中心，我只做这一个人，因为真人秀最重要的是突出一个人。在大后期的过程当中，我会具体判断这些人发生了哪些故事，从这些故事里面判断，谁的故事是最有卖点的，然后我就来专门编她的东西，所有人物的讲话都围绕她来做，跟她无关的其他人的废话全部砍掉。

总结下来，某些导演对素材优先程度的排序标准是：将故事的事实性放在第一位，真实感放在第二位。换句话说，导演倾向于将“真实的故事”排在第一位，将“看起来是真实的故事”排在第二位。通过这个排序标准，可见一些老牌真人秀的定位仍比较偏向于纪录片，它与纯娱乐化的真人秀差别最大的地方在于，它倾向于将虚构性从节目中剔除出去，而娱乐化真人秀完全不排除虚构性。

Yxx：真人秀，“真”是生命，“人”是主体，“秀”只是一种形式。用真人来秀、让秀变真，恐怕就是今后真人秀节目生产应该追寻的终极目标。既然是电视节目，不可无秀，不秀，大家（观众）表现平平，反应冷淡，就不具备娱乐大众的气质，就不可以登上荧屏。但秀要有度，秀得过分就假了。古语讲得好，夸张过分，反而失真。失真，顾名思义，就失去了价值，就没有生命力了。

Cxx：我们的观众期待它是真实的，但不是第一位。……这个就跟电影不一样，电影就是在看电影之前，观众买了票，都是冲着你故事去的，所以对你故事期待比较高。对电视节目，他们（期待）就不会那么高。所以对于我们来说，对电视来说，我们只要做到整个大故事的逻辑完整，然后讲述整个故事的过程是流畅的，就够了。

对于导演来说，真人秀的“真实”并非被固定在非虚构一端，而是处于非虚构与虚构之间，根据不同的节目定位，“真实”在这两端之间滑移，也就是说，“真实”在媒介技术上具有很大的弹性空间。在这个弹性空间之内，观众的度量成为左右“真实”在非虚构与虚构两端滑移的决定性标准，制作方对于观众标准的揣测，也影响着媒介技术在建构真实过程中所采用的尺度，是偏向于“真”或是偏向于“秀”。

上文所呈现的真人秀导演文本只能部分代表某个特定的职业群体在内容生产领域的真实性框架或观点，囿于导演的个人偏好、知识背景和工作经验，个体真实观只能作为认识论意义上的局部呈现，也是真人秀工业化生产流程中一种观念层面的样本。实际上，个体层面的真实观只能作为对生产主体的制作方建构真实框架的管窥，在更为广泛的意义上，影响真人秀真实程度的因素还有很多，如节目模式本身的技术流程、媒介体制对于节目真实性的管控、商业化电视市场中的收视率导向，等等，这些因素均是真人秀生产无形的指挥棒。另外，导演的真实观具有职业化色彩，且在经验层次具备可描述性，但以导演的真实观去评判真人秀是否真实并不是本书的初衷。如第二章所述，真实是在特定的社会文化背景之下的、基于某类文本的媒介化传播而发生的、存在于制作方与观众之间产生一种协商机制。随着传播环境的变化，受众一端对于真人秀生产的影响越来越大。也就说，观众对于真实的认知、判断与价值观念将逐渐成为考量真人秀是否真实的重要尺度，也成为导演在制作领域重新界定“真实”边界的重要参考。

4.2 研究发现：制作领域形成建构真实的框架

在影像史上，理论家们曾提炼与制定各种守则，以防止制作者逾越真实的边界。巴赞曾提出导演必须遵守的两个条件：一是不应有意欺骗观众，二是搬演的内容应与事物的本质相符。[①] 迄今为止，严肃事实影像仍在遵循一些通用的规则。在真人秀的拍摄与制作过程中，导演根据不同的节目市场定位，使用不同的拍摄方式与技术准则，呈现了多元化的故事建构规则。

---

① 杨远婴．电影理论读本［M］．北京：世界图书出版公司．2012：174.

4.2.1　真人秀节目的真实性理念与标准

根据上一节的导演访谈文本，关于真人秀真实性的聚焦编码被提取出来，作为后续研究的参考。提炼聚焦编码的目的有两个：一是白描式呈现导演的真实观，以观察真实边界在真人秀生产流程被重建的过程；二是以此为框架建立测量工具，应用到下一章的观众对真人秀的真实性接受研究中。真人秀的真实性理念与标准相关概念如表 4.1 所示。

表 4.1　真人秀的真实性理念与标准

问题	概念		观点概括	提炼总结
真实重要吗	真实的重要性		真实是极端重要的 不真实就不是真人秀	真实是节目本体的重要部分
真实是什么	真实的子概念		真实是本来就会发生的事情 真实是在人物真实的意愿之下发生的 真实是在客观真实的情境之下发生的 真实是在制作方真诚参与之下发生的	建构真实应具备各项客观基础条件
怎样才能达到真实	真实在实践中的操作标准	非介入/介入	非介入使观察式真人秀接近于观察式纪录片，比较真实 适度的介入是另外一种“真实” 观众可以接受适度的介入 纯粹非介入拍摄使节目缺乏戏剧性	非介入是真实的表现，适度的介入并不影响“真实”
		真诚/表演	表演是真实的对立面 观众要看真实的情感（真诚），而非表演的情感 表演是可以被识别的 表演是可以规避的，使用监视拍摄、设置激烈环节等技术手段可以规避“表演”	表演影响真实
		非虚构/虚构	虚构是真实的对立面 虚构手法必须建立在一些客观真实条件的基础之上 非虚构优先于虚构，观众对于真实的接受优先于素材画面质量 虚构必须有一定尺度（不能改写情节）	在严格限定的条件下，虚构不影响真实

从本体论角度来看，真人秀是一种立足电视媒介，并兼具电影特征的跨媒介影像，纪实是其美学特征之一。苗棣、毕啸南认为，真人秀必须真实地记录节目完整的过程，并强调了“环境真实”“人物真实”“制作真实”三个方面。① 很显然，在实际操作过程中，中国真人秀建构真实的标准往往是多元的，导演肯定真人秀的真实性价值，但其建构真实的技术方式却存在弹性。真人秀宣称“真实”，在实际操作中，这种被宣称的“真实”已经与传统事实节目所制定的技术标准逐渐发生脱离，并形成一套属于自己的多元技术方式。

4.2.2 真实性价值与技术标准的离心倾向

在制作真人秀的过程中，导演对于节目真实性的理解与传统事实类节目的价值判断框架是一致的，强调真实性的重要和客观基础。首先，真实价值成为节目本体的一部分，“不真实就不是真人秀”，这个观点几乎被所有的导演反复强调；其次，导演界定了真实价值的事实性基础，例如“客观发生”“真实情境”“真实意愿”“真诚拍摄”，等等。需要注意的是，这些条件往往只是真人秀的“真实”的基础，导演往往只能实现某一个或两个方面的“真实”，无法保证所有的基础要素的真实性。

与之形成对比的是，真人秀真实的技术准则与严肃事实类节目呈现较大的差异：非介入与介入、真诚与表演、非虚构与虚构呈现混杂状态。在讲述故事的过程中，不同节目的操作方式出现较大自主性，技术标准在“真”与“非真”之间滑移。比如，对于介入对节目真实性的影响，导演的观点体现在“非介入是真实的表现，适度的介入并不影响真实”，介入的手法在真人秀中模棱两可的状态，体现真人秀的技术准则与观察式纪录片存在巨大差异。另外，导演对于虚构的态度，即“虚构在严格限定的条件下不影响真实”也体现了对真人秀娱乐性的考量。在传统事实节目中，价值判断与技术标准往往是一致的。在真人秀中，这两者在一致性方面出现了“断裂带”。价值与技术之间的裂隙，究其深层次原因，除了真人秀的娱乐化属性之外，还有后现代媒介环境下真实类影像范畴内“观众视角”的进入。

---

① 苗棣，毕啸南．解密真人秀：规则、模式与创作技巧［M］．北京：中国广播影视出版社，2015：60-80.

4.2.3 “观众视角”进入真实建构框架

在导演对真实的理解与技术操作中，“观众视角”已然进入真实建构框架。在“真”与“非真”的弹性空间之内，导演对观众接受尺度的揣测往往能够起决定作用，这种揣测往往类似于“观众看到这个他会认为是真的”之类的表述。在兼顾戏剧性的同时，导演试图从观众接受的角度重新确定节目的真实边界，这种在长期实践中发展而来的技术理念，为真人秀的观众接受研究提供了一个新的视角。

根据安妮特·希尔的真实电视受众研究，“近90%的人相信电视新闻提供的信息准确；近60%的观众相信电视纪录片提供的信息准确；关于通俗事实电视，观众的信任度比新闻或纪录片所描述的低，而且根据不同类型的真实节目有所变化”。在高度商业化和竞争激烈的电视市场中，真人秀处于“多一分像电视剧，少一分成纪录片”的窘境，在虚构与非虚构的边界之间，真人秀往往保持滑移状态，观众对于其信任度比严肃事实类节目低，倒也无可厚非。与严肃事实类节目不同，在高度商业化的真人秀生产领域，观众的眼球效应能够决定节目生死，同样也决定着真人秀的真实性程度，也就是约翰·菲斯克界定的“快乐的观众”，他们认为“喜欢的就是真的，不喜欢的就是假的”。① “观众视角”体现了电视内容生产领域被观众本位深度渗透，许多真人秀节目无法恰当地处理娱乐性与真实性之间的关系，其深层次原因就是“观众视角”的进入对真实边界造成的混乱。

在真人秀生产与传播中，“真实”可以分为三个层次：①原生态真实，是制作方根据某种假设或脚本而制造出来的原生态现场，以及现场之外的真实社会环境；②媒介化真实，在后期制作的过程中，通过对素材的挑选、加工而重新建构的真实；③观众眼中的真实，经过电视、互联网或者其他媒介的屏幕传播，经过观众的社会经验解读过的真实。在第一种真实中，制作方所遵守的规则是真实性，即尽可能忠实地记录原生态现场、人物情绪反应和行为；而在第二种真实中，制作方所遵守的规则是戏剧性，即尽可能通过某种相对完整的叙事逻辑呈现一个充满戏剧性的故事；在第三种真实中，不同观众通过不同媒介端收看节目，并对同一个文本产生差异化解读，大多数观众在解读过程中对节目的真实性产生共识，是制作方追求的目标。

---

① 约翰·菲斯克．电视文化［M］．祁阿红，张鲲，译．北京：商务印书馆，2010：124.

“观众视角”进入“真实”边界的重建过程如图4.1所示。

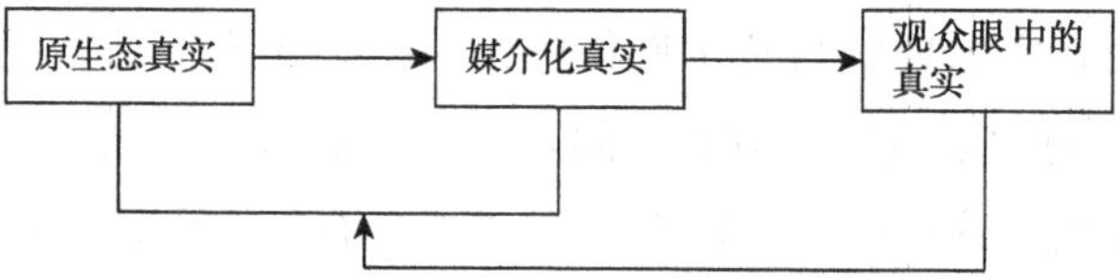

图4.1　“观众视角”进入“真实”边界的重建

在严肃事实类节目中，导演需要处理原生态真实到媒介化真实之间的对应关系，两者都必须忠实反映客观事实，严肃事实类节目要求真实的精确、公正、全面。在娱乐化真人秀中，导演除了需要处理前两种真实之间的关系，“观众视角”下的第三种“真实”亦成为重要的衡量因素，导演对于“观众视角”的揣测也影响前两种“真实”是否精确无偏。但“观众眼中的真实”又是什么样的呢？相对于导演的职业素养来说，对于“观众视角”的揣测是一种不稳定的、相对无法把握的因素，如果为刻意迎合“观众视角”而修改甚至架空现场发生的事实，真人秀就会滑脱“真实”的边界。另外，从认识论角度来说，实际发生在受众端的真实接受状况与制作方的揣测是否内洽，成为真人秀能否达成“真实契约”的决定性因素。相比较而言，观众端对于“真实”的界定是一个模糊的、难以测量的概念。实际上，在真人秀制作领域，为保证节目的真实性品质，一些相对通行的共识正在萌芽。不过从目前看来，这种动力并非来自外部制度性约束，更像是一种隐含在媒介文化系统深层的、一套处于变化之中的规则；另外，这些共识并不像严肃事实类节目那样，背后存在一套职业化色彩的制度和明文规范，而是和当下的电视媒体与互联网媒体之间的互动式博弈息息相关。总而言之，真人秀在虚构与非虚构之间存在较大的模糊区域，亟待研究者去提炼和重新界定。

4.3　延伸思考：真实性价值向观众端转型

媒介生产者激发积极媒介消费者的意识已逾百年，而最近的主要代表即为真实电视。① 从未有任何影像文本像真人秀这样重视观众的地位，也从未有

① 王华．从传播学走向多学科融合：欧美真实电视研究路径与启示［J］．新闻大学，2012（1）：28-34.

任何电视节目类型能够像真人秀这样，以观众为中心将内容的生产与消费两个领域紧密地连接起来。在电视领域，观众观看所驱动的真实性价值转型，使得传统的真实标准被逐渐打破，新的标准逐渐被纳入。

4.3.1 “被观看”：“后纪录片”时代的真人秀真实性

真人秀从诞生之日起，便与冷静客观的纪录片分道扬镳，被设计为一种为观看而生产的媒介产品。在《表演的真实：纪录片的转向》一文中，约翰·科纳（John Corner）曾将真人秀《老大哥》放置在“后纪录片”（post-documentary）范畴内讨论，他认为，对于内心世界故事的兴趣逐渐增加引发了纪录片的多元化趋向，纪录片已经不再是“严肃话语”（discourse of sobriety）的代表，这种严肃性被一种新的东西所稀释，“这种东西需要关注和创意，以便于在为特定观众创造的特定项目中获得混杂的权力（right of mix），这种美学的不确定性、围绕格调与内容的重新定位，也证明了事实电视市场的不稳定，一种不确定性和危险性，即谁要看，为什么要看”。[①]

作为一种“被观看”的媒介产品，真人秀的真实性往往指向对人类内心世界的探索，而非客观外部世界。作为真实电影流派的代表作品，1996年法国纪录片导演让·鲁什创作的《夏日纪事》被赞誉“将纪录片探寻真实的触角第一次延伸到了人们的心灵，一个充满神秘而又让人心驰神往的领域”[②]；同时，《夏日纪事》也因大量采访、创作者明显的操纵性，被认为是打破了直接电影的旁观式教条，与格里尔逊式的纪录片操作（观察式或透明式）相对立，被归类到维尔托夫式纪录片操作（反射式）之中。[③] 如果以建构真实技术性因素（“介入/非介入”“真诚/表演”“虚构/非虚构”）为参照指标，真实电影流派的真实理念与直接电影完全相反。如果说真实电影是冷静严肃的旁观美学，真实电影则倡导大胆从人的内部去挖掘、去唤醒其思维和情感的主观的真实，所以也被称为“在场”的美学。将这两者作为参照物，真人秀建构真实的方式是一个混合体。从观看角度而言，真人秀透过旁观者姿态，使用各种控制性手段介入被拍摄客体，以此挖掘人的内在世界，使观众在观

---

① Corner J. Performing the real: Documentary diversions [J]. Television & New Media, 2002, 3 (3): 255-269.

② 聂欣如. 纪录片研究 [M]，上海：复旦大学出版社，2010：108.

③ 布莱恩·温斯顿. 当代英语世界的纪录片实践（中）：一段历史考察 [J]. 王迟，译. 世界电影，2013 (2): 180-187.

看的过程中获得真实感。影像“被观看”的方式的变迁，是驱动影像媒介对真实进行再生产的一个深层因素，如上文所述，在“观众视角”中，第三种“真实”是充满不确定性的，其背后是复杂的群体心理与个人视野等社会文化因素，在这种因素的影响下，真人秀重构真实的技术标准开始发生转变，研究者界定真人秀真实性的理论路径也随之发生变化。

4.3.2 “真实契约”：涵盖观众视角的真实价值判断

“观众视角”的进入，致使传统事实节目中的价值判断与技术标准平移到真人秀中完全失效，真人秀在虚构与非虚构之间的混沌状态，使得研究者们意识到如果无法将观众因素涵盖进去，用任何方式来重新衡量真人秀的真实性都是不切实际的想法。

近些年真人秀研究出现一个常见概念“真实契约”。“真实契约”是一个从纪录片研究中借来的概念，最初是用来指称纪录片和观众之间的关系，“观众越来越清楚地认识到，这是一种近乎契约的关系，在这一契约中，他们拥有这样的权力，即在观影时能保持适当的清醒和进行一般的判断”。聂欣如认为，尽管“契约”只是一个比喻，却是一个非常准确的说法，纪录片的观众在观看纪录片的时候要求“真实”，如果纪录片中出现了他们认为不“真实”的东西，他们就会认为受到了欺骗和愚弄。① 珍妮特·琼斯（Janet Jones）将“真实契约”引用到真人秀中，他将概念解释为“观众与一个新的类型充分接触后获得的相对稳定的理解，使得他们可以在一个相对安全的范围内预测他们信任的节目的真实再生产（reproducing reality）”。②在这个意义上，“真实契约”的意义类似于约翰·菲斯克所提出的“类别契约”，这两个概念均与“媒介—观众”之间的关系有关，指的是观众对文本的解读方式的约定性或限定性。琼斯在对真人秀《老大哥》的研究中使用了“真实契约”，他认为，“真实契约”让观众在非真实环境中试图寻找真实或现实，即使他们知道真人秀是设计的：“它的人工性是如此透明，它给观众的信息是真的，摄像机出席

---

① 聂欣如．纪录片研究［M］，上海：复旦大学出版社，2010：392-393.

② Jones J. Big Brother An audience study of the UK transmission，2000 and 2001［C］//Media in Transition 2 conference，Cambridge，MA. 2002.

了，一点也不虚伪，我们可以看见它们，现在让我们去捕捉真实吧。"① 另外，台湾研究者谢豫琦在对真人秀《恋爱巴士》的研究中将真人秀的"真实契约"分为三重关系：参与者与制作单位间的真实保证、制作单位与阅听人之间的真实保证、参与者与阅听人之间的真实保证。她认为，制作单位的真实保证是最基本的支撑的根基，一旦真实保证受到挑战，三层真实保证关系就会被破坏。

在真人秀的观众接受中，"真实契约"是一种协商性机制，导演与观众两端评判"真实"的框架之间的内洽关系是达成"真实契约"的关键。从微观层次来讲，真人秀向观众发出观看"真实邀约"之后，观众按照节目的叙事框架去寻找"真实"，"真实"的接受会出现以下三种效果：第一，观众完全按照制作方的意图解读文本，完全沉浸在节目所建构的"真实世界"里，信以为真；第二，观众并没有完全根据节目框架去寻找"真实"，在观看节目的同时根据自身经验性框架解读文本，此时观众对节目建构真实的方式保持一定清醒度，对节目所宣称的"真实"有所保留；第三，观众对节目发出的"真实"邀约视而不见，认为一切都是娱乐，毫无半点真实可言。

4.3.3 "媒介—观众"：作为协商机制的真实性价值

导演访谈勾勒出真人秀建构真实的媒介框架，真人秀对真实的再生产体现出价值判断与技术标准脱离、"观众视角"的进入两个特征。在"后纪录片"语境下，真人秀与冷静客观的纪录片分道扬镳，作为一种为了观看而设计的媒介产品被生产出来。"被观看"所驱动的真实价值转型，使传统事实类影像长期建立的真实性标准被打破，新的标准逐渐被纳入，制作方与观众之间的"真实契约"成为界定影像真实性的另一个角度。

从技术决定论角度来讲，真人秀建构真实的前提是摄像机的复制、电视建构客观世界的媒介功能。出于娱乐需要，真人秀建构真实的程序具有一定假定性，其所宣称的技术真实（旁观式拍摄）成为真人秀真实性的基础，无论是向观众承诺呈现"真实的人"还是"真实的情感"，均来自观众所信任的"摄像机提供的证据"和电视媒介本身的真实性信用。尼古拉斯·阿伯克

① Jones J M. Show your real face: A fan study of the UK *Big Brother* transmissions (2000, 2001, 2002). Investigating the boundaries between notions of consumers and producers of factual television [J]. New Media & Society, 2003, 5 (3): 400-421.

龙比通过对电影与电视的比较，认为电视贴近观众运作的成分要大得多，“电视如同一双眼睛，借助它，观众可以观察世界”，观众把“他（她）自己的视野交给了电视台”。① 基于这种信任关系，观众信任真人秀所宣称的“真实回归”。

“真实契约”概念契合伯明翰范式对“媒介—观众”关系的阐释，即两者并不是简单与直接的关系，而是复杂且有中介的。戴维·莫利从编码解码理论中的“倾向式解读”出发，将传播效果重新界定为“编码时所规划的倾向性（或主控）解读方式范围内进行解读的程度”。一个节目能否成功地传送倾向性或主控意义，取决于它接触到的受众所具有的符码和意识形态是否与节目中的相一致。② 制作方能够熟练地使用导演、拍摄、剪辑手法，对于不同的制作方式能够生产什么样的真实性效果，他们有着清醒而全面的认知，而观众则未必如此。从现场原生态真实到电视所呈现的真实，在媒介生产过程中，真实就像一道经过多道工序被加工过的菜肴，在真人秀的厨房与餐厅之间，总是隔着一层毛玻璃，观众试图透过这层毛玻璃窥探真实生产的内部或后台机制，而制作方则试图透过毛玻璃精确测量观众的口味。总而言之，生产与消费之间并非是完全透明的关系，制作方与观众无法完全透视对方的建构/判断真实的框架，这种认知上的不透明性，使真人秀的“真实契约”能否达成存在不确定性。如果用一种动态视角去衡量真人秀的真实性，无论是导演建构真实的框架，还是观众接受真实的框架，均是真人秀重建“真实”边界的发展性因素。相比较而言，导演建构“真实”的框架是一种内在的、专业化因素，观众评判“真实”的框架是外在的、非专业化的因素，两个场域的良性互动将决定真人秀重建“真实”边界的方向。

4.4 本章小结

通过对真人秀导演真实框架的考察，本章总结了真人秀制作方建构真实使用的媒介框架，对于真实的界定与再生产，真人秀的媒介框架体现出真实价值判断与技术标准脱离、“观众视角”的进入两个特征。

在“后纪录片”语境下，真人秀与冷静客观的纪录片分道扬镳，被作为

---

① 尼古拉斯·阿伯克龙比．电视与社会［M］．张永喜，鲍贵，陈光明，译．南京：南京大学出版社，2002：130.

② 戴维·莫利．电视、受众与文化研究［M］．史安斌，译．北京：新华出版社，2005：97-98.

一种为了观看而生产的媒介产品。观看所驱动的影像真实价值的转型使得传统的真实标准被逐渐打破，新的标准逐渐被纳入，真实契约成为界定影像真实的另一个重要角度。“观众视角”中的“真实”充满不确定性，致使真实在传统事实节目类别中的价值判断与技术标准在真人秀中失效。真人秀在虚构与非虚构之间的混沌状态，使得研究者们试图将观众因素纳入真实理论，“真实契约”概念便是在此背景下从纪录片理论中借用而来的，“真实契约”概念将文本与观众之间的关系作为对象，将观众对于真实的接受纳入真实的考察范畴。在这个意义上，真人秀的真实是文本与观众之间协商的结果，制作方与观众两端评判“真实”的框架之间的内洽关系是达成“真实契约”的关键。如果用一种动态视角去衡量真人秀的真实性问题，那么无论是导演建构真实的框架，还是受众评判真实的框架，均是真人秀重建真实边界的发展性因素。如果说制作方建构真实的框架是一种内在的、专业化因素，观众评判真实的框架是外在的、非专业化的因素，那么，两个场域的良性互动将决定真人秀重建真实边界的方向。

5

真人秀真实性的观众接受

5.1 研究设计与研究方法

本章数据来自2013至2015年，即观察式真人秀在中国电视市场中勃兴的三年，这三年是中国观众对真人秀的认知与态度变化最大的时期，是考察批判性观众的黄金时期。安妮特·希尔曾经于2000年至2001年，即真人秀《老大哥》的兴盛时期，通过定量的调查与半结构式焦点小组和深度访谈收集观众接受数据，本研究设计参考了安妮特·希尔的系列观众接受研究，考察中国观众对于真人秀节目的真实性接受，洞悉收视反应与不同观众类型之间的关联。戴维·莫利认为，接受研究（reception studies）主要考察的是受众的自主性，并且为主流媒介文本提供乐观的或者救赎式的解读，对这一研究的应用不仅是对简单的效果模型的挑战，更证明了在后现代多元主义所主张的语义民主方面，媒介的影响力其实不存在。[①] 本书的初衷并非证明“媒介的影响力其实不存在”，而是以真人秀媒介框架为参照，探究真人秀制作方与观众接受之间的内洽机制。以真人秀媒介框架为参照，观众对于真人秀的解读有些处于制作方媒介框架之内，有些是游离于媒介框架之外。因此，本章的重点在于探讨观众在对真人秀解读中，哪些机制驱使他们在媒介框架的边缘停留或者游离，成为相对理性的受众。

5.1.1 问卷设计

在观众接受部分，本书采用问卷调查方法，通过定量与定性相结合的方式，测量观众对真人秀真实性的接受或认同。此次问卷设计主题为“真人

---

① 戴维·莫利．电视、受众与文化研究［M］．史安斌，译．北京：新华出版社，2005：30.

秀‘真实’吗?”，主要问题均与受访者在收看真人秀节目时所采用认知与评价框架有关：如受访者观看真人秀的动机，受访者对于真实的认知、态度、判断等。问卷分为四个部分：第一部分为选择题，测试受访者对真人秀的态度、受访者对真人秀真实程度与相关因素的认知、受访者对于辨别表演能力的判断；第二部分为打分题，围绕“真实是怎样被建构的”“观众怎样判断真实”的一系列观点，测试受访者对于这些观点的认同程度，受访者对于特定真人秀节目真实程度的比较性判断；第三部分是与受访者相关的人口学要素和新媒体使用习惯；第四部分为开放性问题，请受访者回忆其在观看真人秀过程中发现的最真实或者最不真实的情节，并简述原因。

问卷研究设计基于以下假设：第一，在收看真人秀的过程中，娱乐并非观众收看真人秀的唯一目的；第二，观众通过“批判性观看”解读真人秀节目；第三，观众并不认为真人秀节目绝对真实，他们根据自身经验知识框架判断节目的真实性，选择性接受自己认为真实的部分。

5.1.2 抽样方法、问卷发放、样本分布与数据处理

（1）抽样方法。抽样方法采用立意抽样，问卷的访问对象是实际收看过真人秀的受众，看过至少一档节目的受访者才可以答卷（问卷第一题列举2013至2015年间一线卫视如湖南卫视、浙江卫视、江苏卫视、东方卫视播出的代表性真人秀节目）。

（2）问卷发放。在2013至2015年，本人访问了831位受访者，回收有效问卷807份。访问方式为纸质问卷现场填答与网络填答，纸质问卷访问地点为城市电影院、居民社区、私企办公场所、菜市场、高校图书馆与教室等；网络填答方式为“问卷星”网站PC端和手机端，城市不限。

（3）样本分布。问卷样本分布地均为城市，通过纸质问卷访问的样本主要分布在上海和常州，通过问卷星访问的城市为北京、上海、河南、江苏、湖南、广东、福建等地。统计结果显示，受访者大部分为18至35岁的年轻人，占总样本的90%；男女比例基本持平，人群结构以高校大学生和白领为主；另外，因研究倾向需要，笔者选择的受访者学历结构偏高，本科学历占54.3%，硕士及以上学历占34.0%（见表5.1），其中，超过一半的受访者看过《奔跑吧兄弟》《我是歌手》《爸爸去哪儿》三个现象级真人秀节目，样本较有代表性。在这些受访者中，大部分人有使用新媒体的习惯，80.9%的人使用微信，52.3%的人使用微博，46.3%的人浏览门户网站。

表 5.1 观看真人秀节目的观众样本

性别（%）		年龄（%）						
男性	女性	18-	18~25	26~35	36~45	46~55	56~66	60+
46.8	53.0	0.9	59.1	30.0	5.5	2.3	0.5	1.8
学历（%）					职业（%）			
初中-	高中-	大专-	本科	硕士+	机关事业单位	企业	学生	无业
3.7	3.3	4.7	54.3	34.0	11.7	19.3	60.0	0.9

在以往的真人秀观众研究中，年龄和性别被看作关键变量，其次是受教育程度与职业（安妮特·希尔研究《老大哥》观众使用的人口学信息变量为：年龄、性别、阶级、教育、家庭以及种族）。根据央视索福瑞提供的数据，2013 年至 2015 年间，真人秀节目的观众群体主要是青年群体，其中，15~34 岁的年龄段人群居多，女性比例大于男性。根据已有研究，《爸爸去哪儿》的观众主要是 30 岁以下的年轻人，比例高达 85.38%；女性占 70.18%；本科层次占 40.35%，硕士研究生及以上占 20.47%。总的来说，《爸爸去哪儿》在年轻女性、本科学历层次、无小孩的观众中影响最大。①

（4）数据处理。有效样本标准为：四个部分答题基本完整、没有出现态度/判断前后不一致或随意填答现象，根据标准剔除 24 份无效样本，有效样本总数量为 798 份，数据处理软件为 EXCEL 和 SPSS。

5.2 研究发现：真人秀的观众接受

5.2.1 观众对真人秀的收视与偏好

如表 5.2 所示，在受访者中，有 66.8%的人看过《奔跑吧兄弟》，其次是《我是歌手》（58.1%）和《爸爸去哪儿》（56.6%）。排名前三位的节目《爸爸去哪儿》《奔跑吧兄弟》《我是歌手》属于“现象级”真人秀节目，无论是收视规模、影响力还是制作水平，均在同类节目中处于领跑者水平，它们虽类型差异较大，但均在表现方式上不同程度地使用旁观式拍摄；三档节目的

① 刘冰．《爸爸去哪儿》受众数据解析［J］．青年记者，2013（17）：28-49.

参与者均是名人或明星，通过竞技、游戏或体验推动情节发展，能够体现当时真人秀市场主要节目类型的基本特征。

表 5.2 观众看过的真人秀节目

节目名称	比例（%）
浙江卫视《奔跑吧兄弟》	66.8
湖南卫视《我是歌手》	58.1
湖南卫视《爸爸去哪儿》	56.6
浙江卫视《爸爸回来了》	45.8
湖南卫视《一年级》	30.9
湖南卫视《花儿与少年》	29.7
东方卫视《花样爷爷》	14.1
东方卫视《急救室的故事》	6.7
江苏卫视《明星到我家》	5.8

当被问及“你喜欢真人秀的原因是什么”，89.7%的受访者选择节目“是一种很好的放松娱乐方式”（见表 5.3）。其次，真人秀的真实性得到受访者的认可，受访者认为真人秀能够“呈现人与人之间真实的情感”（25.8%），“使人看到人性真实的一面”（20.1%）。另外，真人秀传递的正面价值观（19.6%）与提供有用的经验（23.9%）也得到受访者的认可。受访者看重娱乐性，说明娱乐性是观众对真人秀的认知框架中非常重要的一部分。“娱乐性”受到观众认可最初可追溯至《超级女声》，张国良教授在 2005 年对《超级女声》的研究表明，娱乐性是上海观众认同真人秀的首要指标。①

表 5.3 观众喜欢真人秀的原因

你喜欢真人秀节目的原因	比例（%）
它是很好的娱乐放松方式	89.7
它呈现人与人之间真实的情感	25.8
它提供有用的生活经验	23.9
它使我看到人性真实的一面	20.1
它传递正面的价值观念	19.6
其他	6.4

① 张国良．社会转型与媒介生态实证研究［M］．上海：上海交通大学出版社，2012：189.

自真人秀《老大哥》在21世纪初的世界电视荧屏上掀起收视热潮以来，研究者们发现娱乐并非观众观看真人秀的唯一目的，解读节目中的故事或人物是否足够真实亦是观众兴趣之一。在真人秀的媒介特性中，娱乐性与真实性是一对相互制约的矛盾统一关系，真实性往往以娱乐的形式被呈现出来，“真实”成为观众喜欢真人秀节目的原因之一，说明真人秀“宣称真实”的策略起到一定效果，观众乐意在收看真人秀的过程中评判节目制作方所声称的“真实”，与制作方达成“真实契约”。

5.2.2 观众对于真实性的期待与判断

如表5.4所示，当被问及“真人秀节目中最重要的真实是什么”，66.7%的受访者认为是情感真实，另外，分别有44.7%的受访者看重故事情节真实，38.5%的受访者看重人物身份真实，21.3%的受访者看重时空真实。情感写实主义是真人秀节目的重要特征，无论是宣传片还是正片，节目都大力渲染情感诉求，浓墨重彩表现参与者之间建立的情感关系。观众看重情感真实，意味着他们在收看过程中期待参与者表现出真诚、坦率的一面，如果参与者伪装自我或过分夸张，观众会感觉自己受到了欺骗。

表5.4 观众对真人秀真实性的期待

真人秀节目中最重要的真实是什么	比例（%）
人物情感真实	66.7
故事情节真实	44.7
人物身份真实	38.5
时间地点真实	21.3
其他方面真实	4.7

在2013至2015年期间，多数真人秀节目模仿观察式纪录片，使用不事介入的旁观式拍摄手法，使其文本符号具有高度仿真性。对于观众来说，辨别哪些故事具有虚构性，哪些故事是真实的，哪些人物是真情流露，哪些人物在伪装自我，往往需要他们具备充足的生活化经验与媒介技术知识。那么，在观看真人秀的时候，观众是否相信自己能够判断节目真实性呢？如表5.5所示，37.5%的受访者认为自己“基本能够”判断故事情节真实性，44.3%的受访者认为自己“基本能够”判断真人秀节目中人物情感真实性。相比较而言，受访者更相信自己能够判断人物情感的真实性，男性总体来说比女性更

为自信一些。基于上述数据，有相当一部分观众在观看节目的过程中具有“批判性观看”潜质或倾向，他们并不盲目信任真人秀节目所声称的“真实”，而是对其持怀疑态度，在观看节目的过程中，他们倾向于使用自身经验知识构成的解读框架对节目传达的信息进行选择，在去伪存真的过程中接受他们认为是真实的部分。

表 5.5　观众批判性观看能力自我评估

	能否判断故事情节的真实性（%）			能否判断人物情感的真实性（%）		
	男	女	均值	男	女	均值
总是能够	2.7	2.6	2.7	3.8	3.4	3.6
基本能够	40.6	34.8	37.5	46.4	42.4	44.3
不清楚	33.8	36.2	35.1	33.9	34.0	33.9
不太能够	21.8	24.5	23.2	14.8	19.8	17.4
极其不可能	1.1	1.9	1.5	1.1	0.5	0.8

5.2.3　观众对真人秀节目真实性的认同

观众基本认可真人秀节目的真实性，对于故事情节真实性的判断呈现批判性认同状态。如表 5.6 所示，58.1%的受访者认为“故事是真实发生的，但是其中有些部分被电视加工或夸张了”，26.4%的受访者认为“故事有时是真实发生的，有时是假的”，认为故事全部真实或全部虚假的受访者比例非常低。真人秀节目中的故事看起来真假难辨，但大部分观众能够意识到自己所看到的故事是被媒介技术加工过的，具有高度建构性。这表明观众在观看真人秀的过程中具有一定批判意识，他们并没有将真人秀当作一面忠实反映原生态真实的镜子，而是使用自己的经验知识框架对文本进行去伪存真的解读，最终达到对故事真实性的基本认同。

表 5.6　观众对于故事真实性的认同

真人秀节目故事情节的真实性	比例（%）
故事都是真实发生的	6.0
故事是真实发生的，但是其中有些部分被电视加工或夸张了	58.1
故事有时候是真实发生的，有时候是假的	26.4
故事要么是夸张的，要么是假的	7.3
故事都是假的	2.2

观众批判性可追溯至霍尔的“编码解码”理论，霍尔将文本解读模式分为三种：“倾向式解读”“协商式解读”“抵抗式解读”。戴维·莫利按照社会学家帕金的理论，将解码者对已经编码的信息的三种解读方式界定如下：“倾向式解读”，即解码者可能完全采取信息本身所编入的诠释框架；“协商式解码”，解码者可能大致上采取符码被编入时的意义，但同时参照自身地位与具体利益或身处的语境，修正或部分改变编码写入时的倾向意义；“抵抗式解读”，解码者可能意识到信息是如何按照语境进行解码的，却采用“抵抗”的方式诠释这一信息。[①] 其中，“协商式解码”将受众身份引入意义生产，强调受众在解码过程中的主观能动性因素，是积极受众范式的最佳注解。卡罗琳·米歇尔（Carolyn Michelle）参照“编码解码”理论，按照文本与观众之间的不同关系将真人秀的观众接受分为四种模式，即透明性模式（transparent mode：text as life）、参照性模式（referential Mode：text as like life）、协调性模式（mediated mode：text as production）与话语性模式（discursive：text as message）。除了透明性模式（倾向式解读）之外，其他三种接受模式对观众的考察均呈现出不同程度的批判性，这意味着观众能够保持相对客观的态度，并与文本保持一定距离。[②]

“宣称真实”（claim of truth）是真人秀节目文本的重要特征，也是真人秀试图通过电视媒介在传播领域影响观众经验世界的体现，在“媒介—受众”二元关系中，“倾向性解读”侧重考察媒介的权力和影响力，而“协商式解读”与“抵抗式解读”则将观众的“批判性观看”作为一种抵抗性力量，考察观众在观看真人秀过程中去伪存真的能力。从宽泛意义上说，如果以真假二元标准来划分，那么有超过60%的观众相信真人秀是“真实”的。

借用“倾向性解读”的概念来考察，研究发现即使是在娱乐性较强的真人秀领域，电视建构真实的影响力依然非常强大。在这个“倾向性解读”框架之下，学生群体与非学生群体没有表现出明显差异（见表5.7），能够显示出一定差异的变量是：第一，性别。女性使用“倾向式解读”收看真人秀的比例明显高于男性；而男性使用“协商式解读”“反抗式解读”的比例高于女性。第二，学历。学历越高，“倾向式解读”比例越低。硕士及以上人群“倾向式解读”最低，“协商式解读”“反抗式解读”比例最高的人群；而大专及以下人群则恰好相反。第三，年龄。26至35岁人群是“倾向式解读”比例最低，“反抗式解

---

① 戴维·莫利．电视、受众与文化研究［M］．史安斌，主译．北京：新华出版社，2005：101.

② Carolyn Michelle.（Re）contextualising Audience Receptions of Reality TV［J］. Journal of Audience & Reception Studies，May 2009，6（1）：137-170.

读”比例最高的人群；而“25-”与“36+”则相反。由此可见，“倾向性解读”人群呈现出明显的特征，即女性、低学历、低龄（或高龄）。

表 5.7 观众不同解读模式的结构性差异

解读模式	倾向式解读（%）	协商式解读（%）	抵抗式解读（%）
观点	故事都是真实发生的； 故事是真实发生的，但是其中有些部分被电视加工或夸张了	故事有时候是真实发生的，有时候是假的	故事要么是夸张的，要么是假的 故事都是假的
学生	64.5	27.6	7.9
非学生	63.4	24.7	11.9
男	59.5	28.2	12.4
女	66.7	25.2	7.1
大专及以下	70.3	20.9	8.8
本科	64.2	26.7	9.1
硕士及以上	60.9	28.5	10.6
25 岁及以下	65.1	27.2	7.7
26 至 35 岁	60.8	25.8	13.3
36 岁及以上	65.9	24.4	9.8

5.2.4 影响观众真实性认同的因素

（1）影响真实认同的因素：真人秀建构真实的方式。真人秀是一种杂交文本，制作方通过旁观式拍摄手法，将虚构与非虚构、表演与事实混杂起来，为观众呈现出娱乐化的“真实”。如表 5.8 所示，在影响真人秀真实性的因素中，既包含真人秀节目模式本身的虚构性元素，也包含节目在拍摄过程中存在的技术性因素。

表 5.8 影响真人秀真实性的因素

哪些因素最可能影响真人秀节目的真实性	比例（%）
剪辑太快以至于情节看起来不是那么完整	45.7
情节并非自然发生而是游戏所推动的	45.7
有些故事看起来是重新摆拍而不是抓拍的	34.4
有些参与者非常在意摄像机的存在	29.6
摄像师或制作人员偶尔出面干预参与者的行为	23.0
其他	4.1

在影响真实性的因素中，受访者最在意的是“情节并非自然发生，而是游戏所推动的”和“剪辑太快，情节看起来并不完整”，这两个因素均与真人秀的娱乐性有关。以游戏推动情节发展，形成快节奏、碎片化的叙事结构，正是真人秀区别于纪录片的特征，也是受访者在观看节目时比较容易识别的特征。这些特征之所以被认为影响节目真实性，是因为观众在收看真人秀的过程中，往往将以新闻或纪录片为代表的严肃事实类节目作为参照物，倾向于认为真人秀的娱乐性强、呈现的事实少。另外，摆拍（34.4%）、摄像机的存在（29.6%）、制作人员的干预（23.0%）是真人秀节目拍摄的技术性因素，涉及制作方、参与者、摄像机之间的三角关系，与原生态现场被外力介入的程度有关。能够识别这些影响真人秀节目真实性的技术性因素，往往需要受访者保持清醒与理性，同时具备较高的媒介素养与专业知识，囿于以上因素，受访者对这三个项目相对不够敏感。相对来说，最能影响观众认同的因素往往是制作方呈现在节目中的“前台”行为，而非隐匿在节目生产过程中的“后台”行为。

（2）影响真实认同的因素：观众对表演①的判断与认知。真人秀节目中参与者的反应、情感、行为是否真实也是观众评判的对象，观众虽然相信真人秀中存在一部分“真实的故事”，却高度怀疑节目中存在“表演”。

根据安妮特·希尔2002年的调研数据，在成人样本中有70%的人相信普通人会在真实电视节目中表演（act up）②。在本书中，42.9%的受访者认为参与者有可能在节目中“表演”或伪装自我，而认为这种情况“极有可能”的受访者则高达47.7%，两项累计高达90.6%（见表5.9）；同时，85.4%的受访者认为“表演”是被导演所默许和支持的。对于“表演”的识别与判断是观众积极参与真人秀文本解读的表现。安妮特·希尔指出，受众在审视真实电视是否真实的时候，他们也往往挑出其中最具表演性的成分，将其边缘化和排除出事实性的范畴，通过这种方法，受众将事实和虚构分离开来。③

① 这里表演并非指节目中穿插的文艺表演或根据剧本情节进行专业表演，而是指真人秀中一些参与者在镜头前表演自己、伪装自我，不愿意展示其真实个性的现象。

② 安妮特·希尔.《老大哥》的观看经验分析［J］.侯晓燕，译.新闻与传播评论，2005：164-343.

③ 安妮特·希尔.重塑“事实”：观看新闻、纪录片和真实电视［J］.侯晓燕，译.新闻与传播评论，2008：1-15.

表 5.9 真人秀节目中存在表演的可能性

	参与者有无可能在节目中表演（%）	导演有无可能默许或支持表演（%）
极有可能	47.7	43.9
有可能	42.9	41.5
不清楚	7.7	11.3
不可能	1.4	3.2
极不可能	0.4	0.1

5.2.5 观众对真人秀的“批判性观看”

（1）积极受众：观众观看真人秀的参与性过程。安妮特·希尔曾证实英国观众对于真人秀《老大哥》的观看模式是参与性、社会性的，并伴随着狂热的话语。[①] 根据受访者认同度最高的观点图谱（见图 5.1），一种或许可以代表大多数的中国观众形象被勾勒出来。在收看真人秀节目的过程中，大多数人是这样的：①怎样看待真实性？在收看真人秀的过程中，他们认为自己是全情投入的，相对于娱乐性而言，他们认为自己并不是那么关心故事的真实性。②对于真实性的接受。对于故事是真实还是虚构的，他们并不能完全辨别，但如果他们发现某些故事是制作方幕后操纵或者设计的结果，他们会介意节目真实性被损害，而不为其感人情节所动。③判断真实性的标准。与现实生活差距太大是真人秀节目不够真实的表现，相比较于自己的经验判断，观众更相信剪辑或干预等技术性判断标准。④对于真实性的信任。对真人秀技术和相关知识的掌握有限，是观众认为自己无法完全辨别真假的原因之一，他们认为如果制作方通过某种方式交代节目中的技术性环节，有利于增加自己对于节目真实性的信任。

（2）“程式”识别：观众对真人秀节目的深度批判。根据受访者的观点图谱（见图 5.2），真人秀观众倾向于认为：在节目中，由于摄像机的存在，参与者常常隐藏自己的真实感受；导演常常设计游戏引发激烈冲突，然而与自然发生的故事相比，这种极端情境下的故事并不够真实；在拍摄的过程中，真人秀的摄像机并不是完全旁观的，反而常常干扰参与者的行为，造成表演的存在。因此，与在日常生活中相比，参与者在电视上的表现相对比较夸张，

① 安妮特·希尔．《老大哥》的观看经验分析［J］．侯晓燕，译．新闻与传播评论，2005：164-343.

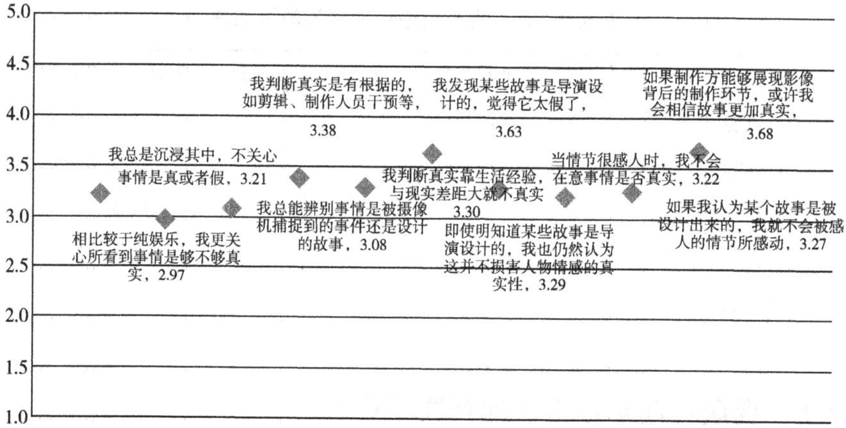

注：1 分为“非常不同意”，2 分为“不同意”，3 分为“中立”，4 分为“同意”，5 分为“非常同意”。

图 5.1　观众怎样判断真人秀节目真实性

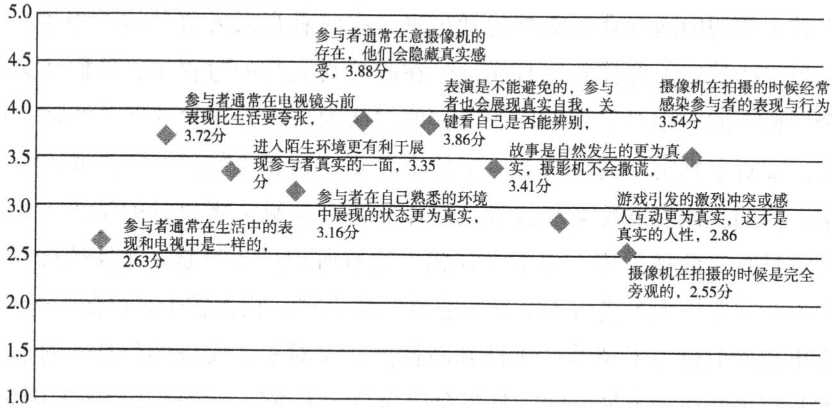

注：1 分为“非常不同意”，2 分为“不同意”，3 分为“中立”，4 分为“同意”，5 分为“非常同意”。

图 5.2　观众对真人秀节目类型的“程式”识别

他们时而真情流露、时而伪装自我，观众的辨别能力是捕捉“真实”的关键。受访者的观点图谱清晰地勾勒出“真实”的内部建构机制，其对于摄像机、参与者、制作方三角关系的看法揭示出真人秀作为商业化媒介产品的本质，这被隆·莱博称为“程式”识别。“程式”识别意味着观众具有高度批判性，是观众摆脱文本并与电视媒介话语权保持距离的方式。① 观众不再在狭小的范

① 隆·莱博．思考电视［M］．葛忠明，译．北京：中华书局，2005：242-245.

围内解读文本，而是从节目所创造的现实中摆脱出来，站在更具批判性的位置上创造意义。最重要的是，“程式”识别使观众不会沉浸于台前的故事情节，而是对被隐藏在幕后的媒介技术与商业性因素保持警醒，进而从较为审慎的立场去解读节目所传达的信息与价值观念。

5.3 延伸思考：真实性的观众认同机制

5.3.1 观众仍信任电视媒介建构真实的能力

在真人秀从兴起到爆发式增长的三年，在“媒介—受众”二元关系中，电视媒介的权力依然非常强大。“电视的话语权力，从长远来看是最突出的，因为它为人们提供了其在日常生活中思维与行动的规范准则。”隆·莱博认为，电视媒介权力表现在两个方面，一是“电视有为电视使用者设置意义参考框架的权力”；二是“电视具有构造人们的诠释过程的权力”。[①] 从某种意义上来说，作为视听媒介的电视在“眼见为实”方面比平面媒介更为有力，它拥有将人们判断真实的框架标准化的力量。在本书中，大部分受众在“倾向式解读”的框架之下，基本认为真人秀在整体意义上是真实的。“编码解码”理论中的“倾向式解码”着重于诠释编码者与解码者之间权力不均衡。从真实的建构与接受两端而言，真人秀制作方与观众之间存在严重权力不对等，观众解读文本时具有积极性、参与性与社会性的特征，但其批判能力正处于成长之中。尽管观众能够识别参与者的表演、质疑制作方的操纵行为，但仍然认为真人秀在整体意义上是真实的。在此，媒介的权力得到了彰显。

观众信任摄影机捕捉真实的能力，这是真人秀“宣称真实”的前提，也是大部分观众产生“倾向式解读”的根源。观众对于真实性的信任最初来自电视技术，即通过摄影机的客观记录而使影像产生的作为“证据”的意义。自从格里尔逊倡导创作者走出摄影棚开始，纪录片开始与表演分道扬镳，自此在影视领域打造一片真实之域，目前大部分真实类娱乐所宣称的“真实”很大程度上是从纪录片媒介借鉴而来的技术真实，即像“墙壁上的苍蝇”或“在场”美学一类的纪实手法，在技术真实基础上，真人秀通过戏剧性故事将观众熟悉的生活化场景重现出来，吸引观众参与到捕捉“真实”的游戏之中。

---

① 隆·莱博．思考电视［M］．葛忠明，译．北京：中华书局，2005：141-188.

另外，对于真人秀真实性的认可得益于长期以来严肃事实类节目（电视新闻、纪录片等）培育的“理性受众”，这些“理性受众”因拥有较为完备的知识结构与良好的媒介素养，能在观看节目过程中与制作方达成默契与共识。正如胡智锋教授指出的，在电视纪录美学的创造与接受过程中，创造者与电视观众要实现“生活真实感”的“多重假定”的统一至少要基于两个条件，即“对于某种生活原生态的真实取得某种默契和共识”和对于“电视媒介语言（创造手段的假定）有着某种共同的熟悉和理解”。① 观众对于电视媒介技术的信任，以及电视严肃事实节目所培育的观众解读框架，是真人秀获得真实性认同的根基所在，也是支撑真人秀作为一种高度娱乐化的媒介产品在价值建构领域形成影响力的重要原因。

5.3.2 观众在真人秀接受过程中的“批判式观看”

（1）观众收看真人秀是一个积极参与的过程。新闻和纪录片为观众提供的是一种严肃、精确和完整的真实；相比较而言，真人秀文本呈现的是生活化真实，仿佛人人皆可触摸。从某种意义上来说，真人秀本身欢迎积极的观众。安妮特·希尔指出，真人秀是开放性程度较高的电视文本，“批判性观看”模式是真人秀的重要特征之一，它们吸引观众投身讨论，去质疑什么是真实可信的，什么是演出来的。②

从“批判性观看”角度而言，观众一般通过三种方式解读真人秀节目：①对文本内信息进行解读。在观看真人秀节目的过程中，观众并不认为所有故事都是真实合理的，他们常常用“真诚”“自然”“感人”等词汇描述他们认为真实性较强的故事；描述不真实使用的词汇是“假”“装”“做作”“作秀”“夸张”“荒唐”“表演成分高”等。在这个意义上，观众将真人秀文本作为现实世界的参照，在两者之间寻找联系和进行比对，此时观众判断节目是否真实的第一标准是自身生活经验，如：“这个情节比较真实，因为这是我们生活中经常出现的情况”，“这是正常反应，我有同感”。②参照其他电视文本信息对真人秀文本进行解读。观众主动采用自身生活经验之外的知识作为补充，如使用从其他电视文本（新闻、纪录片、电视剧等）学习到的媒介技术知识，作为判断真实的标准，如：“剪辑太生硬”

---

① 胡智锋．论电视纪录美学（上）［J］．现代传播，1993（1）：52-62.

② 安妮特·希尔．重塑“事实”：观看新闻、纪录片和真实电视［J］．侯晓燕，译．新闻与传播评论，2008：1-15.

“有意调整时间顺序”“字幕渲染和夸大情节戏剧效果”“某些人物是导演有意设计的”“嘉宾和摄像师互动时比较真实，因为是在和普通人而不是和镜头交流”。当他们发觉有些问题超出经验范围时，会发出如下感慨：“我们即使判断了，也不知道自己有没有判断正确啊，因为真假根本没有统一的标准来证实。信则真，不信则假，娱乐为主啦。”③使用相关媒介技术与产业知识对文本进行解读。这是最具建设性的观看方式，观众能够意识到真人秀这种节目类型是广告商、制作方与参与者联手制造的一种商业化媒介产品，在貌似冷静旁观的摄像机面前，所有的故事都具有一定表演性与虚构性。另外，真人秀通过各种媒介渠道鼓励观众对节目内容展开讨论和互动，为观众提供了丰富的批判空间。在2013至2015年间，观众对真人秀逐渐由狂热趋于理性，这种变化将促使制作方从观众本位而非纯市场角度重新审视真人秀的节目形态与发展态势。

（2）通过区分事实与表演，观众寻找到真人秀中的“真实”。表演是真实的对立面，相对于事实，它并非自然发生的，表演的存在是真人秀与严肃事实类节目的区别之一。斯特拉·布鲁兹指出，表演一词最能清楚地强调人为性（artificiality），表演既指影片制作方的表演，又指镜头前被拍摄主体的表演。在他看来，纪录片“旨在诉说关于人类的境况”，而在真人秀中“讲述那些知道自己参与拍摄工作的人们的境况”，“它们仍然保持着电视节目的形式，巧妙地回避对表演的公开承认”。① 表演与事实混杂是真人秀节目的共同特征。观众对于参与者的伪装式表演比较敏感，自信依靠自身知识储备和经验能识别虚假的表演，在这个方面，观众表现出积极参与的状态。安妮特·希尔指出，观众对表演的评价往往是负面的，“对于各类事实电视中的表演性场景，观众往往会评判节目所标榜的‘真实可信’，对于事实内容的‘真实可信’冷嘲热讽，怀疑参与者的“诚实可信”。在审视节目是否真实的时候，他们往往挑出事实电视中最具表演性的成分，将其边缘化和排除出事实性的范畴，通过这种方法，受众将事实和虚构分离开来。②

在观看真人秀的过程中，大部分观众能够清醒地意识到节目中存在表演。对于观众来说，寻找“真实”就是将发生在镜头前的事实和表演进行区分，通过文本寻找最接近生活化的真相。当下标榜真实的节目往往存在大量表演，

---

① 斯特拉·布鲁兹．新纪录：批评性导论［M］．吴畅畅，译．上海：复旦大学出版社，2013：190.

② 安妮特·希尔．重塑“事实”：观看新闻、纪录片和真实电视［J］．侯晓燕，译．新闻与传播评论，2008：1-15.

观众往往积极地将表演与事实区分开来，并将表演与真实对立起来，他们认为如果参与者在真人秀镜头前伪装自己，意味着他们不够真诚。除了参与者的真诚性，判断制作方的真诚性也是观看乐趣之一，如果观众发现文本中有制作方介入的痕迹，那么制作方也被纳入真诚考核的范围。制作方介入的细节在《爸爸去哪儿》中表现得比较明显，参与者与摄像机之间的互动，参与者与摄像师、工作人员之间的互动被电视呈现出来，制作人员的行为也成为观众审查与质疑的内容。

（3）表演可能并不影响观众的真实性认同 。表演的存在并不意味着观众会完全推翻真人秀节目的真实性，这表现在高达 90.6%的观众能够意识到真人秀节目中存在表演，但仍有 58.1%的观众认为在真人秀中“事情是真实发生的，但是其中有些部分被电视加工或夸张了”。这是一个有趣的现象，如何处理“真人秀中存在表演”与“真人秀基本是真实的”两个观点之间的关系，观众的表现非常微妙。真人秀的真实性往往与真情实感联系在一起，安吉·赫德曼（Anja Hirdman）的研究指出，在真人秀的观众接受研究中，观众已经习惯于观看情感迸发瞬间，真实性与情感呈现是同步的。为保证观众的真实性接受，真实节目往往激发诸如参与者的生理反应，例如泪水。节目将人们放置在高度密集的情感情境之中，并且使用不同的心理工具增加这种情感水平，这产生一种语境，那就是真实的反应可能通过节目明显的、夸张的、戏剧性的设置而产生。① 识别、讨论与判断参与者在节目中呈现的是真情实感还是表演伪装，是观众观看真人秀的乐趣之一，而这种互动过程往往与观众对节目真实性的判断有关。安妮特·希尔认为，参与者与观众之间交往的过程是一场“信息游戏”，观众关于如何判断真实游戏秀中普通人的真诚与否的讨论有一个来来回回的自然运动过程，在此过程中，观众常争论他们看到的东西真实与否，他们的判断从“表演的自我”转换到“真实的自我”场景，人们讨论节目所声称的真实性，人们讨论关乎这个真实电视节目真实性的重大议题。② 也就是说，观众并不会因为发现参与者在节目中表演而否定节目的真实性。谢豫琦的研究指出，有时参与者的表演反而会增加受众对于节目者真实性的信任。“成员（参与者）行为表现的不真实，它会改变阅听人对成员的评价，但不至于影响对节目的信任。而且阅听人普遍认为人在日常生活中

① Hirdman A M. Tears on the screen：Bodily emotionalism in Reality-TV［J］. Observatorio（OBS＊），2011，5（1）. 19-33.

② 安妮特·希尔.《老大哥》的观看经验分析［J］. 侯晓燕，译. 新闻与传播评论，2005：164-343.

便会自我表演，装模作样，一旦阅听人认为从节目中看见成员们自我表演中真诚和不真诚的一面，反而会使阅听人相信节目。”①

由此可见，在观众的解读框架中，表演的存在对节目真实性的认同影响是有限的。实际上，表演在某些纪录片节目中也是存在的，为赢得更广泛的市场，一些商业化纪录片也逐渐开始抛弃传统的严肃冷静风格与绝对旁观式的准则，创造性地将表演纳入创作范畴，并被观众逐渐认可。在纪实大范畴中，表演与真实的边界开始逐渐松脱，这种滑移为观众的“批判性观看”创造了语境，因此，表演未必成为真实性认同的障碍。

5.3.3 社交媒介逐渐成为真实性认同的不确定因素

媒介批判能力是现代公民应具备的素养之一，随着互联网社交媒介的普及，人们对于身边各种高度仿真符号的辨别、思考与批判能力越来越强，“电视真人秀是一面反映原生态真实的镜子”这样的假设也越来越没有市场。早在2005年，安妮特·希尔在真实电视受众研究中便发现，观众可能不信任“真实节目中的视觉证据”，“我并不十分确定《我是名人》的真实性，怎么才能让我相信我看见的东西不是摆拍的呢?”② 而其他学者的研究也证实，观众对真人秀真实性的信任并非天然，他们常常能够识别节目背后的操纵性因素，尤其在互联网社交媒介上，他们常常通过各种角度批判真人秀的真实性。如霍普森（Hobson）研究《老大哥》的观众对制作方操作的警醒，他们认为制作方“故意将不同的人放进去，故意把房子设计得那么小，这样他们会发掘得更多”，而“制作方只选择展示坏的一面”，“找了那些只会摆造型和做戏的人，这样他们能得到更多观众”。Hyde-Clark 对南非大学生的研究反映了观众能够识别真实电视的建构性因素，如电视节目的商业化本质、节目中的错误或舞台设置、“真实”中的主持人介入、竞争者反应或行为背后的操纵性。LeBescoe 对两个网络粉丝社区的研究表明，观众认为真人秀节目 *Mighty Big TV* 的参与者在制作方操控下常常做出角色特定的表情。③ 作为一

---

① 谢豫琦．真人实境节目的阅听人解读策略：以日本节目《恋爱巴士》的台湾阅听人为例［D］．台北：国立台湾大学，2006：1-191.

② 安妮特·希尔．流行真人秀：真实电视节目受众的定性与定量研究［M］．赵彦华，译．北京：中国国际广播出版社，2008：61.

③ Carolyn Michelle.（Re）contextualising audience receptions of reality TV［J］. Journal of Audience & Reception Studies，2009，6（1）：137-170.

种商业化媒介产品，真人秀将真实作为“卖点”无可厚非，但只有在它被观众观看的过程中，真实才有可能成为“契约”，换句说话，正是观众观看真人秀的过程决定了它是否具有真实性。随着社交媒体的崛起，年轻观众在电视与微博之间穿梭游移，即使是“有图有真相”的真实都会面临质疑，更别说被制作方精心建构的娱乐化真实。亨利·詹金斯曾将真人秀《幸存者》的粉丝称为“拆穿者”（spoiler），并将拆穿行为称为集体智慧，“没有人无所不知，但每个人又都各有所长，所有的知识都寓居于人”。[①] 正如他所说，在互联网时代，很少人是在完全沉默和隔绝的状态下收看电视节目的，当讨论“真实”的场所从客厅变成社交媒体，刻意欺骗观众的画皮只能被集体智慧拆穿，观众对于其真实性的信任也被瓦解。

俗话说，“信以为真”，只有充满诚意的真人秀才拥有生命力，失去观众的信任，真人秀也必将无以为“真”。就西方的研究来看，批评家们的忧思并不是空穴来风，“观众不相信他们在电视上看到的任何东西”的极端悲观场景不至于出现，但在新媒介的解构之下，电视媒介信任被逐渐瓦解却有可能。而最令人警醒的是，新媒介促使电视媒介建构真实的权力逐渐瓦解，但观众未必会因此变得更加理性，新媒介有可能让观众误以为自己获得权力，但实际上却加深“媒介—受众”二元关系的不对等。

5.4 本章小结

电视拥有使人们的心灵体验标准化的权力，在信息的传播中，编码者与解码者之间的权力是不对等的，真人秀也是如此，这是其作为一种电视媒介产品能在广泛意义上获得真实性认同的基础。观众观看真人秀是一个积极参与的过程，尽管观众能够识别节目中表演的存在，但他们仍然认为真人秀中的故事是真实发生的，只是有些地方被电视加工或夸张了。从“倾向式解读”角度来看，观众是基本按照传播者（制作方）的意图来解读信息的，这说明在真人秀传播领域，电视在建构真实的方面仍然具备较大影响力。观众通过区分事实与表演，寻找到“真实”。观众能够识别表演的存在，表明大部分观众在收看真人秀的过程中具有批判意识与批判能力，所以，“表演”未必能够

---

① 亨利·詹金斯．融合文化：新媒体和旧媒体的冲突地带［M］．杜永明，译．北京：商务印书馆，2012：61.

成为影响真实性认同的障碍。在观众的“批判性观看”中，媒介技术因素是判断真人秀真实性的短板，导致观众与制作方评判真实的框架存在错位。另外，互联网社交媒介崛起成为真实性认同的不确定因素。

6

真人秀的边界重建

6.1 理性观众驱动真人秀回归真实

6.1.1 不同范式下的真人秀观众

在不同的理论范式中，受众研究存在不同甚至相反的倾向。大体而言，在真人秀的观众接受研究中，“消极观众”与“积极观众”是两种完全相反又同时并存的研究取向。在“消极观众”倾向之下，观众往往是消极、非理性、没有批判能力的；而在“积极观众”倾向之下，真人秀的观众是积极、有参与性、具有批判能力的。在积极的观众之中，总有一部分观众对于真人秀所建构的“真实”保持警醒与批判，他们被称为“理性观众”。在互联网新媒体环境下，“理性观众”是一种具有成长性的观众群体，也是促使真人秀回归真实的重要驱动力。

（1）“魔弹论”与“消极观众”。从媒介批评角度来看，真人秀自诞生之日起便被新闻媒体认为是一种肤浅的、过度娱乐化的节目类型，观众往往被看作“沙发上的土豆”，对于节目传递的信息与价值观毫无分辨能力与抵抗意识。英国广播公司新闻主播约翰·汉佛莱批评真人秀“将人们变成让我们目瞪口呆”的怪物，认为哪怕“这一真人类型的节目衰落，不再引发观众兴趣”，仍会留下一群“已经去敏感化（de-sensitized）”的观众。[①] 这种观点类似于“魔弹论”，“魔弹论”对于真人秀接受过程的预设是：观众沉浸在“拟态环境”中而不自知，根本无法区分虚构与真实、虚拟与现实。因此，有研究者认为，真人秀节目通过虚伪的真实图景，从而“建构起魔弹式的受众

① 斯特拉·布鲁兹. 新纪录：批评性导论［M］. 吴畅畅，译. 上海：复旦大学出版社，2013：268.

观，意图使受众如靶子一般沉浸在虚构的真实中，失去辨别能力，对节目内容产生现实性认同”①。

如果从“魔弹论”与消极受众论角度来探讨真人秀的接受过程，对于思考真人秀当下与未来均不具备建设性，而且容易产生局限和滋生偏见。在消极受众论的假设中，观众被作为无差别的个体来对待，所有的观众均被视为没有分辨能力。首先，这种假设忽略了观众在人口学上的差异，因此显得并不全面；另外，在新媒体如此发达的今天，观众在社交媒介上呈现出丰富的人口学差异，其具有批判深度的观点也远非简单语言可以一概而论的。也就是说，并非所有观众都是在研究者所描述的沉浸、激情萌发、仿佛找到“镜中我”的状态中观看真人秀的，以沧海一粟的消极观众来替代普罗大众，所得出的结论必然是片面的。

（2）“救赎论”与“积极观众”。积极受众论的滥觞可追溯到伯明翰学派，约翰·菲斯克便是积极受众观的拥护者，他认为“读者”是“文本的生产者，意义与快乐的制造者”。② 积极受众论假设受众在传受关系中并不是被动的，文本如“一个思想领域中的购物中心，受众可以自由闲逛，挑选他们中意的物品”。③ 另外，学者亨利·詹金斯对于积极受众论也相当支持，他提出的“融合文化”（convergence culture）概念，将媒介融合视为一个消费者驱动的机制，消费者移民式穿梭于各种媒介，通过互动与“集体智慧”建构自己的神话，构成媒介文化的新面貌。“没有一个人能够知道一切，每一个人知道一点，如果我们能倾泻我们的信息、合并我们的技能，我们就可以将碎片放在一起。”④ “融合文化”与“集体智慧”重新诠释了互联网新媒体背景之下的受众形象，是积极受众论的延展。在真人秀的观众接受实证研究中，安妮特·希尔也是积极受众论的倡导者，她将真人秀接受的主动权完全放置于观众端，强调观众观看真人秀节目过程中的主动性与批判性解读能力，甚至认为观众在一定程度上能够主导真人秀生产，为了证明这点，她曾引用一些具有倾向性的观众观点，“这些节目是我们一手创造出来的，我们为它们制造

① 王碧薇．从电视真人秀节目的建构谈媒介教育素养中的受众观：以韩国真实综艺秀为例［J］．传媒国际评论，2013：35-43.

② 约翰·菲斯克．电视文化［M］．祁阿红，张鲲，译．北京：商务印书馆，2010：27.

③ 戴维·莫利．电视、受众与文化研究［M］．史安斌，译．北京：新华出版社，2005：35.

④ Jenkins H. Convergence culture：Where old and new media collide［M］. New York：New York University Press，2006：4.

了需求，我们为它们创造了标准，我们创造了它们的持续成功，所以，我们不能因为我们想要它们这么做予以谴责”。① 对于真人秀的观众接受来说，这是一种具有“救赎论”色彩的解读。莫利曾经一针见血地指出积极受众论容易走入的误区，“在很多方面，受众可能是主动地使用和解释媒介，但是把‘主动地’和‘有权力的’等同起来就完全偏离正确的方向了”。“接受是传播过程中唯一具有决定意义的阶段”这个假设好像是由一个古怪的基督徒做出的，这一行业（或者说讯息）的“罪恶”在接受者的“来生”会得到“救赎”。②

相比较于消极受众论，积极受众论强调了观众在真人秀接受过程中的主动性与参与性，并揭示了“真实”作为一种媒介传播效果在人口学意义上的丰富维度；但是，从另外一方面来看，它仍然存在不容忽视的缺陷，尤其是在中国电视媒介背景下，过分乐观的积极受众论并不具备普适性。首先，积极受众论最令人诟病的地方在于它将受众权力与媒介权力视为同等，认为两者在力量上能够相互抗衡，甚至能够相互合作；而在社交媒介高度发达的传播环境中，受众在接触与传播信息方面确实拥有主动权，但即使如此，媒介权力并没有因为受众的抵抗而完全消解。其次，受众主动参与到信息的接受与传播过程中，并不一定意味着这些受众是理性且清醒的，在娱乐文化领域，轻信、盲从或跟风的现象在社交网络上并不罕见。

在不同的范式中，消极受众论的缺陷在于过分悲观，而积极受众论则存在盲目乐观的倾向，从发展性角度来说，两者的价值取决于具体的文化情境与传播环境。在真人秀的不同发展阶段，消极受众论与积极受众论均有一定借鉴意义。笔者认为，就现阶段的真人秀发展状况而言，对媒介与观众关系的考察应在积极受众论的主导范式之下，聚焦理性而具备批判能力的观众群体，探究这类群体对未来真人秀内容生产与转型产生的驱动性影响。

6.1.2 理性的觉醒：真人秀所培育的观众批判力

观察式真人秀在欧美流行了将近 20 年，而在中国，类似于《爸爸去哪儿》之类的观察式真人秀在大众视野中成为主流只有短短三年时间。在此之前，四川电视台拍摄的《走进香格里拉》（2001）、湖南卫视的《变形计》

① Hill A. Reality TV［M］. New York：Routledge，2015：8.

② 戴维·莫利. 电视、受众与文化研究［M］. 史安斌，译. 北京：新华出版社，2005：37.

(2006—2016) 曾作为典型的观察式真人秀节目进入大众视野，但彼时并未在收视市场上形成规模；自2013年以来，以《爸爸去哪儿》《奔跑吧兄弟》《我是歌手》为代表的真人秀节目骤然升温，并跨越电视与互联网社交媒介成为“现象级”节目，由此，观察式真人秀迅速从小众节目走向大众娱乐领域并迅速扩张。在这三年的时间里，观众观看真人秀的方式逐渐发生改变，经历了一个由最初的新奇懵懂到逐渐趋向理性，并开始自觉使用自身社会经验与知识框架对文本进行“批判性收看”的过程。

“批判性观看”是一个用来描述观众评价和解释媒体方式的术语。安妮特·希尔指出，观众对真实电视节目的不同解释，取决于他们对真实流派或该流派中的特定节目应用了什么样的判断框架。而当人们把自己放在真实电视批判性的观众的位置上时，他们就将自己和通常描述的愚蠢、有偷窥欲的、易受愚弄的真实电视观众区分开来。[①] 在真人秀观众接受研究中，“批判性观看”强调观众的参与性与思维自觉性。隆·莱博认为，观众收看电视是一种反思性活动，他们并不认为自己的所见所闻都是“合理”的，观众的批判性收看有三种类型：人们对社会行动刻画之合理性的质疑，人们超越了具体刻画而认识到其不合理性的一般模式，人们意识到了程式化节目的商业基础。[②] 关于“批判性观看”的观点表明，观众在观看节目过程中具有自觉批判意识与去伪存真的能力。因此，观众对于真人秀真实性的接受是一个复杂的协商过程。

批判性观看为真人秀的观众接受提供了一个具有建设性意义的视角，在积极受众范畴内揭示了真实性作为一种传播效果可具备的多种维度。观众批判性与真人秀真实性是两个相辅相成的概念，只有通过讨论观众的批判性观看，才能从认识论意义上讨论真人秀的真实性认同。在观察式真人秀节目发展的黄金时期，作为一种独立的电视节目类型，诸多观察式真人秀节目在非常短的时间内获得巨大观众市场，对于观众的理性意识是一种考验，无论观众认为真人秀节目是完全真实还是部分真实，都能反映出观众对于节目的批判性观看能力。反过来讲，观众对于真人秀节目的批判性观看也将重塑真人秀作为模仿性真实节目的真实程度，决定真人秀作为电视媒介产品的未来。

中国观众观看真人秀的方式并不是无意识、被动的，而是一个具有高度

① 安妮特·希尔．流行真人秀：真实电视节目受众的定性与定量研究［M］．赵彦华，译．北京：中国国际广播出版社，2008：183-184.

② 隆·莱博．思考电视［M］．葛忠明，译．北京：中华书局，2005：227-228.

参与性与思维自觉的过程，在这个过程中，观众启动生活经验与媒介知识所构成的框架积极解读文本，最终形成对于真人秀节目的协商式接受或认同。协商式接受表现了媒介与受众之间平衡的二维关系，其中，最容易破坏这种平衡的因素就是制作方与观众之间存在的“信息沟”或“知识沟”。大部分观众虽有“批判性观看”的自觉，但在获得真人秀拍摄技术、制作流程、传播方式等信息方面存在天然短板，这是他们难以站在客观角度对节目进行理性批判的主要因素。因此，弥补短板是提升观众媒介素养、引导观众通过“批判性观看”从真人秀中获得真知灼见的关键。在互联网新媒介传播环境下，观众对于媒介技术语言的认知能力逐渐提高。首先，轻型摄像机、手机摄像头和电脑剪辑软件的普及使普通观众能够在生活中接触到基础影像技术，尤其是智能手机摄像头的使用，使人们在记录真实生活和进行网络社交的同时，启发了他们对于影像真实性的自觉思考，使人意识到被摄客体的原生态真实与媒介化真实之间存在的差异。其次，真人秀热潮所引发的大量新闻报道也是普及媒介技术语言与提升公众媒介素养的推动力量，不论是节目制作方的宣传性软文还是新闻媒体的批评性报道，其中所包含的大量技术名词与节目制作知识成为观众将真人秀作为一种高度商业化的节目类型进行解读的专业资源。最后，移动社交媒体的普及完全改变了真人秀节目的传播环境，使观众对于节目的批判式观看成为一种集体行为。例如，在真人秀节目《爸爸去哪儿》第三季中出现了参与者用一颗土豆换取冰箱、用一根玉米换取彩电的情节，网友并不相信这个情节是自然发生的，他们质疑这种故事在现实生活中并不具备合理性，并猜测参与者之所以能够完成任务，是因为节目组事前与商店沟通好，或者事后补贴费用给商店等可能的幕后操作因素。在互联网时代，很少人是在完全沉默和隔绝的状态下收看电视节目的，当观看真人秀的场所从客厅变成社交媒体，基于集体行为的观众知识储备与批判能力或将超越个体范畴，成为弥补观众经验知识短板的良性因素。

媒介批判能力是现代公民应具备的素养之一，随着人们对身边各种高度仿真符号的辨别，思考与批判能力越来越强，“真人秀是一面反映原生态真实的镜子”这样的假设也将越来越没有市场。那么，观众究竟从事实与表演并存、虚构与非虚构杂交的真人秀中获得了什么？对此我们不妨思考一下英国文化、新闻、体育大臣萨特·乔威尔曾提出的问题：“我想知道人们是否感到准备好了去处理为寻求他们注意力而在增长的喧闹声，以及他们是否觉得他们有能力从谷壳中挑出小麦、从欺骗中挑出真诚、从辩论中挑出事实、从偏见中挑出客观。”① 在“批判性观看”的意义上，真人秀热潮确实为提高中国观众媒介认知力提供了良好契机。

6.1.3 以观众批判性为视角审视未来真人秀的发展路径

“受众本位”是真人秀内容产业的重要原则。从长远发展角度来说，观众盲目狂热、缺乏智慧的状态，既无法支撑一档真人秀节目生命周期，也不利于真人秀内容产业建立良性竞争秩序。与盲目的受众相反，理性的受众意味着个体的批判能力与媒介素养方面会随着新媒介的积极使用而相应提升，并凝聚集体力量在流行文化层面推动媒介的产业融合与内容生产转型，为受众驱动的传播格局变革带来新的可能性。只有培育理性而具有批判能力的观众，才能驱动真人秀内容生产与产业发展回归真实品质。

与理性受众概念类似的是，爱里森·哈恩（Alison Hearn）在《假装的“真实”：真实电视的元叙事》一文中提到过“精明观众”（savvy viewers）概念，“精明观众是后现代的观众，他们受够了电视产业的霸权，能够认识到电视‘真实’的建构性；他们拥抱产业对自身作为粗鲁的消费者和流行文化根基的质询，并‘在这种认同中享受一定程度的乐趣’”。另外，他还指出“精明观众”对真实电视产业的影响，为了迎合这类观众，真实电视提出的“去魅的承诺”，邀请观众参与到各种“荧屏背后”格式，看上去像是提供了真实电视产业“真实”一面的入口。② 但是，这并不意味着“精明观众”能够掌控真人秀产业的命脉，使节目为其呈现绝对“真实”。相反，在真人秀产业强大的文化霸权面前，“精明观众”仍是无力的。“你可以如你所愿一般精明，你可以将兴趣与产业联合起来并最终遵从其决定性力量，但是你得小心翼翼求你所求。最后，你仍然处于这个产业‘真实’机制的边缘，你仍被作为它日常玩笑的笑柄而已。”③ 这些观点揭露了一个残酷的事实：在“文本—受众”的二元关系中，“精明观众”或理性观众贡献了具有建设性的经验智

① 安妮特·希尔．流行真人秀：真实电视节目受众的定性与定量研究［M］．赵彦华，译．北京：中国国际广播出版社，2008：186.

② Alison Hearn. Hoaxing the “Real：On the metanarrative of reality television ［C］// Susan Murray, Laurie Ouellette Reality TV：Remarking Television Culture. New York：New York University Press，2009：169.

③ Alison Hearn. Hoaxing the “Real”：On the metanarrative of reality television ［C］// Susan Murray, Laurie Ouellette. Reality TV：Remarking Television Culture ［C］. New York：New York University Press. 2009：176.

慧，但这并不能扭转观众的被动地位。因此，为了培植理性观众的力量，未来真人秀不能仅仅作为一种单纯的娱乐化媒介产品，更应在公共领域扮演信息传播者与知识提供者的角色。尤其是既作为大众传播渠道，又作为真人秀制作方的中国电视媒体，应有义务为培育批判性观众提供必要的渠道。

中国的真人秀市场历经了爆发式增长后的无序竞争与遇政策调整后的逐渐降温过程。在这个过程中，观众逐渐意识到真人秀所建构的“真实”是一种与传统事实节目不同的真实，这种“真实”与原生态真实之间存在复杂的假定性关系，是一种表演与事实混合的“真实”。在这种“真实”面前，观众时而意识到自己在“真实”的确定性面前非常无力，时而将判断“真实”的标准转化到个人经验领域，但能够将判断“真实”的标准上升到技术理性领域的观众毕竟少数。尽管技术理性并不意味着观众在观看真人秀的时候始终使用较高级的专业知识来解读文本，但可以使观众与文本保持一定的距离，对某些“以精神建构之名而行商业娱乐之实”的真人秀节目产生免疫力。首先，掌握一定的媒介技术知识成为批判性观众的必要条件。就目前的状况来看，观众获得真人秀节目幕后知识的渠道虽然不少，比如节目在网络上推出的幕后花絮、粉丝社区的爆料讨论等，但来自非专业渠道的知识系统性与权威性不够，特别是由电视台提供的一手资料是非专业人士难以接触的。在此值得一提的是湖南卫视的做法，为了给《爸爸去哪儿》《我是歌手》大型真人秀节目培育和聚合忠实观众，纪录片栏目《我的纪录片》在主体真人秀节目播出的时候紧随其后，为观众播出真人秀节目背后的衍生故事，在普及真人秀的幕后制作技术方面具备一定知识性特征。另外，江苏卫视真人秀节目《女婿上门了》制作团队也做过类似的网络视频①（题为《〈女婿上门了〉“后期汪”的爱恨情仇》）与知识性文章，介绍节目后期制作流程和幕后故事。在第 4 章的观众调研中，“如果制作方能够展现影像背后的人物故事或制作环节，或许我会相信故事更加真实”是真人秀观众认同度较高的一个观点，这从侧面反映了观众对于真人秀的次生文本和相关技术知识有一定需求。真人秀节目制作方扮演知识提供者的角色，不仅有利于节目市场推广，对于培育具备理性倾向与批判能力的优质观众群也颇有裨益。另外，邀请观众参与到节目制作流程中去也是培育观众批判性思维的一种方式。在真人秀《我是

---

① 《女婿上门了》“后期汪”的爱恨情仇［EB/OL］. http：//v. qq. com/cover/j/jl3bsivx76fujdd/r0019s9deys. html.

歌手》节目的录制现场，观众席布置了大约十余台摄像机，每一位观众的表情都有可能被摄像机捕捉到，在热场主持的引导下，观众们明白当节目开始录制的时候自己的角色必须发生转换，从普通观众变成了镜头前的观众，自己已经成为扮演普通观众的人。

辨别不同类型的真实，了解横亘在原生态真实与媒介化真实之间的各种技术与产业因素，是现代人的基本常识与思维方式的一部分，人们是否拥有与此相关的知识，是决定人们是否具备批判性思维方式的重要因素。托马斯·德·曾戈提塔提出，生活在现代社会中的人们时时刻刻处在不同类型的真实①之中。面对这些层次丰富的真实，他问道，"你可能会确定地说：'好吧……我可以看出这里面的区别。'这不是关键，这里的关键是，你'是不是'会将这种辨识融入你日常观察事物的思考过程中呢?"②对于真人秀产业来说，这是一个发人深省的问题，既涉及观众个体媒介素养的进步，也涉及真人秀的真实性品质的成熟。可以说，在未来真人秀的发展路径中，一部分具备成熟媒介素养的理性观众，既是提升整个观众群体媒介素养的进步性因素，也是推动真人秀步入去"秀"保"真"良性循环的重要驱动力。

6.2 媒介规制重建真实之域

真实电视自从在欧美兴盛以来，便始终伴随人们对其真实性的质疑。基恩博格在《"你得到多少真实"：所谓"真实"电视的近期发展》一文中提出一个观点：真实电视≠真实，尽管所有的节目都明确宣称呈现真实生活事件的真实性，尽最大可能提炼素材的娱乐性，但真实电视节目的本质仍是真实类素材的"打包"，本身并不能代表真实。③ 随着真人秀产业的全球化与泛娱乐化，真实一词被打上了双引号，在人们眼中，真人秀的娱乐性越强，它所能呈现的真实可能就越少。随着观察式真人秀在中国视频产业中的崛起，其招致的媒体批评也越来越多。在一篇名为《真人秀节目"真实"吗?》的文

---

① 他提出现代人经常面对的九种不同类型的真实：纯粹真实、有效真实、介于纯粹真实和有效真实之间的事实、加工之后的纯粹事实、加工之后的有效事实、表演化事实、加工之后的表演化事实、表演化加工事实"首映"、表演化加工事实重现。以此将真实概括为一个层次丰富的概念。

② 托马斯·德·曾戈提塔. 中介化［M］. 王珊珊，译. 上海译文出版社. 2009：22.

③ Kilborn R. How real can you get：Recent developments in reality television［J］. European Journal of Communication，1994，9（4）：421-439.

章中，一个发人深省的问题被提出来："当戏剧情节、特效、煽情音乐都被剥除，你看到的可能就是真实。但是把那些部分都剥除后，节目还剩下什么？"① 真人秀最容易被质疑的地方在于，我们很难从本体的意义上为它所宣称的真实找到立锥之地，而对于真人秀真实性的拷问，很大程度上源于真实危机在电视产业领域的生长与蔓延。在充满后现代色彩的媒介环境中，媒介规制的重建成为保证真人秀真实性品质的重要方式。

6.2.1 数字化影像技术变革与"真实"危机

对于真实价值危机最浅显的表述是"眼见未必为实"。数字化技术发展和图像处理软件的普及，使得照片作为一种视觉证据的可信性受到挑战。在后现代语境之下，纪录片理论也纷纷非常明智地开始"先验地排除"任何对客观性的宣称，转而将研究真实的角度转向"文本、文本再现的真实以及观众之间充满活力的辩证关系"②。而在这种环境之下，作为一种高度商业化的信息娱乐媒介产品，真人秀高举"真实"的大旗，向观众宣称呈现真实的人物与故事，难免招致质疑。另外，无处不在的表演也在透支真人秀真实宣言的可信度。如第 4 章所述，绝大多数观众认为参与者会在导演的默许或支持下表演或伪装，与此形成鲜明对比的是，制作方极力否认"表演"的存在，如《爸爸去哪儿》导演谢涤葵声称，明星们也是"平时是什么样儿，上节目也是什么样"，③ 正如《老大哥》的制作方声称的"没人能一天 24 小时做戏，实际上 24 小时也不行，屋里人反应都是真实的"。④ 然而，面对镜头的窥视，谁在呈现真实自我，谁在扮演自我，纵然是神仙也难以完全掌控。更令公众诟病的是，一些本身已占据大量媒体资源的、号称"现象级"节目的真人秀为吸引眼球，制造话题效应，肆意炒作，随意篡改情节，这些行为不仅从根本上否认真人秀的真实性原则，也毫无底线地玩弄了观众的信任。从本体意义上讲，在摄像机面前，被拍摄客体的虚构性与人工性会导致影像失去真实价值。布莱恩·温斯顿认为，演员在摄影机面前表演设计的行为，这时的影像

---

① 霍尔·涅兹维奇. 真人秀节目"真实"吗？[EB/OL]. [2015-01-10]. http://book.ifeng.com/fukan/detail_2015_02/10/0935517_0.shtml.

② 斯特拉·布鲁兹. 新纪录：批评性导论 [M]. 吴畅畅，译. 上海：复旦大学出版社，2013：9.

③ 《爸爸去哪儿》导演：有流程编剧，无故事设定 [EB/OL]. [2013-10-28]. http://media.sohu.com/20131028/n389040359.shtml.

④ 安妮特·希尔.《老大哥》的观看经验分析 [J]. 侯晓燕，译. 新闻与传播评论，2005：164-343.

已经不再有任何“纪录片的价值”，已经是剧情片了。[①] 因此，表演与虚构有关的表现手段在事实类节目中是被严格限制使用的，情景再现（目的在于将没有被摄像机捕捉到的情节呈现给观众）也被规定必须忠实于已经发生的事实。对于观众来说，真人秀无法做到像纪录片那样严格地将事实与表演区分开来，两者之间的界限非常模糊，无论是镜头前发生的客观情形还是纯粹的表演，都被遮蔽在旁观美学的大伞之下，难以识别。既然如此，真人秀何以为“真实”代言？

在后现代语境下，本体意义上的“真实”已经消失，而高举“真实”大旗的真人秀，其所宣称的“真实”如果确实存在，恐怕只能是技术意义上的“真实”。在中国视频内容市场上，真人秀节目数量自 2013 年之后急剧增加，这并非是电视节目在技术上实现某种革新，而是电视媒介产业对“真实”的依赖已达到空前狂热程度的结果。对于在新媒体的倒逼之下谋求突围的电视媒介来说，试图与互联网视频产业合谋是唯一的出路，在此，高调宣称“真实”成为真人秀与电视产业的最后一根救命稻草。在此，真人秀的“真实”再次将真实这个古老而又新鲜的话题推到公众面前，成为检验现代社会中媒介与观众关系的试金石。

在后现代文化环境中，许多研究者开始拒绝对任何涉及“真实”的文本下定义，真实电视就是其中的一个。有人声称，“是人类的兴趣，而不是‘真实’，定义了通俗事实节目”，真实电视只不过是“一个娱乐的主意”，它通过不同类型的媒介——电视、广播、电话和因特网，可以持续不断地接近观众或者用户。[②]“一个娱乐的主意”揭示了真人秀作为一种媒介产品的商业化本质，但并不足以拿来重新定义真人秀这种独立的文本类型。真人秀不仅是一种商品，更是一种文化产品。与新闻的内容生产一样，真人秀的内容生产与观众所生活的社会文化背景相关度非常高。在新旧媒体并行传播的今天，真人秀的内容生产也是通过“议程设置”的方式实现的。通过对高度热门的社会性、公共性议题的娱乐化处理，真人秀试图为人们建构一个与传统事实建构领域相平行的真实世界。关于“娱乐”，我们访谈了江苏卫视资源节目制片人 L×，他的观点如下：

---

① 布莱恩·温斯顿．当代英语世界的纪录片实践（上）：一段历史考察［J］．王迟，译．世界电影，2013（2）：170-186.

② 安妮特·希尔．流行真人秀：真实电视节目受众的定性与定量研究［M］．赵彦华，译．北京：中国国际广播出版社，2008：48.

Lx："娱乐"应该是比较容易触动不同人群的，你看，收到好评的都是娱乐节目。我如果能够总结的话，就是这些内容都能够反映时代的热点，反映这个时代的脉搏，都反映了当下人心态这样的东西，或是《非诚勿扰》，或是《爸爸去哪儿》，或是《好声音》。《好声音》代表梦想，《爸爸去哪儿》表示亲情，《非诚勿扰》在婚恋之外探讨社会尖锐的问题。我觉得时代热点的东西，往往能够激起网上还是电视上的关注，因为大家都生活在一个时代，同一个社会里面，这种东西反而会有共同，时代热点，或者换一个词叫时代精神。这个时代需要什么，大家都在探讨，都在聊，把这个点提炼出来，再用什么样的方式把它做成节目，我们用这个方法，我们认为这个东西是相通的。

按真人秀的跨媒介生产逻辑，与当下人们强烈心理需求最为贴近的议题较容易进入内容生产的范畴。在新媒介开始全面占领人类社交生活的背景下，视频内容产业呈现全面泛娱乐化的特征，安妮特·希尔认为，真实电视的核心特征是"它用娱乐的方式呈现信息"①，实际上，"用娱乐的方式呈现信息"的不仅仅是真人秀，整个社交媒介平台内容生产均是如此。就新浪微博热门话题来讲，议程设置呈现出明显的娱乐化特征，或者说，只有具备娱乐特征的内容才能成为现象级议题，即使议题本身并非娱乐话题，也会被微博网友们使用娱乐化方式传播。以中央电视台拍摄的系列调查节目《你幸福吗》的微博传播为例，网友的关注点并非是影像所反映的宏观现实，而是"你幸福吗？""我姓赵"的碎片化细节，微博网友以摄像机镜头捕捉到的戏剧性瞬间为核心，形成了一场以调侃、嘲讽、反抗为主的狂欢式传播。与此类似，真人秀的微博传播具备强烈的娱乐色彩，例如《爸爸去哪儿》第一季中 Kimi 的"爸比我要喝 nēinēi"，《爸爸回来了》小甜馨"我们白着呢"的动图，被网友认为是"爆萌爆萌的"（非常可爱）而引发大规模话题效应。占据微博社交媒介"议程设置"的热门话题榜，是真人秀通过各种媒介"持续不断地接近观众或者用户"的手段之一，对于竞争越来越激烈的真人秀市场来说，能不能"上头条"甚至已经成为节目是否成功的标志。

真实生产的娱乐化与碎片化，正是真人秀文本能够打通"电视—社交媒介"边界的法宝，这意味着严肃的真实无法穿透的媒介边界，却被娱乐化的真实所穿透。借用波兹曼阐述媒介的方式，如果说纪录片或新闻对客观世界

① 安妮特·希尔．流行真人秀：真实电视节目受众的定性与定量研究［M］．赵彦华，译．北京：中国国际广播出版社，2008：83.

中真实呈现是阐释时代的作品，它们“富有逻辑的复杂思维，高度的秩序和理性，对于自相矛盾的憎恶，超常的冷静和客观以及等待受众反应的耐心”，那么真人秀中的真实则是“娱乐至死”的产物，“所有的内容都以娱乐的方式表现出来”，影像对于真实的诠释“以理性开始，以娱乐结束”。① 在跨媒介传播中，信息传递方式的娱乐化与碎片化，直接导致人们对“真实”的评判方式与信任机制更加复杂；而最为危险的是，当人们开始习惯以娱乐的方式接受与传播信息，那么最终将导致信息被淹没在狂欢之中，真实也不复存在。

6.2.2 真人秀制作领域的媒介规制建设

在电视制作领域，专门为某个节目类型出台媒介规制是比较罕见的。对于电视真人秀来说，为保证节目的真实性品质，制作方参照的媒介规制首先应是由政府监管部门出台的相关文件。例如，香港不实行电视节目预先审查制度，“持牌人”须对电视节目的真实性负责，保证节目不得在真实性方面误导观众。2006 年香港广播事务管理局出台《电视通用守则—节目标准》（下文简称《标准》），对不同类别的电视节目制作做出明确规范。该《标准》对事实类节目中的“事件重演”、“访问”（采访）、“模拟事实”等均有规定：如对于“事件重演”的规定是“在真实题材节目内播出的‘事件重演’，应该标明是真实事件重演，使观众不会误把虚构的事物当作事实”。对于“访问”的规定是“若原定接受访问的人士未能或不愿意应邀参与真实题材节目，则应在节目中以客观的态度如实交代有关情况，并应小心谨慎，确保不会歪曲他们的意见”。“预录访问经剪辑和缩短后，受访者的意见不得遭到歪曲或曲解。”“不应把受访者过往在录影或录音访问中的意见，当作是受访者于广播时所持的意见，以免歪曲其意见。有需要时应告诉观众进行访问的日期。”另外，《标准》还规定其他节目不得模仿新闻节目，即“不得在节目或节目宣传材料中模拟新闻节目，以免令观众惊恐或误导观众”。② 类似于《标准》这样的文件是管理部门为保护受众权益而出台的规范，有利于保护事实类电视节目的真实性，对于电视媒体事业的长远发展也是有益的。

除了政府管理部门出台的规制，还有电视媒体在业务层面出台相关的指导性规范。1998 年，英国广播公司（BBC）举办一场剪辑政策研讨会，并就

---

① 尼尔·波兹曼．娱乐至死［M］．章艳，吴燕莛，译．桂林：广西师范大学出版社，2009：54-76.

② 电视通用守则—节目标准［EB/OL］．［2014-05-01］．http：//www.coms-auth.hk/filemanager/common/policies_ regulations/cop/code_ tvprog_ c.pdf.

“真实类节目制作中的表演与再现（staging and restaging）”出台新的指导方针。该方针在末尾逐条列出“真实类节目制作中可接受与不可接受的手法”：第一，节目必须真实、公正地描述事件。第二，任何情况下节目不得误导观众。第三，在某些情形下，允许重新拍摄日常或次要的行为，而阐述或者再现那些对于行为或叙述发展起着重要作用的行为，若未对观众做出说明的情形视为非法。第四，若未在影片中清楚注明的情形下，不应邀请参与者重现那些重要事件。第五，若在必须通过节目制作方的介入才能重现那些重大事件的情形下，须对观众做出明确说明；若在素材并置后导致对事件的扭曲与误解的情形下，不允许来回切换镜头以暗示它们似乎同时发生。① 该方针对于真实类电视节目中的制作手法加以详细规范，重点对制作方的“介入”手法做出详细规定，由此可见，在英国真实类电视节目中，一些可能会修改故事原貌、容易误导观众的制作手法是被禁止的，因为这种制作手法可能会影响节目的真实性，并造成对观众的误导或欺骗。对于国内真人秀制作方来说，这个方针有多处是值得借鉴的：首先，该方针允许节目重新拍摄情节，承认“情境再现”手法的合法性，但也规定了这种制作方法的使用条件，即重要事件的重现需要向观众注明；对于“素材并置”（也叫平行剪辑，笔者注）的规定也意在保证重要事件的时空真实。这些详细的规定力图确保真人秀呈现的“真实”具有事实性，并保证观众对文本的解读不会受到别有用心的误导。其次，对于中国真人秀来说，最值得借鉴的是BBC媒介规制中的观众本位思想。以媒介规制严苛、详尽而闻名的BBC一向将内容生产规范放在重要位置，在其出台的《编辑指南》（*Editorial Guidelines*）中，“避免误导观众”原则适用于任何节目类型。“我们必须避免通过我们的内容去误导观众，无论是主观故意或实质上都不可以。”为此，在事实类节目中，“重构手法”（restruction）被严格限定为“对事件的精确再排演，常常基于大量的可验证的证据”，排演手法被禁止在新闻节目中使用。②

观众是真人秀的本位原则，真实是真人秀的基本底线。从传播者的责任角度来讲，媒介规制是保证真人秀去“秀”而求“真”的根本，完善相关媒介规制，从技术层面尽可能保证真人秀影像客观与可靠，确保观众不被误导，是真人秀发展的长远之计。在当下的中国电视收视市场中，真人秀存在质量

① 斯特拉·布鲁兹．新纪录：批评性导论［M］．吴畅畅，译．上海：复旦大学出版社，2013：187.

② BBC. Editorial Guidelines［EB/OL］. http：//www. bbc. co. uk/editorialguidelines/guidelines.

良莠不齐、鱼龙混杂的状况。借鉴先进国家经验，结合本土媒介发展现状，尽快建立完善的媒介规制，是现阶段真人秀发展亟待解决的问题之一。

6.2.3 “真实契约”视角之下的真人秀媒介规制重建

在后现代媒介文化环境中，真实是难以把握的，尽管如此，人们却仍然期待真人秀能够呈现真实的故事，这就是“真实契约”的作用。聂欣如指出，“真实契约”所定义的纪录片制作者与观众的关系既包含了对同一事物的认同标准，还包含了两者之间的商业关系。对于作为契约一方的观众来说，他们的根本利益很容易被淹没在制作方提供的销售策略中，也就是说，真理的价值和成本不能在消费活动中反映出来；而对于作为契约另一方的制作者来说，则涉及了诚信问题。[①] 在纪录片制作领域，按照“真实契约”的精神，纪录片的制作方必须按照观众的要求提供真实的内容。凡是在纪录片中做假而被媒介揭露的纪录片，其制作方会因此遭受指责甚至惩罚。但在充满娱乐化色彩的真人秀领域，“真实契约”并没有成为一种被严格遵守的规约，即使制作方并没有提供完全真实的内容，也不会因此受到谴责。在欧美发达国家，对于真人秀真实性的规约被包含在电视行业媒介规制的大范畴之中，这些规范往往有两方面的意义，首先从技术层面保证影像作为视觉证据的客观性和可靠性，其次是保障受众不被歪曲篡改的影像信息误导。相较而言，国内真人秀节目制作机构众多，传统卫视与民营制作公司并立，却未出台一套通行的制作守则来对真人秀的制作方法统一加以规范。

2015 年 7 月，国家新闻出版广电总局出台了一份调控文件，即《关于加强真人秀节目管理的通知》（以下简称《通知》）。《通知》明确规定“真人秀节目要体现真实和真诚，应反映人在特定情境下的自然活动和真实情感，符合事物发展和人际互动的一般规律，不能为了追求戏剧化效果，故意干预事态发展、违背生活逻辑，设计制造与日常生活经验反差较大的环节和‘看点’，引起观众对节目真实性的质疑，特别要防止明星嘉宾作假作秀、愚弄观众”。[②]《通知》是目前为止国内唯一一个专门针对真人秀节目的规范性文件，它重点强调了真人秀在文化意义上的真实性原则，对于技术方面的真实性如虚构或非虚构的手法，《通知》并没有详细说明。从某种意义上来说，《通

① 聂欣如．纪录片研究［M］，上海：复旦大学出版社，2010：394-395.

② 总局发出《关于加强真人秀节目管理的通知》［EB/OL］．［2015－07－22］．http：//www. sarft. gov. cn/art/2015/7/22/art_ 113_ 27532. html.

知》从规制层面肯定了真人秀这种节目类型的真实性，即制作方不能随意跨越事实与表演的边界、以假乱真；另一方面，《通知》对于真人秀的娱乐化倾向是一种遏制，这意味着真人秀制作方需要在真实性与娱乐性之间进行平衡。《通知》被业内称为“限真令”，其对于真人秀的调控是强制性的，直接影响真人秀节目的制作与传播，浙江卫视原定于当年 8 月 1 日播出的明星挑战类真人秀《挑战者联盟》当即宣布延期。另外，《通知》出台后，国家新闻出版广电总局宣传司召开真人秀培训班，对全国卫视总监级负责人及节目制片人、部分节目制作公司的负责人共 120 余人进行培训。对于真人秀制作方来说，出台《通知》并举办真人秀培训班的举措是政府官方意志的体现，是对电视大众娱乐功能与宣传功能之间平衡性的调节。值得一提的是，对于真人秀中“真”（真实）与“秀”（虚构）孰轻孰重的问题，官方也给出了指导性意见：“真实”是基础，“秀”是手段，“不能把‘真’狭隘理解为对生活细节、社会现象不差毫厘的描摹与再现。一定的‘秀’往往能超越个人经验范畴，排除琐屑干扰，直指事物核心，在更高的层面上与时代主流、社会本质实现一致。……要秉持真实和真诚原则，把‘秀’作为基于‘真’、服务于‘真’的艺术手段合理妥善运用，不断开辟出新的艺术境界。”①

在当下国内真人秀生产中，制作团队对于节目制作方式的规范往往来自经验领域。一些比较成熟的节目制作团队也会基于实践经验或团队文化，在内部制定一些自律性的规范，以保证技术上的真实品质。例如，湖南卫视的真人秀制作团队如《爸爸去哪儿》《我是歌手》《一年级》，有相当一部分团队成员具备电视新闻节目制作经验；甚至真人秀《变形计》节目本身就是新闻中心的创作，其制作者本身就是由新闻记者转型而来的。② 基于制作团队背景或团队文化而制定的内部标准，对于真人秀生产的规范是非常有益的，这些标准不仅有利于保证节目真实性品质，还有利于真人秀节目生产流程的标

---

① 田进在真人秀节目培训班上的讲话［EB/OL］．［2015-09-08］．http：//www.ttacc.net/a/news/2015/0908/37437.html.

② 在访谈资料中，受访者提到湖南卫视真人秀团队与其他电视台的区别：“包括《我是歌手》团队，包括《爸爸去哪儿》团队，《一年级》团队，他们做出来的节目都会跟别人不一样，原因在哪？就是他们的团队里，有很大一部分是从新闻中心出去的，他们有敏锐的新闻视角，能够很容易把触角伸到社会的各个角落。也就是说，很多的社会现象，很多的社会问题，一点就透，并能很好地在屏幕上呈现。”受访者也提到团队成员经验背景对节目制作方式产生的差异：“从事真人秀拍摄的初期会有差异，做综艺出身的会更有编导意识，做新闻出身的可能会更多地从第三方的角度来拍摄，会根据现场反应做出一些及时地调整。”

准化。但是，目前这些标准仅仅限于真人秀团队内部交流，不仅没有形成系统化的、较为成熟的文件，也无法在更为广泛的行业自律层面产生约束。自20世纪六七十年代，真人秀在欧美已有近50年的发展历史，尤其是作为传统真人秀发源地的英国，其制定媒介规制的经验对于我国的真人秀规范化发展具有借鉴意义。例如，英国广播公司所出台的《制作者守则》《编辑守则》严格规定了视频内容的制作与发布标准，实行公司内部与其所委托的制作公司统一、传统媒体与互联网新媒体一致的原则。值得一提的是，英国广播公司在制定标准的时候是将内容以事实类节目与非事实类节目来区分的，对处于一些虚构和非虚构杂交领域的内容加以特别规定，如对以现实事件为题材的戏剧艺术，《制作者守则》是这么规定的："任何对于有争议的事件的戏剧性建构，都必须向事实性节目对此类事件的处理标准看齐。对于事件某些元素的创造性处理是不可避免的，例如角色化、对话和气氛，这些牵涉到事实性维度，均不能歪曲众所周知的事实。事实与非事实混合的地方，公众必须被周知。"①

在电视与互联网并行的传播环境中，媒介规制的重建是真人秀发展亟待解决的问题之一，在观众本位与媒介规制的双重驱动之下，真人秀内容生产的规则也将会发生新的变迁。真人秀对于现实的重构将会沿着遵守真实娱乐的价值准则、遵循视频媒介产业发展的规范化路径方向演进，弄虚作假的真人秀节目不仅会触及媒介规则底线，也会在观众中失去立足之地。

6.3 真人秀如何重构真实

曾几何时，波兹曼不无忧虑地宣布：电视已经赢得了"元媒介"的地位——一种不仅决定我们对世界的认识，而且决定我们怎样认识世界的工具。② 媒介是公众认识世界的工具，如果电视媒介并非"元媒介"，那么总有一种媒介作为一种主要的工具，决定或影响当下人们认识世界的方式。电视是一种兼具娱乐性与公共性的媒介，作为一种重要的电视媒介产品类型，真人秀应该以怎样的方式在新的传播环境下重建公共性与真实边界呢？这是本章探讨的最后一个重要问题。

---

① BBC. Producers' guidelines: The BBC's values and standards [EB/OL]. http://www.bbc.co.uk/guidelines/.

② 尼尔·波兹曼. 娱乐至死 [M]. 章艳，吴燕莛，译. 桂林：广西师范大学出版社，2009：71.

6.3.1 娱乐至死与“元媒介”的消失

在西方对真实危机的讨论中，电视媒介危机是其中的一部分，对电视媒介危机最浅显的表述是：作为一种为观众呈现真实的媒介，电视消失了吗？波兹曼曾援引罗兰·巴特的观点将电视描述为一种赢得“神话”地位的媒介，“以神话的态度看待世界，人们对这个世界就不会有任何质疑，对于自然真实的东西就会变得熟视无睹。神话是一种深深扎根于我们无形意识中的思维方式，这也就是电视的方式”。①这种表述与隆·莱博的观点相似，即电视有将人们的体验标准化的力量：“在建立了话语概念架构以后，文化研究试图理解电视如何指导和组织人们的社会体验。他们认为，对娱乐和愉悦的欲望常常能把人们带入电视世界，但电视的话语权力，从长远看是最突出的，因为它为人们提供了其日常生活中思维与行动的规范准则。”②在后现代文化环境中，电视媒介面临被解构的危险，被解构的不仅是电视所呈现内容的真实性，还有电视媒介本身的公信力。

娱乐与真实是电视媒介的一体两面，探讨真人秀如何重构真实，首先面临的是电视媒介本体，即电视媒介性对真实的重构问题。真人秀是典型的遵守受众本位原则的媒介产品，在互联网娱乐化浪潮的裹挟之下，电视呈现真实的方式被粉丝经济重新定义，所有的信息均通过娱乐的方式呈现。安妮特·希尔指出，真实类型是从信息娱乐节目类型格式中发展而来的，在一个强大的娱乐框架内，安排了直接与传统和当代真实节目的观众反应有关的格局。虽然观众对所有类型的真实节目中的信息概念寄予了很大的价值砝码，但在实践中他们认识到，当代真实节目是娱乐而不是信息。③ 近年间，互联网媒介逐渐趋向于移动化、泛娱乐化、年轻化，真人秀如果远离互联网社交媒介就会失去市场，而一味迎合非理性的粉丝经济则又将滑向“娱乐至死”的危险。“娱乐至死”的真人秀往往偏离原生态真实、架空基本常识，在这类节目中，信息已经消失，只剩下娱乐的空壳；严肃的社会公共议题被排斥，或者被表浅化处理，真实淹没在狂欢之中。在收看这类节目的过程中，观众不再追求一种完整的真实；人们开始习惯于通过碎片的拼接去推及整体，失去理性精神，无法抵达真实。

---

① 尼尔·波兹曼．娱乐至死［M］．章艳，吴燕莛，译．桂林：广西师范大学出版社，2009：71.

② 隆·莱博．思考电视［M］．葛忠明，译．北京：中华书局，2005：141.

③ 安妮特·希尔．流行真人秀：真实电视节目受众的定性与定量研究［M］．赵彦华，译．北京：中国国际广播出版社，2008：85.

作为一种内容生产方式，真人秀将电视的媒介性推到一种介于真与非真、理性与非理性之间的混沌状态，究其根本原因，这与曾作为“元媒介”的电视媒介从未试图去厘清虚构与非虚构界限有关；以真人秀所代表的视觉媒介的兴起，则加速了虚构类型与非虚构类型、事实类型与表演类型之间的杂交混合。作为媒介杂交过程的见证者，观众通过跨媒介渠道参与进来，进一步推动了多种媒介文本之间的交叉传播，最终将真人秀变成媒介事件或文化奇观。批评家们认为，真人秀最终会损害人们对于电视建构的真实世界的信任，即“人们不再会相信电视上看见的任何东西”，彼时，作为“元媒介”的电视将会让位于互联网新媒介，其主体性也将彻底消失。因此，探讨真人秀如何重构真实，既是保持该节目类型真实性文化价值的关键，也是保护观众对电视媒介信任度的重要路径。

6.3.2 真人秀回归公共领域

公共性是纪录片的重要属性，早期纪录片负有意识形态传播之重任，其公共性一直被导演与评论家所重视。例如，20 世纪 30 年代英国的纪录片运动为改善公共宣传和唤醒社会意识做出贡献，它因创造写实主义传统、促进国际理想，而被视为“社会精英拍给另外一群精英看的东西”。① 作为纪录片与其他媒介产品杂交而来的衍生品，真人秀继承了纪录片的旁观式技术理念和生活写实主义，但对其公共性的承袭却并未得到足够的重视。作为信息娱乐业（infotainment）的重要组成部分，重新定位真人秀作为电视媒介产品的功能，确认电视媒介在公共传播中的真实性价值，是真人秀重构真实图景、完成价值转型的关键。

在目前的真人秀市场中，最为危险的一个趋势就是：号称现象级的真人秀节目占用大量的媒体资源与社会公共空间，却抛弃严肃的社会价值诉求与公共性特征。从长远来看，这类真人秀会令观众逐渐丧失对于事实或信息的敏感性，在这类“以精神建构为名、行商业利益之实”的真人秀中，观众误以为自己获得信息，但实际上只得到娱乐的空壳。正如亨利·詹金斯所说：“电视网唯你们马首是瞻，其实就是将你们的品味商业化。”② 安妮特·希尔

---

① 巴萨姆．纪录与真实：世界非剧情片批评史［M］．王亚维，译．台北：远流出版公司，1996：168.

② 亨利·詹金斯．融合文化：新媒体和旧媒体的冲突地带［M］．杜永明，译．北京：商务印书馆，2012：112.

在研究中发现，对于电视观众而言，电视最普遍的一个公共特征是与新闻联系在一起的，真实电视的信息元素是相对于公共电视的特征而言的，英国公众评价信息节目的特征是：最新的故事，以及真实节目中被摄入的照相机的故事，因为这些特征是与新闻类型联系在一起的。[①] 除了娱乐功能，电视最重要的功能是传播信息，作为媒介产品的真人秀也不例外，真人秀对于真实世界的建构应回归常识层面，并参与到公共知识传播中去。

从某种程度而言，某些真人秀节目在公共性建设方面有值得点赞的地方。例如《爸爸去哪儿》节目在地处偏僻但有原生态文化的地方取景，向观众介绍了丰富的地理外貌、历史文化、民风民俗等方面的知识。随着节目的热播，几乎每一处取景地都受到观众的追捧，成为热门旅游景点。另外，对于年轻父母来说，亲子节目传递了丰富的生活知识，如旅游、教育、亲子、生活技巧等方面的信息，其中不乏被称为教科书式的明星父子育儿经。东方卫视《急诊室故事》、深圳卫视《来吧孩子》等医疗类亲情真人秀传播专业医疗知识，同时讨论了医患关系等严肃社会话题。在推动公共知识普及与健康价值观方面，这类“去娱乐化”的节目有非常鲜明的价值诉求。[②] 寓教于乐这个词说明，娱乐与知识并不是绝对矛盾的关系，一些纪录片为了有效传播知识，也逐渐引进娱乐手法，娱乐性与知识性和谐共存。聂欣如教授认为，纪录片中的“娱乐”是制作方诱导观众获得“知识”的捷径，“对于某些观众群体来说，他们因为准备不足或平时锻炼不够（对某些知识陌生化），因而产生了寻求帮助，即被诱导的需要。纪录片制作者投其所好，在影片中设置了诱导的功能”。[③] 在公共知识传播方面，真人秀可以重新向原本的老式纪录片学习，通过娱乐的方式设置路径，引导观众到达位于认知结构顶层的公共知识，为观众在批判性收视过程中提供具有营养价值的信息。

6.3.3 真人秀重回真实价值

正如上文所述，在新旧媒介融合传播环境中，真实已经远远偏离原初意

---

① 安妮特·希尔．流行真人秀：真实电视节目受众的定性与定量研究［M］．赵彦华，译．北京：中国国际广播出版社，2008：8.

② 《急诊室故事》的总导演王昕轶曾在一次公开讲座中说道：“《急诊室故事》更多的是（站）在社会的角度剖析这个核心，每一集当中都会反映社会问题。因为我觉得医疗不单单是医生或病人，单纯一个小小的病例这样一个问题，它更重要的是这个社会的问题。如果我们可以在医护人员、病患和社会这三方面找到一个共同点，我们现在的医患关系会有一个突飞猛进的改变。”资料来自王昕轶公开讲座（地点：上海交通大学医学院。时间：2015 年 4 月 22 日）。

③ 聂欣如．纪录片研究［M］，上海：复旦大学出版社，2010：395.

义，在某种程度上，影像作为“证据”的价值已经基本消失，但追求真实却一直是人们最为强烈的需求，这也是真人秀在移动社交媒介崛起之后迅速占领娱乐制高点最重要的原因。马克·安德烈杰维奇（Mark Andrejevic）指出，真人秀的真实性与媒介的权力秩序相关，“通过许诺‘真实的回归’，大众产品严格的等级制度在表面上受到挑战，这与常规的对视觉形象的真实性本身的挑战产生了关联。在电子媒介时代，不仅捕捉和记录真实变得容易，操纵被捕捉到的真实也变得容易了”。① 在当前的传播环境中，真人秀真实性的背后是媒介权力、受众批判力、新媒介解构力等多方面动态因素的博弈，总而言之，回归真实仍是真人秀保持节目类型的纯粹性与文化价值的唯一可行路径。另外，媒体话语权力在逐渐向新媒体转移，真人秀粉丝乐此不疲地在“电视—社交媒介”之间穿梭往返，寻找关于真实的线索，反复确认真人秀故事与现实之间的联系。在真人秀的传播中最为常见的图景是：真人秀明星通过微博日常互动招揽千万粉丝，粉丝热切地通过明星微博窥探、跟踪明星的日常生活，判断他们是否与电视上表现一致，想象他们在现实中的生活景象，并在这个过程中建立对明星故事的真实性认同，这是视频产业内容产品的传播渠道从电视媒介迁移至互联网新媒介的过渡性景象。随着新媒体传播进一步移动化和碎片化，商业导向的媒介环境将越来越排斥严肃真实类影像，因此，媒介化真实所面临的真正的危险是，人们不仅不相信电视上所看见的一切，也不相信任何从新媒介渠道获得的一切。

殷乐指出，生活的同构和颠覆是真实电视体现娱乐化生存的基本内涵。以同构为现实基础并实现“真实感”，以故事逻辑实现对真实世界的非现实化处理，同时完成娱乐性。②作为一种宣称真实的电视媒介产品，真人秀过度娱乐化的危害是显而易见的，其最为明显的表现就是“表演”的泛滥。“表演”是真人秀过度明星化的结果，它满足了观众的窥私心理，却打破了真人秀节目对于现实生活的同构，伤害了节目的逻辑性与合理性。另外，过度娱乐化导致的过多游戏、过度包装、过分炒作，也将真人秀逐渐推离真实性的轨道。在工业化的真人秀生产中，高娱乐性、低真实度的真人秀使制作方在短期内获得高额经济回报，却在公共传播领域中淹没了信息，解构了真实，并透支真人秀节目的生命周期与社会价值。真人秀是一种富有生命力的电视节目类

① Andrejevic M. Reality TV：The work of being watched［M］. New York：Rowman & Littlefield Publishers，2003：69.

② 殷乐．电视娱乐：传播形态及社会影响研究［M］．北京：中国社会科学出版社，2011：213.

型，在公共传播领域，真人秀具备强大的故事生产与制造“媒介事件”的能力。真实是真人秀的生命线，回归真实要求真人秀在制作过程中保证两方面的真实性：第一是技术意义上的真实性，即遵守客观记录原则，尊重原生态现场的客观性和完整性，不得随意介入故事发展过程，或故意篡改、歪曲原本的情节或人物关系，制造哗众取宠的桥段；第二是文化意义上的真实性，要求真人秀节目在创意与制作的过程中遵守现实主义原则，保证故事结构的合理性、情节发展的逻辑性、人物形象的贴近性。另外，在真人秀的节目营销领域，真实性价值倾向要求制作方摒弃为炒作节目而制造虚假消息愚弄观众的行为，传递符合真实性原则的信息，以供观众参与讨论。

纵观真人秀发展史，其创新动力除了来自观众不断变幻的观看需求，还有影像与互联网技术发展带来的无限可能，两者之间的矛盾张力决定真人秀的创新机制来自技术与文化两个面向：技术面向的创新路径是以纪录片为中心的纪实美学与其他虚构类型之间的杂交与模式化；文化面向的创新路径是对特定社会背景下的时代性议题在文化层面的娱乐性建构与再生产。自 20 世纪末 21 世纪初以来，作为内容产业的重要组成部分，真人秀的节目形态不断演进，分化出门类繁多的子类，但从未丢失对真实性的追逐与诉求。在未来发展中，从技术与文化两个面向探索真人秀的节目演进路径及其演化所驱动的真实性价值转型机制，是当下内容产业转型发展亟待解决的问题。总而言之，真实性是电视媒介传播的底线，同时也是真人秀的本体价值之一。丢失真实，真人秀将无以言“真”。

6.4 本章小结

本章讨论与展望了真人秀的未来发展图景，通过聚焦理性观众培育与媒介规制重建两个因素，讨论真人秀如何在新的媒介环境下完成价值转型。

在后现代媒介环境中，真实本身面临消失的危险，电视媒介对于真实性认同的依赖达到前所未有的程度，娱乐作为电视与新媒介的共通之处和共同利益，全面侵入媒介对于“真实”的生产，真人秀容易陷入泛娱乐泥潭。但从另一方面来讲，真人秀也为培养具备批判性与理性精神的观众提供了良好契机，移动摄像技术与社交媒介的普及，是培养观众的媒介批评能力的技术知识平台，是促进理性观众成为真人秀良性发展的助推力。以理性观众的接受标准为标杆，真人秀必须为市场提供具备真实性品质的媒介产品。为确保真人秀的真实性，媒介规制的完善将从技术层面保证影像作为视觉证据的客观性和可靠性，并保障观众不被歪曲篡改的影像信息误导。在理性观众成长与媒介规制发展两种力量的推动之下，真人秀在社会价值建构领域需回归公共性与真实性：在信息传播方面，真人秀需在常识层面为观众提供有趣有益的公共性信息；在价值诉求方面，真人秀需跳出泛娱乐化误区，在技术与文化意义上保证节目的真实性品质。

7 真人秀“慢”转型

7.1 真人秀由“快”入“慢”之转型

真人秀“慢”下来了，这是自2017年以来学界与业界对中国真人秀节目转型的共同感受与共同判断。2017年，以《亲爱的客栈》《向往的生活》《中餐厅》《幸福三重奏》《青春旅社》等真人秀节目为代表的“慢综艺”掀起了另一波热潮，“慢”被视为一种真人秀制作理念的创新。本章尝试从观众主体视角出发，重新审视真人秀“慢”转型背后的观众主体动因。正如本书一直在证实与强调的主体——批判的观众，在真人秀由快综艺转型为慢综艺的过程中，批判的观众就像一只看不见的手，推动与重构真人秀在制作理念方面的转型。本章通过梳理中国电视观众的程式识别与接受模式变迁，进而重构真人秀“慢”转型在制作方式、观众接受与理念创新方面的变迁路径。

7.1.1 程式的差异：重新解读真人秀之“快”与“慢”

模式是真人秀制作常用的概念，也是真人秀节目创意创新的关键词，相对而言，程式一词则在业界稍显生僻。在此，让我们再次解读前文提到过的程式一词。法兰克福学派学者阿多诺认为，在媒介提供的标准化图像世界中，观众的思想和情感体验也是标准化的，程式是被预先设定的“收视者在接受任何内容之前所持有的态度模式”，由于这种程式，观众“总是感到安全”，他们永远都可以预期故事将如何展开。[①] 学者隆·莱博则从对立角度提出程式识别的概念，程式识别是一种复杂的批判式收视活动，意味着观众具有高度思维自觉，是观众摆脱文本并与媒介话语权保持距离的方式，“当他们意识到

---

① Adorno T. Adorno: The stars down to earth and other essays on the irrational in culture [M]. New York: Routledge, 2002.

程式时，观众实际上就能认识到由作家、演员、导演、编剧等人所创造出来的作品是如何受到商业利益的影响的……商业化的电视经常远离现实性、真实性、审美甚至政治的关注，为了维持扩大的市场份额而在大量的节目中呈现一种可预知性”。① 更进一步说，程式识别正是基于观众能够对不同节目反复出现的内容形成抽象性认知，当观众认为某种节目模式的可预知性较为明显的时候，也正是观众即将产生厌倦的时候。对于节目类型的市场生存来说，观众的程式识别意味着某种临界点。

慢综艺的契机诞生于主流观众群体对以“快”为特征的竞技类真人秀节目的程式识别。观众对于真情实感的预期是真人秀的重要成分，为了呈现参与者真实的情感反应、规避明星在录制过程中表演“自我”，制作方注重营造极端的环境、设置激烈的环节、制造“意外的状况”，“失控”成为故事不可或缺的元素。“失控”的核心是对于冲突性与戏剧性的建构，无论是户外实境真人秀《爸爸去哪儿》，还是竞技类真人秀《奔跑吧兄弟》，都曾经注重记录“失控”的现场。根据笔者对真人秀节目一线工作人员的访谈，为创造“失控”，制作方费尽心思进行策划与预判。

特斯拉·布鲁兹指出，观众很容易将参与者大叫、哭泣、争吵的时刻标记为“真情流露”的时刻。② 在这种逻辑下，“失控”能呈现观众所期待的“真情实感”与制作方所期待的“普世性”共鸣，正如本书第5章所呈现的导演访谈，“失控”是体现真人秀真实性的核心逻辑之一。然而，随着时间的推移，频频的“失控”使观众对于节目的结构性认知越来越清晰，程式识别使得主流电视观众对编剧式策划、介入式拍摄、戏剧化剪辑与商业化表演等因素保持高度警惕与审慎。在观众对旧的模式产生厌倦之前，新的模式适时切入收视市场，以“慢”为标志的节目开始涌现，从某种程度上可以说，观众对于快综艺的程式识别成为倒推真人秀节目形态进化的重要力量。

从程式识别角度重新审视真人秀转型，其“慢”的理念在制作层面呈现出多种维度的内涵。相比较于以往真人秀节目中被架空的“环境真实”、脸谱化的“人物真实”，以及被高度介入的“制作真实”，“慢”的精髓在于建构整体真实。故事发生的真实情境、人与情境之间的外在关系、人与人之间的内在关系，均需遵守社会文化的普适假定性，节目所关照的是真

---

① 隆·莱博．思考电视［M］．葛忠明，译．北京：中华书局，2005：240.

② 斯特拉·布鲁兹．新纪录：批评性导论［M］．吴畅畅，译．上海：复旦大学出版社，2013：202.

实的人性，而不再像“快综艺”那样执念于人物的超常反应。另外，“慢”的关键还在于建构故事的过程，所有技术操作因素在节目文本中实现无痕化，一切有可能对故事发展产生干扰的操纵性符号（如剧本、工作人员、摄像机等）隐匿于节目文本背后。慢综艺从环境、人物与制作三个层面呈现真人秀故事的本真机理，制作理念的创新重新唤醒了观众对于故事“不可预知性”的期待。

7.1.2 观众接受模式的变迁：“批判的观众”视野之下的“慢”转型

程式识别概念揭示了观众对于电视节目的态度模式并非一成不变，而是一个具有高度思维自觉的过程，观众有能力在接受过程中与文本保持一定的距离。卡罗琳·米歇尔（Carolyn Michelle）于2009年建立了一个适用于真人秀节目的“观众接受多维复合模型（Composite Multi-dimensional Model of audience reception）”，该模型将观众主体置于核心地位，并参照伯明翰学派学者斯图亚特·霍尔著名的“编码解码”理论，将真人秀的观众接受模式划分为四种，即透明性模式、参照性模式、中介性模式与话语性模式。[①] 根据不同距离的“观众—文本”关系，四种模式呈现出不同程度的观众思维自觉与批判式观看空间。

表7.1 观众接受的复合多维模型

外延意义维度		
透明性模式 （文本如同生活本身）	参照性模式 （文本如同生活的仿照）	中介性模式 （文本如同产品）
1. 非虚构的节目：被视为现实的“镜子” 2. 虚构的节目：“悬置怀疑” 3. 意识形态/话语内容被“直接”读取：倾向式解码	观众可能使用的比较来源： 1. 个人经历/个人传记 2. 生活世界的经验 3. 更广泛的社会、政治、经济、文化经验和知识	观众会注重对以下方面的解读： 1. 文本的美学特征 2. 类型特征 3.（制作方的）动机：基于精英与资本的文本和类型特征

① Carolyn Michelle.（Re）contextualising audience receptions of Reality TV［J］. Journal of Audience &Reception Studies，2009，6（1）：137-170.

续表

<table>
<tr><td colspan="3">内涵意义维度</td></tr>
<tr><td colspan="3">话语性模式
（文本作为信息）
对于信息的理解：1. 识别；2. 动机；3. 含义
对于信息的回应：1. 倾向式；2. 协商式；3. 对抗式</td></tr>
<tr><td colspan="3">测量维度</td></tr>
<tr><td>倾向式解码</td><td>协商式解码</td><td>对抗式解码</td></tr>
<tr><td colspan="3">近/主观◄- -►远/客观
（观众与文本之间的距离）</td></tr>
</table>

在透明性模式中，观众认为真人秀就像真实的生活一样，节目通过对参与者的精确透视，描绘了真实的人类反应，呈现了令人信服的“生活的横切面”。1999 年真人秀《老大哥》诞生于荷兰并红遍全世界，有不少观众认为它像纪录片一样是反映真实世界的镜子。一些实证研究表明，德国的儿童和青少年观众认为《老大哥》确实是真实的，几乎无人能够识别“他们所看到的一切是被有意拍摄剪辑的”。[①] 澳大利亚的年轻女性观众认为真人秀反映了相对真实的人与真实的生活，《老大哥》就像是“人际关系的收藏馆”，可从中一窥友谊、热情和仇恨等情感。[②] 相似的现象是，2013 年湖南卫视真人秀《爸爸去哪儿》第一季播出时，中国观众对以普通父子身份出现的星爸萌娃产生强烈好奇，认为节目通过对明星的“去魅”呈现了真实的亲子关系图景。在透明性模式中，观众通过对文本的倾向式解码直接吸收节目文本中的信息，观众与文本之间的关系非常亲密，几乎没有质疑与批判式思考的空间。

随着时间的迁移，由透明性模式主导的时代早已过去，在当今的媒介环境下，很少有人相信真人秀像纪录片那样忠实地反映客观世界。2016 年研究显示，大部分中国观众对于真人秀节目的接受模式较为成熟，在观众的认知框架中，真人秀故事是被媒介技术加工过的，具有一定建构性。58. 1%的受

① Götz M. Soaps want to explain reality ［J］. Daily soaps and Big Brother in the everyday life of German children and adolescents', in C. Von Feilitzen（ed）, Young People, Soap Operas and Reality TV, Goteborg: Nordicom, 2004: 65-80.

② Hobson D. Critical appreciation of TV Drama and Reality Shows: Hong Kong youth in need of media education ［C］. Goteborg: Nordicom, 2004: 129-146.

访者认为“故事是真实发生的，但是其中有些部分被电视加工或夸张了”，90.6%的受访者认为参与者可能在节目中“表演”或伪装自我。① 与上述情况相对应，观众接受模式呈现出不同程度的批判式观看空间。参考性模式揭示了高度活跃的观众接受过程，观众将真人秀作为日常生活的参照物，优先使用自身生活经验中的知识与文本资源评判真人秀故事；在中介性模式中，观众将真人秀视为一种媒体产品进行批判式解读，他们能够识别节目的美学与类型特征，如真人秀的叙事节奏、人物设定，等等，甚至可以认识到制作者出于不同的原因（如商业资本、收视率等）以特定的方式构建了某些文本的美学特征。采取话语性模式的观众则优先考虑故事的叙事，这些叙事被设定为与社会生活有关，观众可以使用“倾向式”“协商式”“对抗式”认同或拒绝其真实性。随着移动社交媒介与网络知识社区的崛起，观众能够调用的参考性经验与媒介知识资源更为广博，与文本保持一定距离的批判式观看愈加成为常态。观众接受模式的变迁是真人秀转型的参考坐标，推动真人秀在类型杂合进化过程中呈现出多元化美学风格，慢综艺的兴盛即是最佳表征。从观众主体角度来看，慢综艺创新的理念旨归在于满足差异化的精神需求、关照不同层次的观众接受模式，尤其是那些具有高能动性与批判式观看能力的智性观众群体。

在此，“慢”的理念折射出一种权力的让渡，亦即，制作方不急于追求直击观众内心的“魔弹式”效果，而是尝试为观众提供一定的自觉参与空间，在这个空间之内，观众拥有通过对节目文本进行审视从而建构个人世界的权力。例如，观众对真人秀《幸福三重奏》的解读常常呈现典型的参考性模式或中介性模式，他们将三对不同的夫妻关系模式视为真实婚姻生活的参照物，在对参与者夫妻相处方式的评判与参考中，观众最常使用的资源就是自身经历或来自个人生活世界的经验，以及他们在互联网上主动获取的与节目类型相关的技术与知识资源。在对故事进行去伪存真的选择性接受过程中，观众也建立了自身对于现实婚姻生活的反省与重新理解。

7.2 “批判的观众”：重构真人秀之“慢”

自2013年真人秀收视热潮爆发至2017年出现“慢”转型，受众本位一

① 张玲玲，易领高．真人秀节目“批判性观看”研究［J］．当代传播，2016（3）：37-39.

直被作为真人秀模式创新的指导思想，但是，观众的主体性却处于缺失状态。受众与观众，一字之差，理念天差地别。如果没有将“批判的观众”作为恒定不变的主导理念，那么，我们也将无法掌握新时代千变万化的受众品味，也很难在错综复杂的媒介环境中窥见真人秀类型创新的真谛。在“批判的观众”视野之下，真人秀之“慢”可以视为一种新的美学理念、文化态度与价值取向。

7.2.1 后真实时代：“慢”是一种建构真实世界的美学理念

从建构真实的角度来讲，“慢”理念实质上是去娱乐、去表演的美学理念。学者约翰·科纳所指出的，真人秀具有一种“美学的不确定性”，而这种不确定性正是基于“谁要看、为什么要看”。[①]“谁要看、为什么要看”正是作为主体的观众推动真人秀美学形态产生多元化转型的动因。

作为一种电视节目类型，真人秀在进入网络综艺时代之后，一方面朝着表演的方向发展，考虑如何在个人“秀”方面巧做文章，代表性节目如《声临其境》、《演员的诞生》（又名《我就是演员》）等；另一方面朝向“真实”的方向发展，考虑如何在时空的迁移中使观众获得真实感的体验，如旅行类户外真人秀《妻子的浪漫旅行》《一路上有你》《我们十七岁》等，张磊、谢卓潇指出，旅行真人秀是电视媒体通过真人秀来讲述旅行，再现甚至再造移动性的生活方式。这类真人秀最重要的一环就是实现社会关系的空间化。通过诸多空间化、场景化的表达，使参与者的社会关系在旅行中得到重建和升华。在此意义上，旅行成为一种符号化隐喻。如果说，旅行的动力是逃离日常生活，将与家庭、亲友、工作伙伴的真实摩擦、矛盾和冲突暂时抛却，那么，真人秀中的旅行，是通过化解这种矛盾，象征性地解决日常生活中的深层冲突。[②]

在对社会生活与人际关系的建构中，真人秀“慢”美学崇尚质朴、自然的技术方式，反对韩式真人秀所推崇的剧本、情节、剪辑等干扰故事发生的介入性元素。在“慢”真人秀故事中，所有的介入性元素被隐藏起来，故事情节看上去像是自然发生的。参与者与情境之间的关系接近日常生活，参与

---

① Corner J. Performing the real: documentary diversions [J]. Television & New Media, 2002, 3 (3): 255-269.

② 张磊，谢卓潇．社会关系的空间化：旅行真人秀节目中的移动性［J］．中国电视，2018(7)：71-75.

者的主体性得到充分的尊重与展现；与之相对应，快节奏、碎片化的剪辑不再是主流的呈现方式，“慢”故事推崇看不见的剪辑，剪辑师让剪辑回归故事和人物本身，不让观众感受到太多的剪辑痕迹，让其更好地沉浸到剧情当中去，进而对于故事获得整体性理解。“慢”美学的本质既是制作方对观众审美品位的尊重，也是制作方对于真人秀核心价值的再次追寻。在新的媒介技术与传播环境中，“慢”美学之下的真人秀文本像一面镜子，试图在喧嚣、碎片化、快节奏的视觉景观中反射真实的社会与日常生活，为现代人提供重构自我内心世界的精神产品。

7.2.2 移动新媒体时代：“慢”是一种文化态度

在新的媒介环境中，智能手机的普及、短视频与个人化创作的崛起，使个人秀步入了碎片化时代。在真人“秀”的个体化时代，人们对于“秀”的体验与移动化的短视频媒介联系在一起，人人皆可拿起手机秀出自己，人人皆可拿起手机观看别人，发生在个体之间跨时空的相互表演与观看，成为后现代媒介景观中的重要组成部分。移动的、碎片化的短视频文化景观与真人秀成为一种相互映照的关系，促使制作方再次思考一个问题：在移动新媒体时代，真人秀的下一站在哪里？

相对于碎片化的短视频个人秀而言，真人秀节目的优势是叙事和整体性。真人秀呈现的是完整的叙事与生活景观，使得观众对于社会关系与社会生活获得完整的理解，而这正是个人秀所不具备的品质。从更为重要的一方面来说，作为节目形态和长视频的真人秀恰恰是一种对抗短视频这种快餐式消费文化的工具，正是短视频之“快”，反推真人秀为观众呈现更为舒缓的“慢”文化体验。曼纽尔·卡斯特在《网络社会的崛起》一书中指出网络社会的特征之一是“永恒的时间”：一方面，瞬间流转全球的信息，混合了横越邻里的现场报道，为全球事件与文化表现提供了前所未有的时间立即性（immediacy）；另一方面，在同一个通信频道里，并且依据观看者—互动者的选择，媒体中的各种时间的混合创造了一种时间拼贴；不仅各种类型混合在一起，它们的时间也在同一个水平上同时并存，没有开端、没有终结，也没有序列。[1]“永恒的时间”概念指出了新媒介时代时间的加速现象，在这个体系中，用于反思

---

[1] 曼纽尔·卡斯特．网络社会的崛起［M］．夏铸九，王志弘，译．北京：社会科学文献出版社，2006：651.

和批判的时间是微乎其微的。哈尔特穆特·罗萨指出社会加速的三个维度，即技术的加速、社会变化的加速和生活节奏的加速。对于个人来说，每个时间单位里的行为事件或体验事件增多、时间资源的短缺，共同构成了“时间本身流逝得越来越快了”这样的感受。同时，还有一些现象在加速的环境中发挥着“刹车者”或“减速者”的作用，例如文化或社会上的“减速岛”“减速世外桃源”，或者一些有目的的放缓运动（慢食行动、自求简朴行动）。[①] 时间体验的减慢正是作为慢综艺的真人秀文化产品的核心特征之一，这与日益蔓延的加速文化现象形成了一种抗衡。真人秀所呈现的场景、角色和行动体验为观众提供了一个现实生活之外的“减速岛”，“减速岛”上的故事不仅满足了观众对于慢节奏生活的心理体验，而且寄托了观众对于理想生活方式的乌托邦式的幻想。只要媒介技术进程与社会发展的加速不停止，人们对于慢时间、慢生活的需求和幻想就不会停止，与之相应的，真人秀减“慢”的趋势亦无法停止，它对于时间加速流逝所提供的替代性补偿将逐渐成为一种美学趋势，与创意产业、旅游文化等其他文化形成合流，成为现代社会“慢文化”景观的一部分。

7.2.3 “以人民为中心”：“慢”是一种价值取向

2017 年党的十九大报告提出始终坚持“以人民为中心”的价值理念，指示媒体工作者将电视媒体的价值取向聚焦为作为人民的观众主体，并帮助媒体工作者回答了节目内容创新“为了谁、依靠谁、我是谁”的根本性问题，这也是所有真人秀节目确立创新目标的根本思想。2014 年习近平主席在文艺工作座谈会上指出，“以人民为中心，就是要把满足人民精神文化需求作为文艺和文艺工作的出发点和落脚点，把人民作为文艺表现的主体，把人民作为文艺审美的鉴赏家和评判者，把为人民服务作为文艺工作者的天职”。“人民不是抽象的符号，而是一个一个具体的人，有血有肉，有情感，有爱恨，有梦想，也有内心的冲突和挣扎。”这段论述更进一步启发媒体工作者从现实层面关照内容创新的最终指向，即具有主体能动性的、作为普罗大众的观众，而非原子化的、被收视数据指标体系或网络流量所建构的受众。

作为人民的观众是生活在现实之中的无数真实个体，建构完整的社会图

---

① 哈尔特穆特·罗萨．加速：现代社会中时间结构的改变［M］．北京：北京大学出版社，2015：86-103.

景，推动观众形成对于当代社会生活的整体性认知与积极想象，真人秀节目对此负有不可推卸的使命，在这个意义上，厘清真人秀“慢”转型的价值理念尤为重要。真人秀的“慢”之道不仅在于美学形态的创新，更在于基于观众主体性地位的价值理念创新。具体来说，“慢”的理念体现在两个方面：一是将真人秀作为一种承载社会性文化符号的载体，与纯粹的娱乐化收视保持一定价值取向距离；二是将观众作为“鉴赏家和评判者”，使其与节目文本保持一定审视距离。只有保持恰切的距离，真人秀才能描摹与投射真正有意义的社会现实，为观众提供意义协商与积极想象空间。在这个空间之中，观众能够形成基于个体经验的精神升华，以及基于对生活世界重新理解的集体意义生产。与悬置社会议题的快综艺相比，“慢”理念之下的真人秀在生活经营、婚姻情感、亲子关系、传统文化等社会议题上已经进行了有益的尝试。从长远来讲，这种创新路径有利于推动真人秀实现在社会学意义上的转型，对于社会价值的追求可促使真人秀摆脱长期以来快综艺对明星进行“去魅”的娱乐性传统，建立对以观众为主体的生活世界与精神世界的“去魅”的社会性传统，进一步实现真人秀重构当代社会生活的价值功能。

7.3 本章小结

总而言之，拉近文本与生活的参照距离，保持文本与观众的鉴赏距离，这是真人秀由“慢”转型带来的可能性改变。纵观真人秀发展史，其创新的根本动力来自观众不断变幻的观看需求，及其持续迁延的对于现实世界的认知与想象。观众并不是一成不变的群体，而是具有成长性的独立个体之合集，中国观众通过对节目持续消费形成了去伪存真的批判性意识，以及在具体社会情境之中进行自我重建的能力，这是真人秀放“慢”之动因，也是“慢”转型理念进一步升华的价值归属。

参考文献

[1]斯特拉·布鲁兹. 新纪录:批评性导论[M]. 吴畅畅,译. 上海:复旦大学出版社,2013.

[2]安妮特·希尔. 流行真人秀:真实电视节目受众的定性与定量研究[M]. 赵彦华,译. 北京:中国国际广播出版社,2008.

[3]尼古拉斯·阿伯克龙比. 电视与社会[M]. 张永喜,鲍贵,陈光明,译. 南京:南京大学出版社,2002.

[4]戴维·莫利. 电视、受众与文化研究[M]. 史安斌,译. 北京:新华出版社,2005.

[5]约翰·菲斯克. 电视文化[M]. 祁阿红,张鲲,译. 北京:商务印书馆,2010.

[6]沃尔特·李普曼. 公众舆论[M]. 闫克文,江红,译. 上海:上海人民出版社,2002.

[7]亨利·詹金斯. 融合文化:新媒体和旧媒体的冲突地带[M]. 杜永明,译. 北京:商务印书馆,2012.

[8]苏珊·桑塔格. 论摄影[M]. 顾铮,译. 上海:上海译文出版社,2008.

[9]尼尔·波兹曼. 娱乐至死[M]. 章艳,吴燕莛,译. 桂林:广西师范大学出版社,2009.

[10]隆·莱博. 思考电视[M]. 葛忠明,译. 北京:中华书局,2005.

[11]安德烈·巴赞. 电影是什么[M]. 崔君衍,译. 北京:文化艺术出版社,2008.

[12]让·波德里亚. 游戏与警察[M]. 张新木,孟婕,译. 南京:南京大学出版社,2013.

[13]杨远婴. 电影理论读本[M]. 北京:世界图书出版公司,2012.

[14]巴萨姆. 纪录与真实:世界非剧情片批评史[M]. 王亚维,译. 台北:远流出版公司,1996.

[15]斯坦利·巴兰,丹尼斯·戴维斯. 大众传播理论:基础、争鸣与未来[M]. 曹书乐,译. 北京:清华大学出版社,2004.

[16]凯瑟琳·贾维．游戏[M]．王蓓华，译．成都：四川教育出版社，2006.

[17]柏拉图．理想国[M]．张造勋，译．北京：北京大学出版社，2010.

[18]范龙．媒介现象学：麦克卢汉传播思想研究[M]．北京：中国大百科全书出版社，2012.

[19]李幸，欧慧玲．视听传播史论[M]．北京：中国社会科学出版社，2010.

[20]聂欣如．纪录片研究[M]，上海：复旦大学出版社，2010.

[21]许慎．说文解字[M]．段玉裁，注．上海：上海古籍出版社，1986.

[22]苗棣，毕啸南．解密真人秀：规则、模式与创作技巧[M]．北京：中国广播影视出版社，2015.

[23]殷乐．电视娱乐：传播形态及社会影响研究[M]．北京：中国社会科学出版社，2011.

[24]张同道．真实的风景：世界纪录电影导演研究[M]．北京：同心出版社，2009.

[25]张国良．传播学原理[M]．上海：复旦大学出版社，2009.

[26]张国良．社会转型与媒介生态实证研究[M]．上海：上海交通大学出版社，2012.

[27]陆谷孙．英汉大词典[M]．上海：上海译文出版社，2007.

[28]路丽梅，王群会，江培英．辞海[M]．北京：光明日报出版社，2012.

[29]《实用现代汉语词典》编写委员会．现代汉语词典[M]．长春：吉林出版集团有限责任公司，2013.

[30]金炳华．哲学大辞典[M]．上海：上海辞书出版社，2007.

[31]周庆山．传播学概论[M]．北京：北京大学出版社，2004.

[32]曼纽尔·卡斯特．网络社会的崛起[M]．夏铸九，王志弘，译．北京：社会科学文献出版社，2006.

[33]哈尔特穆特·罗萨．加速：现代社会中时间结构的改变[M]．北京：北京大学出版社，2015.

[34]安妮特·希尔．重塑“事实”：观看新闻、纪录片和真实电视[J]．侯晓燕，译．新闻与传播评论，2008：1-15.

[35]安妮特·希尔．《老大哥》的观看经验分析[J]．侯晓燕，译．新闻与传播评论，2005：164-343.

[36]布莱恩·温斯顿．当代英语世界的纪录片实践(上)：一段历史考察[J]．王迟，译．世界电影，2013(2)：170-186.

[37]布莱恩·温斯顿．当代英语世界的纪录片实践(中)：一段历史考察[J]．王迟，译．世界电影，2013(2)：180-187.

[38]陈刚．六十年代“直接电影”与“真实电影”[J]．现代传播，1999(2)：81-82.

[39]黄丽丽．真人秀节目中特效字幕功能研究：以《爸爸去哪儿》为例[J]．东南传播，2015(1)：80-81.

[40]胡智锋．论电视纪录美学(上)[J]．现代传播，1993(1)：52-62.

[41]胡国栋．电视真人秀的真实性情境建构：以《非诚勿扰》为例[J]．新闻界，2012(24)：37-42.

[42]刘冰．《爸爸去哪儿》受众数据解析[J]．青年记者，2013(17)：28-49.

[43]刘凝．真实电视的三重叙事平行结构[J]．新闻传播，2011(6)：83.

[44]刘影慧．浅析电视真人秀节目中的造假现象[J]．新闻世界，2014(8)：72-73.

[45]木容．西方真人秀节目造假内幕[J]．环球，2006(5-1)：56-58.

[46]冉儒学，吴菁．真人秀：真实与虚拟之间——访《走入香格里拉》总策划、总导演陈强[J]．电视研究，2001(12)：38.

[47]孙雁彬．记实：一种达到真实的手段[J]．现代传播，1994(6)：80-81.

[48]谢涤葵，刘旷．用真人秀模式打造现象级电视节目[J]．中国电视，2014(6)：40-42.

[49]吴博．特定情境设置下当今电视真人秀节目中的真实与表演探究[J]．戏剧之家，2015(13)：145-146.

[50]王华．从传播学走向多学科融合：欧美真实电视研究路径与启示[J]．新闻大学，2012(1)：28-34.

[51]王碧薇．从电视真人秀节目的建构谈媒介教育素养中的受众观：以韩国真实综艺秀为例[J]．传媒国际评论，2013：35-43.

[52]钟大年．论纪实不是真实[J]．现代传播，1992(3)：19-27.

[53]钟大年．再论纪实不是真实[J]．现代传播，1995(2)：27-31.

[54]赵军．真人秀电视节目的真实性研究[J]．青年记者，2010(3)：74-76.

[55]杨田村．纪实与真实[J]．现代传播，1994(2)：74-76.

[56]张同道．真实：支点还是陷阱？——纪录片的真实观念[J]．电影艺术，2004(1)：111-114.

[57]张同道．冒险是我的职业：让·鲁什访谈[J]．电影艺术，2007(1)：

142-145.

[58]张晓远．假亦真时真亦假：探究纪录片中真实与虚构问题[J]．小说评论,2009（S2）:253-256.

[59]张玲玲,易领高．真人秀节目“批判性观看”研究[J]．当代传播,2016(3):37-39.

[60]张磊,谢卓潇．社会关系的空间化：旅行真人秀节目中的移动性[J]．中国电视,2018(7):71-75.

[61]查伟诚．媒介情境论视角下电视真人秀“纪录片化”研究[J]．中国电视,2015(9):77-81.

[62]王蕊．受众主体性的确认与迷失：以电视真人秀节目为例[J]．海南广播电视大学学报,2017(4):45-49.

[63]杨雪．真人秀节目中家庭结构的现代性[J]．青年记者,2017(35):131-132.

[64]吴畅畅．浅议当前普通群众参与的(电视)真人秀节目的生存现状与发展趋势[J]．新闻大学,2016(4):52-59.

[65]谢豫琦．真人实境节目的阅听人解读策略：以日本节目《恋爱巴士》的台湾阅听人为例[D]．台北：国立台湾大学,2006:1-191.

[66]王维玲．实境选秀节目的梦想建构：以“超级星光大道为例”[D]．台北：国立政治大学,2011:1-143.

[67]赵曦．纪录片边界问题研究[D]．北京：中国传媒大学,2005:1-184.

[68]中国新闻工作者职业道德准则[ED/OL]．[2009-11-27]．中国新闻网．http://www. chinanews. com/gn/news/2009/11-27/1988722. shtml.

[69]《爸爸去哪儿》票房将超5亿 导演回应：电影真实[EB/OL]．[2014-02-16] http://gb. cri. cn/27564/2014/02/06/4945s4412491. htm.

[70]李邑兰．好的真人秀现场必须是失控的[EB/OL]．[2015-03-13]. http://chuansong. me/n/1207922.

[71]看明星如何当父亲[EB/OL]. http://hzdaily. hangzhou. com. cn/cb/html/2013-11/19/content_1619137. htm.

[72]《爸爸去哪儿》导演：有流程编剧无故事设定[EB/OL]. http://media. sohu. com/20131028/n389040359. shtml.

[73]《爸爸去哪儿》神字幕：就是要带着你入戏[EB/OL]. http://weifang. dzwww. com/yl/201310/t20131025_9066645. htm.

[74]王欣．真人秀不过是个全民鉴婊游戏[EB/OL]．[2015-07-01]．http://mp. weixin. qq. com.

[75]孙楠退出，节目组真的不知情吗？[EB/OL]．[2015-03-30]．http://mp. weixin. qq. com.

[76]华政测谎专家：孙楠退赛节目组和韩红事先知情[EB/OL]．[2015-03-31]．http://wx. shenchuang. com/article/2015-03-31/524863. html.

[77]百度百科．爸爸回来了[EB/OL]．http://baike. baidu. com.

[78]北京青年报．总局有关人士批"明星真人秀"多是明星作秀[EB/OL]．[2015-09-08]．http://www. mediaob. com/.

[79]霍尔·涅兹维奇．真人秀节目"真实"吗？[EB/OL]．[2015-01-10]．http://book. ifeng. com/fukan/detail_2015_02/10/0935517_0. shtml.

[80]总局发出《关于加强真人秀节目管理的通知》[EB/OL]．[2015-07-22]．http://www. sarft. gov. cn/art/2015/7/22/art_113_27532. html.

[81]田进在真人秀节目培训班上的讲话[EB/OL]．[2015-09-08]．http://www. ttacc. net/a/news/2015/0908/37437. html.

[82]电视通用守则—节目标准[EB/OL]．[2014-05-01]．http://www. coms-auth. hk/filemanager/common/policies_regulations/cop/code_tvprog_c. pdf.

[83]Andrejevic M. Reality TV：The work of being watched[M]. New York：Rowman & Littlefield Publishers，2003.

[84]Auslander P. Liveness：Performance in a mediatized culture[M]. New York：Routledge，2008.

[85]Adorno T. Adorno：The stars down to earth and other essays on the irrational in culture[M]. New York：Routledge，2002.

[86]Biressi A，Nunn H. Reality TV：Realism and revelation[M]. New York：Columbia University Press，2012.

[87]Elleström L. Media borders，multimodality and intermediality[C]. London：Palgrave Macmillan，2010.

[88]Hill A. Reality TV[M]. New York：Routledge，2015.

[89]Hill A，Reality T V：Audiences and popular factual television[M]. New York：Routledge，2005.

[90]Hill A. Restyling factual TV：audiences and news，documentary and reality genres[M]. New York：Routledge，2007.

[91]Herkman J. Intermediality and media change[C]. Tampere:Tampere University Press,2012.

[92] Holmes S, Jermyn D. Understanding reality television[M]. New York: Routledge,2004.

[93]Jenkins H. Convergence culture:Where old and new media collide[M]. New York:New York University Press,2006.

[94]Jones J. Big Brother an audience study of the UK transmission,2000 and 2001[C]//Media in Transition 2 conference,Cambridge,MA. 2002.

[95]Lorenzo-Dus N,Blitvich P G. Real talk:Reality television and discourse analysis in action[C]. London:Palgrave Macmillan,2013.

[96]Murray S,Ouellette L. Reality TV:Remarking television culture[C]. New York:New York University Press,2009.

[97] Allen K, Mendick H. Keeping it real? Social class, young people and 'authenticity' in reality TV[J]. Sociology,2013,47(3):460-476.

[98]Anderson K T. Tickling and teasing the real:Mocking reality TV in the film series 7[J]. Post Script,2009(28):3.

[99]Aslama M,Pantti M. Talking alone reality TV,emotions and authenticity [J]. European journal of cultural studies,2006,9(2):167-184.

[100]Bellemare M F. When perception is reality:subjective expectations and contracting[J]. American Journal of Agricultural Economics,2009,91(5):1377-1381.

[101] Balme C B. Intermediality:Rethinking the relationship between theatre and media[J]. Thewis,2004,1(4):1-18.

[102] Beck D, Hellmueller L C, Aeschbacher N. Factual entertainment and reality TV[J]. Communication Research Trends,2012,31(2):4-27.

[103] Bonsu S K, Darmody A, Parmentier M A. Arrested emotions in reality television[J]. Consumption,Markets and Culture,2010,13(1):91-107.

[104] Collins S. Making the most out of 15 minutes reality TV's dispensable celebrity[J]. Television & New Media,2008,9(2):87-110.

[105]Corner J. Performing the real:Documentary diversions[J]. Television & New Media,2002,3(3):255-269.

[106]Doughty M,Rowland D,Lawson S. Who is on your sofa?:TV audience communities and second screening social networks[C]//Proceedings of the 10th Eu-

ropean conference on Interactive tv and video. ACM,2012:79-86.

[107] Griffen-Foley B. From Tit-Bits to Big Brother: A century of audience participation in the media [J]. Media, Culture & Society, 2004, 26(4): 533 - 548.

[108] Götz M. 'Soaps want to explain reality', Daily soaps and Big Brother in the everyday life of German children and adolescents [C]. Goteborg: Nordicom, 2004:65-80.

[109] Kilborn R. How real can you get: Recent developments in reality television[J]. European Journal of Communication, 1994, 9(4): 421-439.

[110] Kilborn R. Playing the reality card: Factual TV programming for a new broadcasting age[J]. Zeitschrift für Anglistik und Amerikanistik, 2008, 56(2): 143-151.

[111] Kilborn R, Hibberd M, Boyle R. The rise of the docusoap: the case of vets in practice[J]. Screen, 2001, 42(4): 382-395.

[112] Morreale J. Reality TV, faking It, and the transformation of personal Identity[J]. CLCWeb: Comparative Literature and Culture, 2005, 7(2): 5.

[113] Michelle C. (Re) contextualising audience receptions of reality TV [J]. Journal of Audience and Reception Studies, 2009, 6(10): 137-170.

[114] Hirdman A M. Tears on the screen: Bodily emotionalism in Reality-TV [J]. Observatorio (OBS *), 2011, 5(1): 19-33.

[115] Hill A. Big Brother the real audience [J]. Television & New Media, 2002, 3(3): 323-340.

[116] Hobson D. Critical appreciation of TV drama and reality shows: Hong Kong youth in need of media education[C]. Goteborg: Nordicom, 2004: 129-146.

[117] Jones J M. Show your real face: A fan study of the UK Big Brother transmissions (2000, 2001, 2002). Investigating the boundaries between notions of consumers and producers of factual television[J]. New Media & Society, 2003, 5(3): 400-421.

[118] Price E. Reinforcing the myth: Constructing Australian identity in 'reality TV' [J]. Continuum: Journal of Media & Cultural Studies, 2010, 24(3): 451-459.

[119] Rautiainen R. Portraying gays on reality TV-case gay army and its reception, 67 - 74[J]. Suomen Queer-tutkimuksen Seuran lehti, 2008, 3(1): 67-74.

[120] Rose R L, Wood S L. Paradox and the consumption of authenticity through reality television[J]. Journal of consumer research, 2005, 32(2): 284-296.

[121] Roscoe J. Real entertainment: new factual hybrid television [J]. Media International Australia incorporating Culture and Policy, 2001, 100(1): 9-20.

[122] Ytreberg E. Extended liveness and eventfulness in multi-platform reality formats [J]. New Media & Society, 2009, 11(4): 467-485.

[123] Haley K. Holmes. A participant observer examination of knowledge construction in reality TV [D]. Denton: University of North Texas, 2007: 1-104.

[124] Lyne (Sitong) Lin. The politics of reality television: Struggling over the chinese nation [D]. Vancouver: Simon Fraser University, 2014: 1-45.

[125] Sophie Lehmann. Performing emotions: A case study on audience reception of the German docusoap Bauer sucht Frau [D]. Stockholm: Stockholm University, 2012, 1-56.

[126] BBC. Producers' guidelines: The BBC's values and standards [EB/OL]. [2016-06-18]. http://www.bbc.co.uk/guidelines/.

[127] BBC. Editorial guidelines [EB/OL]. [2016-06-18]. http://www.bbc.co.uk/editorialguidelines/guidelines.

附录 1

湖南卫视真人秀《我是歌手》现场手记[①]

时间：2015 年 3 月 5 日

地点：湖南省长沙市湖南广播电视台 1 200m^2 演播厅《我是歌手》第 11 期现场

1.1 前话

2015 年，春寒料峭。接到湖南卫视《我的纪录片》栏目组的电话时，我正在常州家里整理春节期间的影院调研资料。因博士论文与真人秀有关，我刚刚在万达影院看了四遍《爸爸去哪儿 2》大电影，并尝试发放了一些问卷。电话那头湖南卫视前辈告诉我，他有意请我去湖南卫视《我是歌手》现场，并说明我在第 11 期《我是歌手》现场的角色是一位研究者和普通观众，而在其后播出的《我的纪录片》之《我们的歌手》节目里面我是作为“幸运观众”的当事人。这是一次很难得的调研机会，“好幸运哦”，我立即答应了。接着，我推掉了各种琐事，耐心按照栏目编导李老师的要求准备拍摄前的材料与沟通事项。这是我第一次作为当事人出现在电视镜头里，尽管此前做过电视记者，但对于镜头我仍有一种本能的抗拒。读博之前 5 年的职业生涯已经让我习惯站在摄像机后面，观察被拍摄对象真情流露或者自我表演，但镜头中的自己究竟是什么样呢？暂时还难以想象。

当《我是歌手》第一次出现在电视里面时，作为一名观众，我对它最初的印象便是，这档节目似乎褪去电视镜头通常的粗糙感，反而带有一些电影

---

① 此文根据 2015 年本人接受湖南卫视邀请前去进行节目调研的经历撰写，稿件用于湖南卫视《我是歌手》节目的微信订阅号，文章地址：http：//mp. weixin. qq. com/s? _ _ biz = MzAwOTIzODEx-NQ = = &mid = 206160817&idx = 3&sn = b3c89812f5519a22cadddd1e28c1750c&scene = 2&from = timeline&isappinstalled = 0#rd 。

的特质：镜头里每一张面孔都很吸睛，舞台上下人们的动作、表情、眼泪都被镜头放大很多倍，感觉特别走“心”；台下的人更抓眼球，经常在激情所至时癫狂不已，网民们甚至吐槽道，第三季发挥最稳定的是观众的“演技”。3月5日早晨，在完成上海的拍摄任务后，我和两位编导摄像一起登上去往长沙的飞机，在去往湖南台的车上，编导李老师对我说：“我们拍的时候你该再兴奋一点，你看我都很羡慕你啊，《我是歌手》在台里一票难求，我自己都没有进去过。作为外人的话，只有500位大众评审才能进去。”当时正看着车窗外的我立即惊讶转头：“你们在玩真的咯?!”然后，编导就比较满意了，他抓住了我开始兴奋的镜头。当芒果出现在眼前的时候，我忍不住单膝跪地（为了拍到高处的标志）举起平板电脑，呈现在我面前的中国最厉害的电视娱乐王国。我对它说：“你好，我来了！”图1是《我是歌手》节目调研现场。

图1 《我是歌手》节目调研现场

1.2 工业空间里的狂欢

1 200m² 的演播厅，这是一个摄像机无处不在的空间。我的位置在摇臂摄像机的后面，抬眼是巨大的摇臂，低头是长长的机器轨道，面前是灯光密布的舞台，身后是500位大众评审。这让我想起了李健的金句：“拿着这个有工业气息的奖牌，还是有点开心的。”于是忍不住回头看了几眼大众评审席，在这个充满工业气息的空间里，他们真的会哭吗？大约7点钟，总导演洪涛开始上台热场，他对着观众评审席调侃道：“我看到女孩子们画着精致的妆，涂着鲜艳的口红，大家肯定都期待被摄像机拍到吧。”确实如此，我目光所及之处，约有8台摄像机对着他们，而此前有资料显示《我是歌手》现场摄像设备总数超过 50 台。舞台设置如图 2 所示。

图 2　《我是歌手》舞台设置

我不懂音乐（但大学时代就开始迷恋李健了），伴随着音乐响起，当距离我两米左右的大号音响开始震动，密集的灯光“唰”地打在脸上的时候，整个身体像经历了一次微型地震，这种强烈的感官刺激，的确有利于观者们忽略机器的存在，忘我投入到现场的视听盛宴中去。第一个上场的是韩国的郑淳元，第二位是李健，后面依次是韩红、谭维维、A-lin 、萧煌奇和孙楠，这看起来就像一场大牌略多的竞唱会。歌手们依次上台下台，除了专业的表演，他们几乎没有与观众们直接互动。唯一激动的瞬间是李健下台从我身边走过的时候，目测他与我的距离不足一米，如果不是怕碰到头上巨大的摇臂，我差点要站起来向他挥手。

实际上，这是一个与我往常见过的演唱会没有很大不同的现场，甚至对于观者来说，布满机器的空间稍显局促，密集的座位限制了人们身体的晃动。为了维持秩序，工作人员请出了一位带着哭闹孩子的观众，除此之外，他们几乎没有对观众评审们施加任何暗示，或者控制。这的确不是普通的演出，而是真人秀的一部分，一个为了拍摄而精心设计的现场空间。歌手们卖力地竞技演唱，观者们情不自禁地释放，这些都是因为摄像机的存在，都是为了被复制；与其他所有人一样，我身处其中，也成为被复制的对象。在这个密布着摄影机的空间里，刚刚发生了一场被精确复制的狂欢。

1.3 或许是无边界的影像

事后，我开始猜测第11期《我是歌手》在电视上的呈现效果，那个被摄像机重新复制过的现场究竟与我现在的所见所闻有何不同，哪些细节会被我的肉眼忽略而被机械眼睛收入镜头呢，又有哪些戏剧性瞬间会被放大百倍呢？比如，孙楠在开唱之前已经双眼含泪，深情地说他这次唱《说不出再见》是为致敬前辈谭咏麟，而我只远远看见他眼睛里似有泪光，在摄像机的机械眼睛里，那泪珠一定晶莹剔透，像一颗颗闪烁的小星星。

摄像机在技术上早已经超越人眼的极限，因此人们才期待它代替我们去看世界。波兹曼曾认为电视是电报和摄影术的延伸，它“把图像和瞬息时刻的结合发挥到了危险的完美境界”。如果说，最初人们看电视是为了看得更远，而现在，人们看电视则为了看得更加精细，他们期待看到超越肉眼的、更为真实和真诚的世界。于是，电视开始变得电影化。实际上，真人秀一直都未曾停止向电影学习的步伐。在《我是歌手》第三季录制中，23台电影级别的艾美拉摄影机进行着复杂有序的摄制工作，节目内外，舞台上下，人们只字片语的交流，瞬息万变的表情，瞬间迸发的情感和滂沱而下的泪水，仿佛都逃不过它们的眼睛。确实，随着影像产品越来越丰富，人类的眼睛也越来越贪婪，于是，我们一直抱怨看不到想要的东西——我们究竟想要看到什么呢？电视技术已经进化到匪夷所思的程度，通过镜头眼睛甚至能看清每一根晃动的发丝，但我们仍觉得不满足。这是一种诚实的贪婪。换句话说，尽管与现场之间隔着摄像机与电视机双重媒介，但我们却更加渴望能够体验到这个世界最真实的一面。比如，我通过镜头看到你，会期待你比平常更真诚一些。就像真人秀，以前我们想看“秀”，现在更想看到“真”。是的，如果说我们的电视离不开娱乐，那一定是一种带着诚意的娱乐。

这几年，我一直听到的一个论调是，电视即将消亡。人类历史上消失的传播载体已不计其数，谁又能保证电视能避免这种命运呢？载体可能会消失，而影像却未必如此，优质的内容会不断尝试穿越媒介边界，在更多的新载体上焕发生机。最近几年，真人秀这位学生简直铆足了劲儿向电影学习，无论是影像品质还是叙事风格，都在不断电影化。有的产品甚至走进影院，侵入老师的地盘，引发了无数争议。那么，真人秀在未来会成为无边界的影像吗？这或许是一个充满想象力的假设，但在这观众至上的年代，也只有他们说了算了。

1.4　后话

作为一名已经离开电视行业两年多的媒体人，对于电视这行我仍然充满怀念与感激，毕竟曾与它有过5年的虐恋，5年时间不长不短，足以让它成为我的第一位职业老师。

谨以此文致敬那些在一线战斗不止却仍真诚纯粹的电视同行们，和每一位娱乐而不至死的普通观众。另，再次向湖南卫视各位前辈同行表示谢意，这是一次神奇的经历，再次感谢你们的邀请。

附：此段经历被编辑在节目之中，具体位置在节目末尾。视频名称为“20150313期：郑淳元私下苦练中文”，观看地址：http：//www. mgtv. com/v/1/104621/f/1118366. html。

2015年3月11日

于上海交通大学闵行校区65栋学生宿舍

附录 2

访谈大纲：导演如何看待“真实”

1. 您觉得电视真人秀的真实性是什么？

2. 真实性有哪些外在的表现？

3. 对于电视真人秀来说，真实性有价值吗？

4. 你怎样判断电视真人秀中的故事是否真实？

5. 在您创作的节目中，您采用了哪些手段来保证真实性？

6. 在您创作的节目中，您觉得真实性重要吗？节目为观众带来真实感重要吗？

7. 电视真人秀往往有需要导演介入的环节，您觉得这种介入对于真实性有什么样的影响？或者，这种介入与真实性的关系是什么？

8. 你怎样判断节目的参与者（或者拍摄对象）是在表演自己，还是真实自我的呈现？请您举一个例子，好吗？（如果您认为拍摄对象在表演，您会纠正他吗？）

9. 在节目拍摄和制作的过程中，您是否与同事讨论过关于拍摄对象的表现是否真实的问题，他们的看法会影响您的判断吗？除此之外，还有哪些因素影响您对于真实的看法呢？

10. 您觉得您对于“真实”的判断与看法，跟观众对于“真实”的判断与看法一样吗？

11. 最近，电视真人秀很火爆，您认为电视媒体生产这种节目的背后深层动因是什么？

附录3

访谈记录

为更全面地呈现研究的侧面（或者叫“后台”），也为读者提供更多可借鉴经验与思考空间，笔者在本书出版之前征求受访者的意见，在确认受访者同意之后，将其访谈全文或删节版刊出。访谈隐去受访者名字与节目名称。

再次感谢所有敢于分享思想的电视人。

节目制片人L×访谈记录

访谈时间：2014年1月5日

受访者简介：L×，某卫视制片人，七年电视媒体工作经验

访问者：电视人对新媒体还是蛮欢迎的？

L×：去年夏天我去英国，我觉得和国内是一样的，从国外的趋势来看更加明显，用一个词叫“拥抱”，电视拥抱新媒体，这个姿态很明显，大家都在采取这个姿态。但是新媒体怎么弄，大家都没有非常成功的经验，无论是国内还是国外，都是一样的，其实都在摸索，是这样的一个状态。

访问者：你参考哪里的经验？

L×：我去年去学习，拜访BBC，ITV，我本来是去取经的，但是最后觉得他们也是在摸索，他们很难说有一套成功的经验。BBC在新媒体上比较成功，下载一个APP，这个新媒体软件，他们有很多节目都可以看，甚至有些节目会率先在新媒体上来放，在电视机前播放，它虽然是新媒体，优势比较强，但是你仔细来看，它的优势是建立在传统之上的。海量的内容，特别是BBC高质量的纪录片这样的内容，在传统媒体之上才赢得了新媒体的优势，你说它有成功经验也谈不上，我觉得他们也在摸索。BBC负责新媒体的人会讲中文，他说，刚开始做的时候比较容易，因为做了组织架构的变化，把新媒体作为核心，因为他觉得采访人员不仅要为电视做节目，同时要做网络、

做广播，等于说是全媒体的概念，都要做。而且根据这个调整了它的组织结构，调整了整个电视架构，刚开始觉得很顺利，但很快遇到瓶颈。第一，需要裁员，一个人可以做很多事情，不需要那么多记者。第二，人员并不适应这样一个变化，我是做电视的，我可能并不熟悉，并不真正熟悉新媒体观众到底需要什么。可能我是一个新媒体使用者，但是真的不能确定，作为从业者的要求是有区别的。他们的从业人员往往觉得力不从心。第三，给他们的报酬是没有变化的，我一个人做了那么多事情，给我钱一样多。他们也颇有微词，他们遇到这样的问题，以后怎么弄，他们也不是很清楚。

访问者：你觉得他们以新媒体为核心来调整组织架构正确吗？

L×：正确的。电视生产当作工业化来说的话，它的生产标准、生产流程，这是最核心的。调整组织架构，其实就是把这两点都调整了，说到底是想为新媒体服务的。不是说兼顾新媒体，而是把新媒体当作很重要的部分，组织架构调整后，工作流程有变化，工作标准有变化，整个体系都在变化，我觉得这是非常重要的变化。

访问者：这是一种积极的反应，对吧？

L×：对的。但是调整之后并不顺利，遇到很多困难。对方负责人也讲，他们也很困惑接下来怎么走。

访问者：遇到困惑的根本原因是什么？问题出在内容生产方面吗？

L×：领导人看到大方向了，但是怎么做，还没有真正找到非常好的途径。

访问者：我们实现了融合，但是无法穿越新媒体与传统媒体之间体制与文化的障碍，是这个带来的困扰吗？

访问者：就我的感受而言，国内的电视媒体和新媒体的差别在于，从根本上说，生产理念是不一样的。新媒体的核心是什么？有人说我在电视上做一个微博互动，吸引他们在新媒体上看我的节目，根本不是，新媒体的核心理念在于以用户为中心。我们电视台的核心是什么？是党的喉舌，是宣传平台，根本性质有区别。从根本上来说，你做不到以用户为核心。BBC 算是公共电视台，还不算是纯商业电视台，所以说他们的困惑跟我们有一点点接近。

访问者：这个矛盾给平时的工作带来困扰吗？

L×：这是我的个人感受，感受还是比较明显的。就做节目来说，很多东西你很难把它（结合起来），你把它当作一个产品是最纯粹的，你在工作中很难做到这一点。

访问者：具体表现有吗？

L×：比如说从一开始策划，你既然是以用户为核心的，必须考虑受众需求是什么，围绕这个东西生产相应的产品，但是电视是宣传品的属性，没办法回避。

访问者：对，网络语言和电视语言，完全是两套话语。

L×：而且从生产关系来说，新媒体是扁平式管理，电视台无论是中心制还是频道制，都不是扁平化的，有复杂的行政体系在里面。还有审片体系，一系列的东西，对吧？所有的电视领导都在说，狼来了，对新媒体很重视，但具体怎么弄，大家都没有想到很好的办法。但是很奇怪，大家都非常重视这个事情。战略上很重视，战术上没有拿出很好的办法。

访问者：在生产过程中，我们不知道我们面临的是网民还是观众，不知道他们有什么差别，对不对？

L×：从根本上来说你是要收视率嘛。收视率你要考虑样本户，文化程度比较低，你要专门为网民做节目，往往会定位偏高，曲高和寡。手撕鬼子那种神剧，在各大电视台播放都很好啊。网上显然不一样，《唐顿庄园》、美剧，这样的东西，放在电视播，收视也不行啊。像比较优秀的节目，比如说《中国好声音》，网上电视上反响都很好，但是这毕竟少，对吧？

访问者：您又说到一个重点，有一些内容在网上和互联网上同样受欢迎。那是什么内容，娱乐吗？

L×：娱乐应该是一个比较容易触动不同人群的，你看，收到好评的都是娱乐节目。我如果能够总结的话，就是这些内容都能够反映时代的热点，反映这个时代的脉搏，都反映了当下人心态这样的东西。还是《非诚勿扰》，还是《爸爸去哪儿》，还是《中国好声音》。《中国好声音》代表励志，《爸爸去哪儿》表示亲情，《非诚勿扰》在婚恋之外探讨社会尖锐的问题，我觉得时代热点的东西，往往能够激起网上还是电视上的关注，因为大家都生活在一个时代，同一个社会里面。这种东西反而会有共同点，时代热点，或者换一个词叫“时代精神”。

访问者：一个感性的概括。

L×：这不是我的概括，我在英国学习，他们讲节目策划的时候，很注重时代精神，这个时代需要什么，大家都在探讨，都在聊，把这个点提炼出来，再用什么样的方式把它做成节目，他们用这个方法，他们认为这个东西是相通的。

访问者：有具体的方法吗？

L×：有，会从最新的热点，网上的爆点，最火的视频，这些东西来提炼一个共同的东西，把这个作为一个内核，往外生发这样子。有人说我们跟外国人的差别在于想象力，其实想象力大家都差不多，真正的差别在于流程和标准，别人有一套完整的流程和标准，所以它是工业化生产，我们是手工作坊式的。没有标准，凭感觉，气氛很嗨，感觉就很到位。但是人家有故事脚本、分镜头，我觉得这是最大的区别。电视台都在买模式，其实就是买的标准。第一个镜头是什么，光是什么光，都是标准。

访谈后记：L×非常真诚地分享了新旧媒介融合时代电视内容生产的迷思，提示笔者在媒介融合整体大环境之下，内容生产与社会议题之间的关系更趋紧密。决定内容生产的因素不仅有技术转型、电视媒体人的能动性，还有整体社会环境。什么是核心的议题？什么是共通的表达方式？这提示着电视媒体人，必须对时代脉搏中社会文化变迁异常敏感，才能保持内容生产的活力和先进性。

导演 C××访谈记录

访谈时间：2014 年 8 月 3 日

受访者简介：C××，供职于某卫视，六年电视从业经验，广电新闻专业

访问者：电视用纪实的方式给观众讲故事，您有没有意识到会发生的问题？

C××：有。

访问者：我们一方面要给观众讲故事，一方面要保证这个故事的真实性，你们在拍摄的时候有没有发现中间的矛盾呢？

C××：当然会有，我们一个家庭拍两天两夜，其实大部分时候爸爸和孩子的表现都是很无聊的。电视要吸引观众的话，还是需要故事性，需要一些刺激的、好笑的事情，所以我们在拍的时候还有这样的情况（矛盾）存在。然后，解决的办法呢，当然就是后期去剪辑，我拍了那么多，但是在电视上呈现其实并没有那么多，大部分都被我剪掉了。很多很多都被剪掉了，然后在剩下来的部分，我们用各种方式，比如说特技、花字也好，软件的特技也好，或者是音效也好，音乐也好，我们用剪辑的方式把它的故事性、悬念性，或者是它本身的一些冲突表现出来，这是一个。第二个就是我们在拍的过程中，记录的过程中有预判，有选择性地记录。就像我们拍的两天两夜里面，

并不是所有的东西都是纯天然的，这两天两夜里面我们要做的事情就是跟爸爸提前沟通好，比如这两天里面你要带小孩做什么事情，这个其实我们有跟他沟通好的，然后你在做这个事情的过程中会去到哪里，然后会用到一些什么样的东西，这个东西都是我们预先了解的，比如说他本来要花七天的时间，我现在全部压缩在两天，比如说J某某（参与者）的女儿七天后才去医院的，我跟他说你现在去医院，这样我们也可以跟那边的医生去沟通、去说。我们也会提前问J某某（参与者），你要跟医生聊哪些话题，跟他说，这些话题是我们要的，其他话题你可以留在下次跟医生聊，或者类似这样的事情，等于说虽然经过设计，但这些又是真实的：这是他本身生活中会发生的，我们只是把它压缩到这两天里发生而已。包括J某某（参与者）去爸爸妈妈家，这都是我们跟他沟通后去的，他们本来不打算在我们拍摄期间去的，但是我们因为要拍摄，就说，你就这个时间去吧。像张某某，他爸爸带他去钓鱼，也是他本来就会有这样的活动的，我们说这个活动蛮好的，我们一起去吧，放在我们的拍摄里面。你说纯记录，完全一点点都不安排呢，其实是有，是大框架的、沟通性的安排，但这又恰恰都是真实的，不是我们凭空捏造的，不是按照剧本的。有问题，我们会用相应的方式去解决吧。

访问者：就是它实际上是真实的，然后我们也要把它处理到看起来真实，处理好这两个之间的关系，是吧？

C××：它看起来是真实的，本来也是真实的。没有所谓处理到看起来真实，其实本来它就是真实的。

访问者：故事性和真实性，要保证一方面的话，哪个是最重要的？

C××：我这个节目的话，我会选择真实性。

访问者：真实性，对吗？

C××：这个根据节目形式。我也可以举个例子，就像我在拍《×××》（受访者的节目）的时候，我们有安排一次，就是我们很强硬的设计：J某某（参与者）他还有一个朋友是卖布的，卖床上用品，四件套啊之类，垫子啊，枕套啊，我们安排了一次，让J某某（参与者）带着女儿去帮他的朋友卖这些东西，本来我们以为明星到店里会有群众围观，会跟孩子讨论来讨论去，我们觉得蛮好看的。但是事实上，一点都不好，一个是孩子状态不佳，因为这个事情她从来没经历过，她也不会去经历这个事情。J某某（参与者）他以前做过，做得特别特别少，他有表演的成分，所以这一段在节目中我就全部剪掉，一点都没剩。

访问者：对于这个节目，您作为导演，您是否觉得我们的观众对这个节目是有所期待的，然后他期待的故事是什么样的？

C××：我觉得电视观众有一个特殊性，电视观众并不特别渴望在电视上看故事，他已经知道，这是一个电视节目，我觉得电视观众对节目的要求就是：好看、好玩、够热闹，你如果有故事，有悬念，就特别特别好，如果弱一点，他也无所谓。因为毕竟电视只是他消遣的东西，现在的观众选择太多，在看电视的过程中同时在上网，同时在吃饭，同时跟朋友在聊天，他不是正正经经地坐在那儿，很认真地在看电视，这个是现在基本上没有的。这个就跟电影不一样，电影就是在看电影之前，观众买了票，都是冲着你故事去的，所以对你故事期待比较高。对电视节目，他们（期待）就不会那么高。所以对于我们来说，对电视来说，我们只要做到整个大故事的逻辑完整，然后讲述整个故事的过程是流畅的，就够了。这样的话我就需要做到我刚刚前面说的，好玩、好看、热闹。然后有讨论的空间，比如说里面有好玩的东西，观众就会跟其他人讨论，这个小孩怎么样，这个爸爸怎么样。我觉得就够了。

访问者：嗯，您觉得戏剧性可以偏弱一点，对吧？

C××：对，戏剧性可以相对偏弱，当然戏剧性不是第一位的，肯定还是要的，当然不是第一位的。

访问者：《×××》（竞争节目）他们的设计是制造一种人工的情景，然后有矛盾，有冲突，有结局，《×××》（受访者的节目）叙事方式跟他们不一样，是两个节目主要的差别吗？

C××：对。我们在做这个节目之前，我们就想好了，定位好了。因为我们不想做成第二个《爸爸去哪儿》。两个节目核心的区别就在这里，所以也没有哪个好，哪个不好，这是两种节目形态。

访问者：你觉得这两个节目形态哪个偏纪实一点？

C××：我这个，当然是我这个。

访问者：您认为我们的观众要求它第一个应该是真实，对吗？

C××：是的，我们的观众期待它是真实的，但不是第一位。我总觉得很多事情不能说得太绝对，我也无法保证他们是不是要求这（真实）是第一位的，但他们肯定是有这种要求的。

访问者：这是节目对观众的契约和承诺，对吧？

C××：是的，没错。

访问者：您在做讲座的时候曾经提过，选择嘉宾的时候，会参考他的微博粉丝的数量，您能举个例子吗？这是最重要的标准吗？还有其他标准吗？

C××：这个粉丝数量仅仅是一个参考性的东西，不是说这个最重要。其实对于我们来说，第一个选择是先去了解他们本身的人物性格，以及小朋友的性格，这对我来说是第一位的，微博数量，在电视节目这块相对偏弱，就是对网络上买电视剧（比较重要），比如说土豆啊，乐视啊，他们很多电视剧独播嘛，他们在买的过程中，衡量一个大数据，就是网络上的整个一个点击量。比如说你百度，它有一个官方真实数据，这一周内，有多少人在搜谁，这一周内，搜索量前十名是谁，我只要选这前十个就好了。他们不管剧情，他们只求这个，有一个网络的特殊性所在。对于电视节目来说，这就不是了。

访问者：在收视的过程中，明星的微博对于电视来说有什么影响？

C××：这就是一个推广作用，就相当于我们在报纸上发稿一样，这是一个道理，它起到一个宣传推广，推波助澜的作用，我只要这个节目好了，又有推广途径了，很多人就会第二次、第三次，口口相传来看我们的节目，于是我们这个节目的收视率也就高了。我觉得这个是第一个。新媒体开始发展之后，渐渐开始台网互动，就像现在的《×××》（某节目），它推出一个朋友圈分享的东西，你猜这个学员唱完之后选哪个导师？它可以做到跟电视同步性，接下来这个学员要出来了，他在几分钟之内会选，在这个几分钟之内你可以跟着他选，你可以跟他猜，他会选谁，我觉得这个属于新媒体和传统媒体很好的结合。这个都是大势所趋。我刚刚听到一句话，如果鸡蛋是从外面打破的，你是一道菜，如果是从里面打破的，你是一个新的生命。对我们现在传统媒体来说，我们一方面要想办法让自己的传统产业发生变革，不然等到新媒体来逼你了，那么你就成为一道菜了。当然最好的方式是互相合作，把这个事情做得更好，前提还是在于自己。

访问者：您在拍摄这一类用纪实手法表现娱乐节目的时候，心里有没有一个理想的观众，这个观众是传统的电视观众，还是网民，还是两者的综合体？

C××：《×××》（受访者的节目）是以传统观众为主，新的网民为辅。

访问者：网民是他们一个辅助的身份，对吗？

C××：是的。

访问者：拍摄《×××》（受访者的节目）这样一个以家庭伦理为中心的题材，制作方在传递一个什么样的价值观呢？

C××：这个可能会有点大，我们当时是这么想的：我们做完这个节目，让那些没结婚的年轻人觉得，哎呀，可以去结婚了，生个小孩了；那些没有要小孩的，我现在要一个小孩其实蛮好的，我可以照顾他们；还有那些已经生了小孩的，可以从这个节目里找到自己的影子，找到自己的不足。这个就是我们当时的想法，没有特别大的想法，但这几点是我们做之前就想的。能够做成这样，我们觉得这个节目就不错了。

访问者：你们希望观众接受你们在节目中表达的观点，是吧？

C××：不是一定要接受，他们也可以说，这个你们是不对的，我在照顾我的小孩的时候是怎样的，他们有一个参照、对比。就像我邻居家也有一个和我家年纪相仿的小孩，我们会对同样的事情做一些对比。

访问者：跟他们的生活体验融在一起，是吧？

C××：对啊，对啊。因为人总是这样子，总会做一个对比的，是吧？他做的那个事情，我要不要那么做，我做的这个事情是对是错。就是这样子，总会有一个对比，第二个就是我前面所说的。

访谈后记：C××是一位年轻有为的“80 后”电视媒体人，担纲卫视多个现象级大型真人秀节目的总导演。在 2014 年某次大型讲座之后，他留下了自己的联系方式，获知笔者的访谈题目与目的之后，C××在百忙之中接受了访谈，为本书贡献了许多重要的观点，也启发笔者在后续访谈中涉及更为深入的问题，再次感谢 C××导演的慷慨与真诚。

导演 Y××访谈记录之一

访谈时间：2014 年 10 月 23 日

受访者简介：Y××，供职于某卫视，资深电视媒体人

访问者：我们就从《×××》（受访者的节目）谈起，它是“记录背后的纪录”，对吗？

Y××：你不能完全这么理解，当时我们跟台里的交流是《×××》（某现象级真人秀节目）是纪录片，既有团队又有生产流程、生产过程，我们的节目是很小很小一部分内容，在我们的片子里呈现的，事实上是一个打节奏的作用，是很小很小的一部分，是一个彩蛋。伴随在真人秀节目后面播出，它会有一些关联度。但是我们还会跳出这个主体节目来做其他的一些内容上的延展。

访问者：您觉得我们去记录真人秀本身，会比真人秀更加真实一点吗？

Y××：我们是第三视角，会从另外一个角度。当局者迷，旁观者清，我们从离当事人稍微远一点的地方选取角度，观察真人秀节目生产过程中，编剧、导演组和当事人之间是一个怎样的相互对应的关系。所以，我们看到的不仅是艺人，不仅是真人秀的主角，还有编剧、导演、摄像，也就是整个团队，甚至于周边人的反映。这一些，我们都会真实记录。而这一切，是主体节目本身不可能实现的。我们的节目包容性很强。第一，它的内容可以很灵活；第二，它能保护这个品牌。我们就好像是一个保安一样的，保护着自家节目生产的安全，包括引领舆论、解读节目环节设计、化解观众疑惑、分享观后体验等，感觉就像是“思想和创意的守卫者”。节目录制期间，人员复杂、环境复杂，还有粉丝“劫场”，其他媒体的“间谍”入侵。所以，我们就自觉不自觉地承担起现场保安的责任。因为离拍摄主场稍微远一点，从专业角度来讲，可以避免穿帮。但你会发现视角也会不一样，我们可以拍摄到主体节目的穿帮镜头，从内心讲，有一种俯瞰全局的感觉，很过瘾。站得高，看得远；站得远，看得全。这些视角拍摄到的画面，会给观众更加真实的视觉体验。记得第一季《×××》（某真人秀节目）有一个很多摄像穿帮的镜头在主体节目播出后，反响相当大。人们通过这组镜头，感受到了强大的节目生产阵容，也从另外一个角度证实了节目内容的真实性。我们会有意识地拍摄他们穿帮的镜头，包括之后，他们要开总结会，做内部的宣传片，也会找我们要素材，因为，我们拍摄的是他们真实记录的一部分，能够侧面反映节目生产的真实状态。可以说，我们的这些镜头，真实地记录了湖南卫视大型真人秀节目生产的场景，是真真切切的硬通货。比如说《×××》（某真人秀节目），每一场录制，涉及每一个项目，编剧组确定内容后，导演组就会派人来演练，我们真实记录，有失败、有调整、有各种稀奇古怪的状况出现。这一切，又都是为了保证艺人和节目参与者的人身安全，同时也实地验证了节目是否具备可看性。这些镜头是真实的，节目的好看也是真的，没有掺半点假。

访问者：结合您的工作经验，您觉得真实最大的价值在哪里？

Y××：真实有两方面的价值，对节目本身来讲，真实是一个生命，在真人秀节目里面，真实就是灵魂。如果节目太假，就是作秀，而不叫真人秀。从电视节目生产的角度，我个人认为可以适当有一些人为设置和改造，这是艺术加工，是艺术真实。毕竟我们有些明星，他们本身是演员，生性就会表演。作为一个成年人，也不可能完全做到真实地展现他们内心的想法、他们真实的生活状态。他们会夸大一些身体上的反应，会说出一些常人想不到的话语，甚至会故意引逗大家发笑，这就是表演，就是秀。但如果你不脱离当时的环境，他们表现的一切，都可以说是真的，因为人是真的嘛（笑）。这类节目里边，真实的最大价值，在于孩子们的参与和自觉成长。你我都知道，童言无忌，孩子不说假话。这些先天优势，会倒逼着大人也跟着说真话，要不，会在孩子面前抬不起头，对不对？所以，我想说，孩子的快速成长以及他们在当时特定的环境里做出的真实反映，可以最大限度地体现人的真实反映，可以让习惯或者善于作秀的大人变得真诚、友爱、善良。这也是这类节目给我们带来的宝贵财富，大家会在真实的情景里体会到真实带来的愉快体验。真的很好，真的假不了，真实，实在是电视节目的生命。我们会高举真实的大旗，不做假，不留太多的水分，让我们的节目真正能走进观众的内心世界，从而引领真人秀半娱乐节目的消费时尚。

访问者：对。

Y××：所以你看到的萌娃，都是在真实的状态下表现出来的。你看我们刚刚做的节目，那个某某（节目参与者）和姐姐在市场上买菜，买衣服的时候，说："某某（节目参与者），你要不？""Hello，迪迪（弟弟）。"像这种话，真实得很呐。孩子之间的真实，才是这个节目的生命。目前有些艺人拍摄的节目就有点作（zuō），有点表演的味道。怎么破？秘诀就是把孩子放进来，让孩子教大人说真话、做真实的自我。我个人认为，真人秀，"真"是生命，"人"是主体，"秀"只是一种形式。用真人来秀、让秀变真，恐怕就是今后真人秀节目生产应该追寻的终极目标。既然是电视节目，不可无秀，不秀，大家表现平平，反应冷淡，就不具备娱乐大众的气质，就不可以登上荧屏。但秀要有度，秀得过分就假了。古语讲得好，夸张过分，反而失真。失真，顾名思义，就失去了价值，就没有生命力了。

访问者：真，就是不作，对吧？

Y××：对，去表现自己真实的生活状态和在当时那个环境里面真实的反映。真人秀节目的魅力在哪里？就是孩子们的真，孩子们的真实，使得大人们也学会了真实，不能作假，对不对？其实，我们的节目是，孩子来教育我们，而不是我们来教育孩子。这就是真实的魅力和真实的力量，这也是我个人对于节目的理解。

访谈者：嗯。就您参与过的像《×××1》《×××2》《×××3》（均为某卫视真人秀节目），您怎样判断我们做出来的故事是不是真实呢？您的判断标准是什么？

Y××：从记录的角度来讲，我们本身记录的是真实的场景，我们记录的所有场景是真实发生的。不管演员是演出来的也好，还是怎么也好，但是，从纪录片的角度，我们记录的一切，至少是真实的，对话、故事，一切都是原生态，我们从来不在现场导演，从来就不会打搅或终止他们的生活状态。一句话，就是不干预。他们说什么，我们就录什么。这是一个方面，首先我们必须保证我们所看到的、我们所记录的是真实的，所以叫“眼见为实”。当然，因为是真人秀嘛，会有表演，我们也会判断这种表演是否真实。

访问者：您是怎么判断的呢？

Y××：这个说白了就是结合你个人的生活经历，去判断。我们教年轻的编导，有很多东西，眼见不一定为实，我们用我们的生活经历，用父辈给我们的生活经验，来判断它是否是真实的。

访问者：如果我们在拍摄的时候，看到演员或参与者有表演，或者有表演的成分，我们怎么办，会纠正他吗？

Y××：不会。做这个节目我们是第三者，我们不会去干预拍摄和整个生产的流程。顶多事后我们把拍摄对象约到另外一个场景里面再做一次表现，跟孩子们怎么交流啊，该干吗干吗去啊。我们在香港拍摄的时候，会请吴某某（节目参与者）一家去迪斯尼去玩，曹某某（节目参与者）的拍摄我们请一家人去做手工艺。如果在主体节目里面不足以、不够表现他们的真实的话，我们会把他们拉到另外一个场景去补拍，去延展拍摄，去延伸这个内容。

访问者：他们在实际生活中有这样的活动吗？

Y××：他们在节目里面没有这样的活动，但是他们在生活里面是有的。我们在节目的间隙跟他们聊天，问你们喜欢到哪里去玩，哦，原来是这样，就安排他们去做他们喜欢做的事情。在真实的、他们熟悉的环境里面，才能更加真实地表现自己的情感。

访问者：我们做一个比较好不好，《××》（真人秀节目）这个节目本身是有人工环节的，比如游戏、任务、比赛，对吗，这个环节在您的节目里面是没有的，您觉得这两种方式哪个更加真实一点？

Y××：人之所为人，是因为有社会关系，对不对，在一个相对比较正常的社会关系里面、社会环境里面，他们所做的一切，我都姑且认为是真实的，至少是艺术的真实。比方说，他之所以做出一些反常的表现、表情，是因为他想通过另外一种方式来表达自己的情感，但是这个事情如果是被你看透了，被你看到，哦，这是真实的，是另外一种真实，只是表达方式不同而已。

访问者：如果说W××（节目参与者）和他的孩子在人工环节里面他有任务，或者他被客观环境所逼迫的时候，您觉得这种人工环节影响他们真实的展现吗？

Y××：其实，我跟你讲，经历过才有感悟，有人生的经历、历练。你在那种与众不同的、在完全陌生的环境下面，奇异的、未曾经历的一次旅行，在那种环境里面，他们所有人的表现，我们认为，都是真实的。（此处停顿了一下，且打断我的提问。）这个一定是真实的，一定是真实的（此处有强调），包括我们摄像跟拍，他们会有一些保护自己的潜意识的动作和行为，我们要学会观察，你作为观众，你能不能看出他们的表现是另外一种真实，这就是节目最大的魅力。它给你另外一种真实，你去看它，你觉得这是表演，这是作假，那是你的理解，对不对？在我们看来它所有的表现都是真实的，在那个环境，在那个时刻，因为人与动物的区别就在这里，他会对环境有些情感，会有反应，你从人性角度去观察，你会发现另外一种与众不同的真实。你会很清楚，会有快感。这就是为什么我们喜欢看明星，看明星的丑事，喜欢看明星出状况，为什么？你知道吗？出状况的情况下，他的表现是最强烈的、最激烈的，你会觉得，这是另外一种快感。这是另外一种感情体验。你看到的和你想的，结合你个人的人生经历，去理解它，哦，找到共同点，找到共鸣点，那么，这个节目也成功了，这个表演也成功了。我们是秀，姑且把它作为表演，我们的表演就成功了。

访问者：对《××》（真人秀节目）和您的节目来说，您觉得带给观众真实的感觉对于节目来说重要吗？

Y××：这个很重要啊，前面我也说了，如果给你的感觉不真实，这个节目就失去了本意，也是失去了生命，也玩不长久，也玩不转。

访问者：我们节目组的编导、我们节目组导演对于真实的看法，和观众对于真实的看法，您觉得会一样吗？

Y××：我觉得应该是不一样的，这个节目组的人是零距离亲密接触的，观众毕竟是隔了一个荧屏，隔了空间，隔了时间，《××》（真人秀节目）呈现在电视里是一种艺术的真实，而不是生活的真实，这是两种截然不同的真实体验，不知道你能理解我的意思吗？

访问者：能够，能够理解。

Y××：我们提供给观众的是一种艺术品，姑且打个引号或半引号，艺术品肯定存在加工，包括我们后期剪辑的加工，包括我们镜头的加工，给你的感觉是艺术品，或者半艺术品，或者我刚刚讲的，是工艺品，让你来欣赏的时候，那么它那种真人秀的表演，它不可能是你生活中的原始的真实，一定是艺术的真实，所以有些后期加工是必须的、必然的，否则，就没有意义。

访问者：好，我们关于真实的访谈已经结束了。

访谈后记：Y××是一位从业多年的某卫视资深电视人，在访谈中，他充分谈了人物与摄像机的关系、人物与社会环境的关系、人物与导演的关系，这三种关系存在于电视的工业化生产流程中，是决定真实怎样被呈现的关键因素。Y××对于真实的观念非常真诚，且持开放性态度。在后续的访谈中，他进一步就“你们能接受观众对真实持有异议吗”问题补充道：“至少我能坦然接受。因为我们是拿着百分之一百的真诚在做节目，即使有些环节设计有些极端，有些体验也比较小众化，比方说‘蜂房取食’‘顶碗选房’‘坐飞机上山’‘溯溪跳水’，等等，在特定的自然和社会环境里，它就是健康的、快乐的、真实的。橘生淮南则为枳，如果处理不好，就会弄巧成拙。不违背生活的真实，就是最大的真实，就算是人为再造，也是真实的，更是艺术的。对此，我们有充分的自信。”Y××对于真人秀真实的观念对笔者启发较大，也为后续的访谈奠定了较为坚实的基础。在后续的访谈中，Y××进一步讨论了真人秀节目生产的历史背景、整体环境与社会责任问题。（见下文）

导演Y××访谈记录之二

Y××：总局有一个规定，每天有半个小时的国产纪录片播出（时间），中央台也是片源很紧张的。前些年，我参与制作了一部关于科学发展观的片子，名字叫作《××》，可能你没看到这个片子，总局和业内评价比较高，但叫好不叫座。我说这些，是想表明，某卫视其实每年都会生产一到两部所谓“大片”，节目内容和生产方式的创新是从来没有停止过的。我们台有专门的创新研发部门，有专门的创新基金，每年都会面向全台征集创新方案。单就近来我们生产的伴随性纪录片而言，我想大体有以下三个方面的内容：第一个解密某卫视大型娱乐节目的工业化生产流程。当然有些技术性很强的内容，因为竞争环节过于激烈，我们会有所保留。这个我心里很清楚，在屏幕上放出来，结果大家肯定会很喜欢，但又可能造成技术泄密，被友台克隆复制。出于对品牌的保护，有些东西没有完全亮出来。第二个也是讲述节目生产者背后的苦辣辛酸，是背后的故事。在第二季《××》（真人秀节目）这个项目里面体现得比较充分，我们刚刚做完这个项目，台领导和人事管理部门就要求我们把我们工作人员的状态剪辑一个合集。为此还专门给我所在的部门下发了一个文件，强调要把这个合集作为今后新员工培训的一个教材。现在，这个合集已经完成了初审，估计不久之后会放到网上去。第三个，确实，平常我们都是做节目给人家看，很难有幕后工作人员的状态，《××》（真人秀节目）节目组在各种艰苦的条件下创作和拍摄，我们伴随记录，留下来很多难得的一手资料。其中，有各种意外状况，比方说总导演到哪，哪就会变天下雨，网民封他做雨神，另外也包括节目生产者、组织者的一些想法、一些理念，等等。我个人理解，这个项目（《××》（受访者的节目））它本身不是严格意义上的纪录片。

访谈者：哦，那它是什么呢？

Y××：（笑）纪实类的专题比较好。

访谈者：哦，有题目的，有命定的题目。

Y××：对。包括接下来做的《××》纪录片，一个新节目，你会看到更大的变化在哪里，你会注意到。好多年以前，《××》（某老牌真人秀节目）就是从我们的手下做出来的，我们就是在一个小小的栏目里面做一个小版块，后来就变成一个项目，后来我参与筹办了一个创新小组，那时属于新闻中心，后来单独成为一个与新闻中心同级的部门，叫作创新研发中心。记得那时候，新闻中心每年至少一个新项目。

访谈者：哦，您负责这个。

Y××：对，某卫视在创新方面的投入和探索应该是走在其他台前列的，某卫视它并不只是玩引进的模式，台里每年都会征集节目创新方案。我个人提交的项目就已经立项，目前正在国外拍摄。我们的《×××》（真人秀节目）就是一个纯原创的节目，是我们北京事业部的一个同事提供的案子。我们即算是引进的节目模式，像《×××》《×××》（两档均为现象级真人秀节目），也会对现有的模式进行改造。比方说《×××》（某真人秀节目），跟韩国版的还是有些区别的，我们另外设置了一个新的角色，参与者的游戏项目又具有更多的中国特色，结合了自然环境和人文特征，也更适合华人的欣赏口味。另外我想强调一点，某卫视在做娱乐节目方面总是肩负着社会责任，总是试着弘扬当代社会的主流价值观，并不是纯粹为娱乐而娱乐。你去看《×××》（真人秀节目），虽然它也是一个真人秀的节目，也有演艺明星参与其中，但它事实上涉及孩子的教育问题，每个家庭，每个孩子的教育、沟通，都会涉及这些话题。从题材的选取，到项目的建立，都跟这个社会责任联系在一起，所以我们卫视还是有一种担当，并没有把它当作一个纯娱乐节目来做。我们搞过很多大型的公益晚会，比如赈灾啊，很多都是我们新闻中心的人，以社会责任为基点出发，大家对于社会问题的敏锐比单纯的娱乐团队可能更高一点，他们做出来的节目都会跟别人不一样，原因在哪？就是他们的团队里，有很大一部分人是从新闻中心出去的，他们有敏锐的新闻视角，能够很容易把触角伸到社会的各个角落。也就是说，很多的社会现象，很多的社会问题，一点就透，并能很好地在屏幕上呈现。

访问者：区别于多年前的《超级女声》，目前这一波真人秀节目现在非常的火爆，我们整个电视媒体都在生产，您认为这个背后深层的原因是什么？

Y××：这么讲吧，原因有多方面。收视环境的变化，观众的收看心理变化，电视媒体本身的从众心理，等等，都会促使媒体人创新求变，以便适应市场的需求。前面我已经讲过，创新方面，某卫视一直走在前面。在 1997 年那会我们上星的时候，做的节目全国都在效仿，引领着电视节目生产的潮流，媒体品牌也逐渐从国内走出去，从体制内走出去。有一段时间我们做新闻节目，做大型新闻杂志栏目，很多台也跟着一起学，后来我们不做了，改变了办台方针，锁定年轻、锁定娱乐、锁定全国。到后来 2005 年开始这个选秀节目，更是造星运动，让我们稳坐娱乐王牌宝座。但当造星这个东西做烂了的时候，我们又开始转向了，仔细回想，我们在 2004、2005 年就开始做真人秀节目了，而且是在我所在的新闻中心发轫。那时候做节目，我自己去拍片的，磁带时代的海量素材，很多人是想都不敢想的。当时我们想，就是要剑走偏锋，找一个差异化的项目来补充选秀高潮，在不知不觉中，改变航向，占领高地。多一点社会责任，走差异化取胜之路，这或许也是我们卫视的高明之处。

访谈者：一路下来，真人秀是我们内容生产的一个传统，是吗？

Y××：虽说是剑走偏锋，但我们一直是追寻主流。差异化竞争只是策略之一。等你赶上来，我们就不做了。这就是我们的高明之处，我们一直在奔跑，很少被人超越。我们真人秀的底气在哪里，我告诉你，底气就在于，我们做过《×××》（某老牌户外真人秀），我们一直在做，我们所担当的这个社会责任，我们台的社会责任感和它的影响，是远远超出综艺节目的，因为它直面社会话题，包括家庭教育、网瘾少年，包括青少年教育，包括婚恋嫁娶，等等。它有底气来做其他选秀类节目，在于台里开明的政策和用人机制。……从选秀到真人秀，这是一个跨越，这两类秀是完全不一样的。那个秀是秀个人才艺，这个秀呢是展现广谱意义上的社会生活场景。

访谈者：实际上跟国外的真人秀有区别。

Y××：对对，国外的秀完全展现个人魅力，中国的秀则展现一个家庭、一个社会的方方面面。这一点我觉得在接下来的大型节目《×××》（某儿童类真人秀）里面会得到充分的体现。卫视的社会道义、社会担当，始终就没有放下过，所以我说这个历史是源远流长的。从2004、2005年的创新小组，《×××》（某老牌户外真人秀）小试牛刀，到今天《×××》（某现象级真人秀）红遍全球，我们在不停地推出新项目，不停地进行新探索。这一段“秀”的历史，至少领先其他卫视十年。

访问者：谢谢您跟我分享，您的经验非常丰富。

Y××：上面都是感性的内容，接下来你想问什么？

访问者：接下来可能是跟新媒体有关，《×××》（某现象级真人秀）这波热潮，您觉得和新媒体有没有一些关系？新媒体上面的反响也是非常强烈。

Y××：关系很大呢。我们是旗帜鲜明的要进军新媒体的，我个人也有一个感觉，就是我2003、2004年和腾讯QQ寻求合作，算是起步比较早的。我们跟网络媒体的合作起步也比较早，只是那时还停留在技术层面，内容上没有真正实现跨越。今天不同了，金鹰节期间，弹幕的使用，算是技术和内容的一次融合。

访问者：对，这是媒介融合。

Y××：关于媒介融合我还有一个个人经历，之前搞三网融合试点，在××台的启动仪式上，就是我做的案子，对于新媒体这块我们一直很关注，之前我还做过一档网台互动的节目案子，有一个坎跨不过去，就没有启动。《汉字英雄》（河南卫视节目）的新媒体互动其实只是一个APP而已，只是借助了新媒体的传播方法来制作节目，本质意义上还是电视节目，不是新媒体节目。和新媒体融合的最高境界，就是网台全面互动。

访问者：本质还是电视，对的。

Y××：对，所以我们准备做一档所谓台网互动节目，一个融合新媒体的节目，但是我就觉得这个在中国路还是比较长，在政策壁垒和技术桎梏方面有困境。

访问者：感谢您对我的信任，希望有机会多向你们学习。

Y××：有机会给你介绍一些资深的导演跟你交流，他们是节目团队的，他们的理解比我更加透，尤其是娱乐这一块，我们只是从新闻人的眼光来看娱乐节目，他们是娱乐的团队，从娱乐的眼光来看这个节目的话，还会不一样。我们看到的更多的是思想的深度，社会的责任；他们看到的更多的是娱乐方法、娱乐形式，怎样用艺术的、舞台冲击力的方式来表现。我们更多的是从普通的、看似不经意的动作来看出所蕴含的思想的深度，从细节去发现，我们说细节决定成败。做纪录片也是，要有故事，更多的是学细节。首先，作为纪录片，你要记录这个事情，人物发生的故事、过程要记录下来，也许是一段社会经历，也许是情感经历。然后通过你的观察、你的分析去提取一些细节，然后更加立体、全面地展现人物性格。没有人物就没有血肉，价值就是空的。然后你去研究主体节目真人秀节目你会发现不一样。

访谈后记： Y××导演在历经多个岗位之后，成为电视媒介融合转型过程中的参与者和旁观者，作为一位前辈，他一直强调电视内容生产的公共性和社会责任感。这种被我们一直称之为“情怀”的东西是电视媒体人挥之不去的标签，也为我们提供了一个从新闻人的角度去看娱乐节目的特殊视角。

导演 H××访谈记录

访谈时间： 2014 年 11 月 8 日

H××： 某卫视“80 后”导演

H××：《×××》(某现象级真人秀)，就是《×××》那个团队，是搞新闻出身的，他们之前就是做《××新闻》出来的，他们做真人秀就是比较贴人味儿，他们做的新闻都是民生新闻，都是家长里短的东西。其实我们认为最真实的就是《×××》(被访者的节目，某老牌真人秀)，但是《×××》(被访者的节目) 反映到电视上，给观众带来的，他们觉得假。

访问者： 哦。你们得到过这样的反馈，是吗?

H××： 不是反馈，所有人都是这么认为的。包括我们从业者，就是说这期片子不是我们拍的，当我们去看这个片子的时候没觉得假，但实际问下去，根本不是那么回事儿，都是一些所谓的爆点，就是冲突点，这个东西其实都是真实发生的，只是说在后期创作上，时间点、可能左右的位置发生变化，有加工的东西在里面。但是平心而论的话，《×××》(被访者的节目) 是一个特别真实的真人秀。这个是我理解的真人秀的东西。我在南广上学的时候，有一个教纪录片的老师给我们放了一个纪录片，当时我没看下去，觉得特别假。但后来真正去拍这个东西的时候你会发现，其实拍的东西是真的。只是说从这个电视呈现来说会让观众以为这很假。有时候摄像里面，跟我们唱对台戏的，他们不太支持这个东西。我跟你简单介绍一下《×××》（被访者的节目）怎么拍的吧，《×××》（被访者的节目）有点像《楚门的世界》，就是两个主人公，两个小孩，他们在这个环境里面，所有的一切，都是我们有意识或者无意识地去设计的，但是主人公本身是不知道的。

访问者：对。

H××：就好比考一个试，我们要求这堂课是考试，跟主人公说也是考试，我们跟老师还有其他人说，你们半个小时之内，不管答成什么样都要交卷，过了半个小时大家交卷了，这个主人公后面的一个小时之内不知道干吗，就他一个人在教室里待着，但是他本身是不知道这个情况是怎么发生的。哎？怎么所有人都交卷了呢？我不会告诉他人家半个小时交卷了，你把这个紧张和不满演出来，因为他做不到，他就像一个被带入陷阱的人一样，所有的坑都是我们挖的。他本身不知道。我们基本秉承，有情节推动点的地方，我们是这么设计的。观众会觉得，这是你们设计的，让孩子去演的。

访问者：观众会这么认为，对吧？

H××：绝大多数人。

访问者：给观众造成这样的感觉其实不是我们的初衷，对吧？

H××：对啊，因为我们是想通过做《×××》（被访者的节目）打造一个概念，就是七天，后来放宽了，因为我真正拍片子也是拍三四十天。但是只是打造一个时间节点，说每一天发生什么事情，便于观众去理解。后来我们把这个破除掉了，因为观众会有很多疑问，怀疑我们作假。所以我们连这个都破除掉，就是说30天。《×××》（某现象级真人秀）就不一样了，它就是一个（适合各）年龄段（的人）去看的一个其乐融融的（节目），所以他们只要参与就可以了，也不会有什么矛头指着他们。

访问者：它明白地告诉观众这是一个游戏，观众就不会去质疑了，对吧？

H××：但是他们也会去设计，比如说待会儿要去完成一个什么任务，这个任务是为了给下一个任务埋伏笔。

访问者：对，它有藏起来的部分。

H××：对，它也有伏笔在里面。每个版块都是串联好的，之前都是串联好的，但是《×××》（某现象级真人秀）因为团队太大了，所以他们做起来比较得心应手一些，因为他们有200多号人，我们20来号人。他们周期短，拍两个晚上三个白天。我们是前传17天，原来孩子生活的状态下的前传，后面互换可能25天，加起来就是30到40天的样子。我们曾经有一次50多天的，因为小孩他觉得自己已经改好了，可是他把原有的节目看完之后会自己加上自己的理解，比如今天犯了一个错误，我觉得要改过，要去办一些事儿，但是这些事儿不是他本身要做的，只是他觉得节目需要。但是我们不加阻止，你去干就去干。然后我们会把这个时间再放宽。我们一直把他磨得直到他真的有触动的时候。因为《×××》（受访者节目）做到最后，还是更多的是对小孩负责嘛，不能纯粹消费，拍完了就回学校了。像《×××》（某真人秀节目）他们就是去消费明星，因为明星本身就是这个功能。他们都是韩国的团队过来的，他们有一个摄影师，跟我玩得比较好，他是全中国唯一一个美国原版节目认定的摄像，所以这次他当摄像指导。他就是美式的做法，但是××台不太认美版或者欧版的节目，觉得受众会有问题，所以××台一直在做韩国版权的东西。

访问者：亚洲人情感结构和生活方式比较相似吧？

H××：也不是，你像日本就不行，日本在这边就是水土不服，观众不太接受。因为日本人科技感比较强，如果玩真人秀的话，他们会往奇观去玩，不会走情感路线，会走那种极致，就是玩着玩着比较狠那种，就是技能和技能的比拼，喜欢看物与物之间的对抗，中国人就接受人与人，比如我们这边这种。

访问者：您觉得节目在做的过程中有让您感觉特别真实的过程吗？

H××：我刚入行的时候，带我的老导演说过这样的话，你做节目首先你要相信这个东西是真的。你比如说小孩，你觉得状态假了，最费力的方式是最好的，在时间和种种压力之下，你可能用别的方式去做，也没问题，但是这个东西收效会差一些。导演就跟我说，你要首先自我催眠，这个是真的，即便你知道这个小孩当时是假的，他心里想的绝对不是这句话，但是当你接受这句话之后，再去以你的真实的状态去反映出来，这个东西首先就节目效果来说，起码对你今后的工作来说，是一个比较好的状态。所以你问我说哪些东西是真的，做了那么多年下来，我觉得做《×××》（受访者节目）做的，抛开节目播出的成片不说，前面我认为都是真的。没有什么假的，你说当时小孩哭，被感动的时候，只有他在哭吗，我们也在哭。每一场哭戏我们在现场的时候跟着他掉眼泪，可能哭的状态比他还惨，但是当你回过头来拍完了之后坐在剪辑机前开始编的时候，哎哟没有当时的状态好，没有当时那个氛围了。但是我们，还是那句话，当时状态你把它找回来之后，你抱着那种虔诚的心，感恩的心去编这种东西的话，你会觉得又会是一种心理状态。我们走的基本都是孩子的一些感情，不会走大人的感情，尤其是我，一开始就是带孩子，不知道你理解不理解这个带孩子是什么意思，我们每一个节目都会有一个知心哥哥或者知心姐姐，一个角色设定，就是这个编导是跟孩子走得最近的，农村和城市两边的人，除掉这个带孩子的人，基本上是不动的，但是这个带孩子的人会全程跟这个孩子在一起，就是他把他领到农村，再把他送回去，跟他一块吃，跟他一块住，对于节目来说有一个好处，就是他不想告诉别人的话，他会告诉我，对带孩子这个人来说，我们要求的效果就是说，这个孩子对你不设防，没有一点戒备之心，所以当小孩愤怒的时候，我们也会愤怒，小孩哭的时候我们也会哭，可能哭得比他还要惨。

访问者：对。我们为了保证节目中所要达到的真实，我们也采取了您刚刚说的那些手段……

H××：手段这个东西是抛开的，有时候孩子的状态和你的臆想是截然相反的，你比如我们觉得有时候孩子会崩溃，但是他很处之泰然就过去了，轻轻一笑就过去了，但是后来我们跟他谈或者是聊的时候，就是没有摄像机对着他的时候，他说你知道吗，当时没有表现出来，因为有摄像机对着。

访问者：那遇到这种情况怎么处理呢？

H××：这个漏掉就漏掉吧，这东西你很难再来第二遍。这东西你再做第二遍第三遍，他都没有办法，艺术总是有缺憾的，没有了就没有了。

访问者：您刚刚说的是尽量排除摄像机的影响，对吧？

H××：你说摄像机的话，我想起来了，上学的时候学纪录片也在说嘛，摄像机一直对着这个人，知道对面那个女的开始当着他面换内衣的时候才可以拍，我们也是。我们前几天拍一个孩子的时候基本上是不录内容的，就基本上是二十四小时对着，然后人来回倒，让他熟悉这个环境，习惯摄像机对着他之后，我们再去真正地开拍。包括之前小孩子也是，早在节目录制前两个月，我们见不同的孩子，我们那摄像机对着，从第一次面对摄像机到我们开拍的时候，他对摄像机已经基本不拒绝了。我们会给他反复地灌输，就是摄像机就等于是我们，你有任何的愤怒，不要朝我们说，你可以对着摄像机去发泄。而且在节目里很少展现出这种，就是我们一直给他们做视频日记，每天晚上睡觉前半个小时或者一个小时，我们所有人都撤出来，把摄像机打开，然后让他跟摄像机建立感情，跟它去聊，哪怕你不说话坐着，让摄像机对着你，很近的一个位置，可能就给到一个近景，就摆在他面前也不往前推，就用摄像机对着他脸，他在里面说什么，我们也不听。当完成之后我们回到剪辑台的时候，重新打开的时候，基本上没什么用，因为他说的无非就是当时发生的情境的再现，因为那些东西我们要拍的早就拍完了，就是让他建立一个感情。然后我们也都留着，当这个孩子十年二十年之后可能重拍，从档案库里调出来，再把这个东西作为一种礼物送给他。

访问者：这是一个很好的礼物啊。

H××：这是我来之前就有的，所以我们也在一直遵循这个操作规范，我们都是这么操作的。

访问者：哦，也不是个人的观点，是流程里面就有的。

H××：但是现在不知道有没有了，因为现在不是我们在做了，我们这边一开始就开始拍，我们节目出发点就是因为台领导，副台长的侄子不听话，台长就说，把他送到农村去，去完之后效果很好。哎，这个是不是可以作为一个节目，才促使这个真人秀出来。所以说，现在国内拍的流行真人秀，之前很早就有了，而且国内那会儿不叫真人秀，而且拍摄手法是那种偏向纪实的导法，也比较短，就30分钟、20分钟那种，现在开始做90分钟了。

访问者：我们在拍的时候，摄像机和孩子都在场的时候，你是怎么来判断他是在表演还是真实的状态呢？能判断吗？你用什么标准来判断？

H××：这个东西一个是靠经验。二就是你没拍之前，你去见孩子之前就已经获取他大量的信息了。包括他的朋友你也会去见，包括他的爸妈对他的表述，包括他自己。你去见他第一面的时候他是猝不及防的，一般都是家长替他报名。现在就是第八季往后，孩子越来越想成名。之前都是爸妈帮他们报名，所以我们去的时候他们都没有戒备，说出来的话，我们猜测啊，百分之八九十都是真的。但是，当这个状态你发现跟拍的时候不一样了，比如说我之前特别爱睡觉，谁来叫我起床我就打谁，然后我们就去佐证他说的这句话对不对，小孩子也存在虚伪的一面嘛，会吹牛，会特别出格。然后就去问他爸妈，然后他爸妈说是的，朋友说是的，然后我们去拍他起床，他很顺利就起来了，那我们就会去问他为什么，他说可能因为有摄像机在。我们就会告诉他，你要拿你真正的状态，既然你已经参加这个节目了，你要敢于把自己放在屏幕上让观众去看，去展示你自己，为什么不把你真实的状态表现出来。也会去谈心。这个时间拉得太长了，总会有他崩溃的时候，他崩溃的那一刻就是他真实的状态，我们可能就会把那个真实的状态放在第一天，当作他真实的、第一天发生的。我们一直是找12至14岁的孩子。以前我也问过，为什么找12至14岁的，小一点或者大一点不行吗？老导演就跟我说，经过比较，这个年龄段是有自己独立想法，而且不失掉童真的那个状态，他没有建立正确的，不是正确，没有建立完全的价值观跟世界观的时候。而且，对观众而言，你17岁之前发生各种糗事都是可以原谅的。而且，你把12到17岁的孩子扔到一个完全陌生的环境，他所有的状态基本上是很真实的。抛开那些很认生的啊，很闷的啊，我们在前期找孩子之前就把闷葫芦排除掉了。

访问者：你刚刚说孩子的年龄和性格跟他的真实的表现是有关系的。追加一个问题就是，陌生的环境和熟悉的环境，哪一个更有利于表现他真实的状态呢？

H××：陌生的环境的表现状态。我这么说吧，按节目顺序来说，他在熟悉的环境里面，我们给他的所有状态基本上都是不太真实的，他一岁到十二岁发生的事情，我们把他最叛逆的东西挑出来，这是城市啊，然后我们会有一个诱发，就是引导，让他把这个事情再做一遍，前奏么，把性格里的东西铺张开去，然后换到一个陌生的环境里去，他第一个状态就是不适应，所有的东西跟他原先生活的环境不适应。第二个就开始反抗，强烈地反抗，不要这个环境，要回到固有的环境当中去。第三个状态才是沉下心来，思考自己为什么会到这儿，到这儿之后我改变了什么，或者说我收获了什么，拍了这么多孩子都是这样，当他开始说我变好了我可以回去了的时候，肯定还没开始拍呢。他只是在陌生的环境下面恐惧了，想回去，当他叛逆完了之后真正自己梳理的时候，觉得这儿挺好的，我在这样的环境下比原来过得有意义得多，这几天可能是过去几年都没有的状态，我可以留在这儿，你们都走，我可以留在这里一年两年，这个东西是节目里面不会有的，我们也从来不会说他要留在大山里头，这个是价值取向的问题。当他真正说出这句话的时候，我们觉得，嗯，他确实有认识了。拍也没拍到，他可能跟我聊，可能跟别的人聊，跟他农村的爸妈说出这句话的时候，他真正有认识了，然后才会把他送回去。在农村和城市哪个环境更真实的话，就节目来说，农村的那批，就是城市的孩子去农村，都是真实的，可能在城市里头的东西，不说它不真实，可能只是一个缩影。农村孩子可能是这样，农村孩子必须高大全，特别优秀，所以我们找农村的孩子比找城市的孩子更难。当你真正找到这种孩子的时候，他真的就是降落凡间的天使。

访问者：哦。

H××：你去拍他的时候你就特别省心，因为他比你懂得还多，他比你还知道感恩，他比你还珍惜这次来之不易的机会，只是说在城市里面，他接触到的也会有一个价值观的转变，因为他原来认定的世界上的人都是好的，人与人之间肯定都是善良的，进入大的城市之后，身边可能有这样的人，也会有那样的人。关起门来就说，农村的孩子到城市，是教育家长的。不是让他接受良好的教育什么的，是他来教育这个家庭的。这也就是为什么很多网友抨击我们说，你们对农村的孩子太残忍了，包括我也一度认为这个东西太残忍，但是我们看完这个片子之后，不管是我们还是社会上的爱心人士给他们捐助，整个村子的路都铺平了，每家每户都通上电，有了自来水，然后每家都有电视，如果说通过他能把这个村的生活质量提高，我觉得既然他是天使，他可以这样做。因为我们在拍摄过程中觉得对这个小孩有一些不公道，这是跟你这样讲，如果是媒体来采访我们可能不这样说。

访问者：好，我们来深入下一个问题。拍摄完了之后我们对已经拍摄到的素材，哪部分比较真实，哪一部分比较假，我们是有自己的判断的，是吧？我们在后期剪辑的时候，这个真或者假是不是很重要的标准，这个会留下来，那个会删掉。

H××：这个肯定会，前面我们在没有剪辑之前我们要先做故事线，这是简单的拆分组合，就是说他当时的反映是真的，然后这个事件也是真的，这个肯定作为首选。状态是真的，可能这个事件是我们造的，这个就作为备选，在这个基础上去做拆分，这个东西就是剪辑的艺术了。我们可能把第六天的东西放到第一天来，把第一天的东西放到第四天去，这个东西存在一个故事线的问题，这个东西你说它是真还是假呢？我不知道你的理解是真还是假。

访问者：那个，我的访谈是没有倾向的。

H××：我就是问你的个人观点。

访问者：自然的真实和艺术的真实，它是两种标准，你放到独立纪录片上面，我追求导演所尊重的真实。

H××：对，这个我们都承认。你要做一个获奖作品或者代表一个个人作品去展现的话，一天两天怎么发生的就是怎么发生的。但是这个东西要为台里头负责，要为节目负责，要考虑受众，观众看到这个地方的时候要进广告吗？观众进完广告之后要回来看，那就需要这件事来放在这儿。你单纯问剪辑上的取舍的话，我就告诉你状态是真的，时间是真的，都是作为首选。而且有的时候我们做首选的时候这个都没有顾到，比如说摄像时候机器不好了，或者说机器淋雨了，记录的东西全是那种抽帧的，或者断码的，那我们就把它放进去，也就是说我们不会去顾及画面的东西，就是你画面有没有都没问题，我们做二维推上来都没问题，全部都是颗粒点都没问题，因为你的状态是真的。观众看到这个他会认为是真的。

访问者：一些偶尔的记录失误反而印证了这个故事是真的。

H××：对，就是这样。如果有时候，我们对节目不负责，会去拟真，有的时候我们只录到了声音，没有录到画面，但是孩子不会再去做了，那怎么办呢？我们就用别的镜头替换掉，或者去模拍（模拟拍摄，也就是情境再现），模拍的时候可能就是我在演，别人在拍，只拍我一只手，比如说找鸡窝，我就直接去找一个杆子，做一个主观镜头，去找那个鸡窝，但是说的话都是小孩自己的声音，而且事情是真实发生的。

访问者：有搬演，是吧？

H××：就等于是声音配画面，如果播出的话就是播出事故，跳帧啊，抽帧啊……

访问者：你说的这个模拟的真实，在节目里面允许吗？

H××：可以。有点像伪纪录片。就是这件事情是有的，而且声音也是原来的声音。

访问者：你觉得真实有价值吗？是节目的主要价值所在吗？

H××：我先回答你说的娱乐性的问题，我们做《×××》（受访者节目），这帮人不承认它是娱乐节目，包括台里节目送审，包括评奖的时候，我们都（认为这个节目）是教育、互换体验式真人秀。

访问者：去娱乐化的一种概念，是吧？

H××：怎么说呢，这个节目性质也不符合娱乐气质，虽然它已经在慢慢滑，但也是观众的需求在那，就是底线这块就看个人了，你守得住就守住，守不住，这个节目估计存在的价值就不大，慢慢就会垮台。然后你说这个节目里头真实存在的意义大不大。首先观众看它就是因为它是真的，他觉得真的不做假，才会相信，才去看，但是这个真实的成分，观众接受不接受，是另一码事。所以我们要在保证观众相信它是真实的前提下把这个节目做得尽量的精彩，或者说是出彩。回到你上一个问题说拟真允不允许，这个东西做出来还是那句话，首先我们相信它是真的，我们怀着这份心去做的，所以在审片的时候审片老师就说，哎呀这个东西这么厉害呀，真的打成这样了？我们就会说，对，就是这样。首先把审片老师都骗过了，审片以为这是真的了，然后观众去看的话也会以为这是真的。还有好多东西观众看着假，我们觉得假，但它确实是真的。这个状态怎么做呢，我们只能把这个丢掉。

访问者：这个会丢掉吗？

H××：比如说在剪片的时候，他有句话说得不太理想，有点戏剧化了，那我们可能再往下将一点，用别的状态调整它。

访问者：戏剧化也是不太真实的表现，对吧？

H××：可能我表达得有问题，我说的戏剧化是我们回过头来看的时候，当时我们觉得是真的。举个小例子，就是我们原来拍的某一集，××（节目参与者）朝着小××（节目参与者）的家里喊："再见，那个令我陌生而温暖的家！"喊完之后哭得不行了，蹲在地上已经嚎啕大哭，我们录也录了，但回来之后我们发现这个情绪一直是那种很低很低，突然一下爆发了，就觉得这个东西太假了，放在那儿就感觉到假，所以我们就把那句话给拿掉了，后面那个嚎啕大哭也拿掉。

访问者：就是观众会以为它有表演的嫌疑，是吧？

H××：对，就觉得他在演，但其实他是真的，是真的感受到了，他前面都是憋着，在酝酿，他没有说出来，脸上是没有表情的。

访问者：嗯。你讲得非常好，某些实践的经验，理论是看不见的。

H××：这些真的是去体验之后才会有的，可能是我们这波人受到前辈给的、工作之后给的教育。××台其实是以新闻立台的，所有的电视台都说自己是新闻立台，但确实是你现在看出这好的现象级节目《×××》（某真人秀节目），他们是《××新闻》出来的，然后Z××团队也是做新闻出来的，H××的不算，我上面的领导就是X××团队（某现象级户外真人秀）出来的，等于是他们的旁支，所以他们这个敏感性也不一样。你去看节目，那些做娱乐节目出身的团队做真人秀，搞一个简单的欢迎仪式，他们会在农村里面弄一个舞龙舞狮啊。

访问者：表演性的东西。

H××：但是你看我们这边做的，就是很乡土化，就让村民拿锅碗瓢盆，拿板凳，敲锅敲碗敲板凳，因为这个东西是一个最质朴的东西，因为是农村里面拿得出来的东西。

访谈后记：H××导演刚刚结束某档节目长达数月的跟拍工作，就接受了我的访谈。对于真人秀节目技术环节对真实性的建构，以及现场的真实与文本的真实，H××导演坦诚地陈述了自己的看法。尤其是在怎样让拍摄对象对摄像机脱敏，H××导演使用的是一种人类学的工作方式，认为拍摄对象对摄像机“脱敏”是获取真实的重要前提，同时对于被拍摄对象也充满共情。这种真挚、热情却严谨的工作方式，或许是荧幕之前的观众所无法感知的，但也正是导演个体的理念，成就了节目文本对于真实性独特的表达。值得敬佩的是，作为制作方和导演，其对于真人秀真实性与观众接受之间的关系也进行了充分的反思，为笔者所进行的观众研究提供了宝贵启示。

导演 L××访谈记录

访谈时间：2015 年 5 月 31 日

L××简介：L××，九年电视新闻与纪录片工作经验

访问者：您拍过很多的电视节目，包括电视新闻、纪录片、真人秀，您觉得真实对于电视节目来说重要吗？

L××：我觉得非常重要啊，不然的话，大家干吗不去看电视剧啊。

访问者：您原来也做过电视新闻，民生新闻节目，您觉得电视新闻、纪录片、真人秀，这三种节目对真实的要求有差别吗？

L××：在我的理解当中，这些是有差别的，新闻类的偏向纪实表现。然后我记得我在台里参加业务培训的时候，大概把真人秀分为四个类别，我觉得也可以把新闻、纪录片、真人秀放到这四个类别中间来。第一种叫作观察式真人秀，拍摄者会纯粹以第三方的视角来拍摄记录，中间不会给被拍摄者任何提示或设置，这个可能相对更纪实一点。第二类属于肥皂剧类真人秀，设置一些情节、设置一些情境，让被拍摄者有一些相对比较真实的反应。第三类应该叫剧情式真人秀，那个相对于肥皂剧的真人秀，就会有更加完备的脚本，不光是设置情境，还要设置冲突点、矛盾点，包括剧情发展的脉络，它都会进行设定。还有一种真人秀就属于“跑男”那种，那种是不是应该叫综艺真人秀之类？我觉得这样的一个分类基本可以把目前所有的电视类型放到其中，这好像是国外的某某人提炼出来的，是我们做培训时候的内容。光从名称来看，也可以体现对被拍摄者的不同的要求，我个人是这样觉得的。

访问者：对的。我们在拍纪录片或者真人秀时，有的时候是需要导演去介入，去干涉一下，有的时候是不需要的，导演必须在旁边旁观。您可以结合实际工作经历，谈谈这两种情况产生的效果有什么不一样吗？

L××：真人秀拍摄的现场，大概可以分为三种不同的情况：受控、可控

跟失控，受控最大的问题是可能会让拍摄主体变得有很多演绎的成分。可控的话，那无非就是现场编导、编剧会给一些提示，拍摄主体来执行。但是失控才是最能够打动观众的，那往往是拍摄主体最真实、最本能的一种反应。所有的真人秀都喜欢“失控”。

访问者：您指的失控是被拍摄的人情绪失控吗？还是其他？

L××：不光是指情绪失控，可能更多是指拍摄主体遵循自己的意愿来做出反应。你知道真人秀或多或少都会有一些设置。

访问者：设置是要促成“失控”吗？然后，是不是所有“失控”的情况都是导演想要的？

L××：真人秀节目都会把拍摄主体放在极端情况下，就是想看他“失控”的反应。作为一个普通人，有一台摄像机放在你前面，你可能会注意一下你的发型、注意一下自己背有没有伸直，更别说那些已经习惯镜头、习惯走位的影视剧明星或歌手了，在“失控”的情境下，他们才会有真实的反映，我觉得大家应该希望经常失控。

访问者：那个标准适用于我们拍摄的普通人吗？普通人本身就比较害怕镜头，小孩子可能也是比较害怕镜头的。

L××：我觉得这个是适用于所有人的，包括普通人，包括明星，这都是适用的。从目前所有的真人秀里面能够看得到的，基本上都是在失控的条件下表现出人物最真性情的一面，不然的话就是一团和气。

访问者：例如，在拍B××（某真人秀节目参与者）的时候，有一期她哭得十分厉害，按照你的定义来说，她属于“失控”的一种情况，因为她反应跟平时不一样，但最终还是被剪掉了，这是为什么呢？是不是所有的“失控”你们都欢迎呢？

L××：上次那个B××（某真人秀节目参与者）的失控确实是情绪的失控，但是对于我们塑造的形象这个脉络来说，这是不合适的，因为她表现得不够诚恳，所以我们最终没有用。因为我们的节目生产环节很多，前期拍摄、剪辑，后期审片，对吧？那一期导演的理解和审片的理解可能不一样，这并不矛盾。

访问者：有的时候我们觉得这个情绪发泄过了火，有的时候我们觉得恰到好处，有的时候我们觉得他的感情被压抑了，还没有爆发出来，实际上这些都取决于导演对故事的理解。在您拍过的故事里面，你还记得印象比较深刻的真实的故事吗？

L××：……我一直在想。似乎好像只有在拍摄主体意志力比较薄弱的时候，他才会有最打动人的反映。拍明星的话，好像都还好，没有把他们折腾到那个程度。

访问者：明星在录节目的时候，知道导演需要什么，知道观众需要什么，他们有没有这样的意识？对您来说，您能够区别明星是在真实反映，还是有某种表演成分，能够完全把握吗？

L××：明星真还比较有这样的意识，但是把他放在亲情这样的角色的话，他还相对比较有……戏。其实这个还是比较容易看出来的，就是你在拍摄过程当中，有的明星会自觉不自觉“找镜头”。这个是他们在平时的训练当中根深蒂固了的，明星会找镜头，看镜头在哪里。他会根据镜头的位置调整自己的……不知道该怎么说，他会面对镜头，或者侧面对镜头。往往在这个时候，他对自己的行为都会有所顾忌。这也是现在的真人秀越来越多地使用到监控设备的原因之一。

访问者：你在拍节目的时候碰到明星一直在“找镜头”或者表演，你是怎么处理的？

L××：这个基本没有太多的办法来处理，你只能把他放在特定的情境当中。

访问者：好的，有一个附加的问题，我们做新闻出身的导演和做娱乐出身的导演去拍真人秀，你觉得他们身上有差异吗？

L××：我觉得从事真人秀拍摄的初期会有差异，做综艺出身的会更有编导意识，做新闻出身的可能会更多地从第三方的角度来拍摄，会根据现场反应做出一些及时的调整。但是做真人秀做到一定阶段的话，这两种优点会互相学习，互相融合。(有较多删节)

访谈后记：L××是一个非常成熟的导演，由于经常拍纪录片，其特别擅长总结真人秀节目中人的表演以及各类“失控”问题。在拍摄的过程中，其对于人物是否表现出戏剧性比较“佛系”，其对于真人秀现场的理解给笔者提供了较多启发。

导演 J ××访谈记录

访谈时间：2015 年 12 月 3 日

访谈人物简介：J××，13 年电视工作经验，参与多个情感类电视节目制作

访问者：您认为，真实对于节目来说重要吗？

J××：真实肯定很重要，任何一个真人秀，特别是这种情感类真人秀，你必须要给他们营造一个很真实的情境，这样他们当时出来的情感、出来的状态、给你的东西才是最真实的。情感类节目只有是真实的东西观众才愿意去看，如果演的话那完全就是电视剧了。

访问者：我看到节目呈现了岳父母和女婿之间真实的关系，明星和岳父母都是真实关系，对吧？

J××：肯定的，关系真实肯定是第一位的。作为女婿，到岳父母家，岳父母是一个主场的概念，女婿就是一个客场。再强势的女婿，在外面再怎么强势，一旦到了岳父母面前，你心理的状态一下子就会下降下来，一下子姿态就会很低，对岳父母心理上会有一种小小的畏惧，一下子就把真人秀最需要的（东西展现出来），就把他还原成最普通的人了。平时他在外面是明星，但是在岳父母面前就是一个比岳父母姿态还要低的一个素人。在这样的情境下，你看到的东西都是真实的。在观众眼里，真实就是观众感同身受的、代入感比较强（的东西），观众喜欢这个节目的原因也在这里。

访问者：节目通过各种手段对当事人之间的关系进行了验证、测试，反复地检验他们的关系会怎么样。您在拍摄的过程中，您觉得最真实的部分是什么样的，能不能举个例子？

J××：大家会看到女婿第一次上门，我们以真实状态拍摄，不会让他提前见到岳父母，顶多在电话里知道，他要来了，这种真实的心理期待是存在的，见面以后就是很真实的见岳父母的感觉，人见岳父母最真实的心理状态。因为他们确实大部分好久没见了，基本都是几个月没见，平时工作也很忙，见到老人的机会也不多，他见到岳父母大人心理上还是有点忐忑的，一旦见面，很真实的状态就表现出来了。

访问者：有人说我们的节目是有剧本的，我们节目哪部分是设计的？

J××：所有的真人秀有一个结构的、架构的东西，剧本，我们这个节目肯定是没有的，有剧本就是电视剧了。我们只是……比如说今天，岳父喜欢打乒乓球，他每过几天都会去打乒乓球，这是他真实生活的东西。S××（节目参与者1）本身我们问过了，他也喜欢打乒乓球，但是真正他们两个人没有打过乒乓球，从节目的角度你肯定会设计他们一起打乒乓球，这就是一个情境。我们给他设计一个情境，在这个情境里面发生的所有东西，都是真实的。电视剧怎么打你会设计得很细，这个不会那么细，只是给一个情境。下午你和岳父打一场乒乓球，说白了就是这么一句话，至于打乒乓球过程中发生什么，这个要靠当事人在打乒乓球的过程中的真实反应。

访问者：情境就是我们给他策划的？

J××：不叫策划，因为所有的艺人，我们在做节目之前都会对他有一个详细的了解。比如Z××，我们对Z××（节目参与者2）所有的吃喝拉撒，他的性格、他的行为习惯、他的爱好，对他做一个详细的、上百页的调查，对他的岳母同样也是这样：喜欢逛什么菜市场、喜欢吃什么、穿什么衣服、喜欢干吗干吗，一天的生活轨迹是什么样的，我们会跟他岳母相处一个星期，有了这么详细的调查之后，我所有的设计都是以真实为基础的。岳父母是素人，不是艺人，如果是纯艺人的节目，那给他演，可以，大家都是艺人，都来演。一方是素人一方是艺人的话，那就没办法来演了。如果素人给他演的话那肯定假的一塌糊涂，所以你必须给他一个真实的东西。

访问者：所有的环节双方都是不知道的，对吧？

J××：环节是今天要做什么事情，这个大概是有的。比方说告诉S××（节目参与者1）今天要跟岳父去打乒乓球，但是怎么打，谁赢谁输，这里面有什么戏剧性效果，这个不是我们设定的。S××（节目参与者1）内心真实的想法、真实的情景，到底他的水平怎么样，大家都不知道，随着情节往下走，这个事情可看性才会很强。

访问者：我们拍摄的过程中，有没有出现明星看到镜头他会刻意表现自己正面的形象，会有这种情况吗？

J××：这个基本上没有，因为我们是隐匿拍摄，在家里装了摄像头，没有摄像师。基本上在室内的话，他们感觉不到任何存在。摄像机都是隐蔽摄像机，摄像师都不在房间里面，我们都是把线拉在另外一个房间里面的，另外一家人，比如说我在S××（节目参与者1）岳父母家里拍，但我所有的摄像可能是在楼上，或者对门租一个房子，所有的摄像、工人都在里面，可以遥控摄像机，所以这个情境里面只有他岳父母和S××（节目参与者1）三个人。在这种情况下他完全不会考虑机位啊，摄像机啊，我们是三百六十度无死角抓拍，就不会存在说他们刻意去干吗干吗。

访问者：哦，我们使用监视拍摄的手段，我们拍一组室内关系的话大概要用到几个摄像机（固定摄像头）？

J××：一般室内会装30到40台的样子，除了洗手间，上厕所的地方没有，别的地方都要拍得到。如果拍剧的话，就一台摄像机在前面，人物干吗有本子的。我们完全不一样，他走到哪个位置你根本都不知道。他走到哪个角落去拿个东西，即使到了角落我也一定要抓到这个画面。所以我们必须所有的点，所有的地方都能被摄像机捕捉到。这是一个偏纪录性质的一档节目。

访问者：我明白了，室内一个摄像师都没有，现场一个导演都没有。

J××：只是到后面熟悉了，比如说到第六、第七集的时候，他们不惧怕摄像机，不惧怕镜头的时候，我们需要补一些东西，这个时候可能有个摄像师在里面。

访问者：什么情况下我们会去补拍一些东西呢？

J××：比如拍的特写，离机器太远了，抓不到特写的时候。比如烧菜，我们会拍一些烧菜的特写。当他们在聊天，在干吗的时候，摄像是不会出现的。

访问者：导演在什么情况下会介入现场中去，跟他说这个怎么拍？

J××：我们是偏纪录的真人秀，导演不会特别介入，前面肯定是一个导演负责一个父母，我们只是告诉他今天要做哪几件事情，双方都是不知情的情况下做那些事情，在这个过程中我们只是告诉他要做什么事情，至于他做得怎么样，做得有没有达到要求，这个要看他自己的表现，就是艺人到底给多少分。这个节目难就难在这个地方，因为它没有大的戏剧冲突，它是一个比较温情的东西，想要做得好看确实也是难度比较大的。

访问者：戏剧性的部分怎么突出来是一个问题，是吧？

J××：对，它没有像电视剧，全艺人参与的东西，你看《×××》节目，随便哪个撕哪个，它是全剧本操作，对吧，哪个撕哪个，最后有个结果，这是全剧本操作的，像这种全剧本操作它就可以设计，像素人参与的真实人物关系它是不可以的。

访问者：我看了爱奇艺，我们不是有节目吗，它是有弹幕的，我一般是带着弹幕去看的，观众也会一边看一边讨论，尽管我们偏纪录片，观众还是认为某些地方不够真实，说有些人是演的，有些人是装的，有的地方是节目组故意安排的。您怎么看待这个问题？

J××：毕竟是做节目嘛，这个节目不是纯纪录片，有些环节就是我们说的情境，纪录片一天24小时跟拍，纯纪录片嘛。但是作为一个电视真人秀节目的话不是这种手法。比如S××（节目参与者1）被催婚，催婚的话我们必须设计怎么个催法。催婚肯定要有亲戚，这个是我们设计的。至于亲戚来以后怎么说，那是亲戚的事情。这个就是真人秀和电视剧之间最大的区别。比如说我给你一个情境，这个情境里面必须有亲戚来，亲戚的目的肯定是要催婚，怎么会12年没结婚嘛，肯定要劝他们，怎么劝怎么说，怎么表现，这些都是亲戚的事情。

访问者：亲戚来的话，双方都是不知道的对吧？

J××：亲戚来的话，S××（节目参与者1）肯定是不知道的。这个还是要征求当事人真实的意愿，就是S××的岳父母他们是很希望有人过来帮他们催结婚的。编导跟他们一沟通，包括哪个亲戚来催婚都是他们提供的，这个人能说，这个说挺好，让他来。W××（节目参与者，S××的女友）的干爹是真的干爹，那个干爹他就特别疼W××，小时候一家子很好，确实以前S××每次回来他就跟他喝酒，他就劝结婚啊，喊爸妈啊，都是这样的。他有真实的底子，所以我们把这个拉进来，他是真实的，我们不是凭白无故地设计这么一个东西，而是在真实基础上设计一个合情合理的东西。

访问者：我们这个节目类型的话，跟您探讨一下，是偏观察式纪录片，对吗？

J××：应该是偏纪录片的，我们叫作情感陪伴类真人秀节目。

访问者：我们推广的时候是怎么分类的，把它作为纪录片还是综艺进行推广的？

J××：怎么说呢，我们还是把它作为情感类节目进行推广，它本身就是情感节目，关注翁婿关系，电视剧倒是会有，但是电视节目是没有的，还是定位成真人秀，情感真人秀吧，因为主要艺人参加，都可以称之为真人秀吧。

访问者：您觉得观众会怎么看待这个节目，观众会比较看重真实性部分，还是比较好玩的娱乐性部分？

J××：我觉得两方面都会有，因为我们这个节目播出以后基本是零差评，从观众反馈，网络打分都比较高，这个节目本身就很真实，整个弘扬的也是孝道。所以说这个节目没有特别的冲突，所以说话题的热度也不会特别热，是一个亲情陪伴的节目。观众想看它就是有很强的代入感，能够代入情境里面，比较温馨。我觉得观众看这个节目，两个方面都是要有的。第一个就是能代入情境里面，没有结婚、刚刚结婚的，要怎么跟岳父母相处，或者将来结了婚怎么相处。可看性也是另一个方面，不能只有代入感没有可看性。这个人物关系也是新鲜的，最大的可以突出戏剧冲突的就是：你做的事情，对方说的话不是心里话，不是真实的意愿表达，比如说S××（节目参与者1）烧菜给岳父母吃，岳父母肯定当面说好吃好吃。这个戏剧性就在里面，相对他们还是比较客套的。相对本身来说是一个很客套的情感，最开始还是很客气的，但我们最终希望把这个很客套的情感做成像一家人一样，做成像真的父母和儿女之间的感情。我们希望这个节目真正地去做一些事情，你老婆的亲人，真正地像父母一样去关爱、去孝敬他，就是希望能传达这样一种东西。

访问者：您做了这么多年的电视之后，您能概括一下电视能够为观众呈现的真实是什么？

J××：电视真实肯定不同于生活真实，它毕竟都是节目。电视想让观众去看你的节目，跟生活中完全一样，完全是纪录片，那肯定不能这样做所谓的真实节目。真实节目一定要情境是真实的，当事人双方的基础信息一定是真实的，你不能让他在一个虚无缥缈的基础上去演绎一个东西，他一定要也就是我说的背景真实，你给他的情境也是真实的，他很期待，很容易进入这个情境里面。在这个基础上发生戏剧性的事情，或者是我们设计的但不是生硬的、猎奇的东西。这种真实就是电视的真实。

访谈后记：J××详细介绍了在旁观式拍摄过程中，在无剧本的前提下真人秀戏剧性是如何产生的，尤其关注真人秀中人的情感与情境之间的关系。人是社会关系的产物，人的情感也是社会关系的产物，此次访谈中笔者获得的最为宝贵的心得就是，真人秀的真实性有时候并不是通过戏剧冲突表现出来的，而是通过还原真实的社会关系、真实的情感与人性表现出来的。真人秀最核心的价值并不仅仅是完成对明星的“去魅”，而是对普罗大众的社会关系产生投射。

导演 Y××访谈记录

访谈时间：2015 年 12 月 25 日

被访对象简介：Y××，真人秀导演，综艺节目导演，六年电视从业经验

Y××：我们这个没有剧本，然后是以攻略的方式给到艺人，会给他很多情境然后让他来选择，酒店、路线给他推荐，让他们自己玩儿。

访问者：没有剧本的话，它的冲突或者戏剧性的东西是怎么发生的呢？

Y××：说白了真人秀这个东西是一个大后期的节目，那么我们如何让艺人出戏，这个东西其实更多的是在前期策划当中，我们不会告诉艺人接下来要说什么话，你的情绪应该怎样，我们这边做事儿基本上都是以真实为主，因为艺人演一出戏的话，他是戏中的角色，那么我们更想体现的是他自己的东西，所以我们不会给他剧本。但是在我们攻略中我们是非常有讲究的，并

不是随随便便我们就出了一本攻略，就像“途牛”啊，“穷游”啊，这类网上的攻略，不是，当我们做出每一个选择，每一家酒店的选择，每一个景点的选择或者每一家餐厅的选择的时候，我们会有自己的考虑。首先当我们设定的主题是艺人像普通人一样旅行的话，我们在第一季就打的是“穷游”的概念，那什么是“穷游”，我们首先会去想“穷游”会给人带来哪些情绪。如果大家不是艺人只是普通人的话，那他肯定会遇到类似于资金不足，不能租车，可能坐公交，可能会迷路，等等，都是我们算好了的。然后艺人到了某一个景点或者某一个住处的时候，（我们）会想，艺人可能在这里出现什么样的情绪，这就是一个非常重要的考量，这个考量的依据就是我们反复的踩点。因为我们会在踩点的过程中先去试一次，然后从试的过程中找出自己可能会存在的问题。同时我们会想，这个问题会不会是普通人的问题，既然普通人都会有问题的话，对那些已经过惯了好生活的艺人来说，他的问题可能就会被放大，因为在他的生活当中是没有这样的经历的。当他回归到普通人开始面临这样的问题的时候，他可能就不知道该怎么办了。他可能会经验不足、不适应，在不适应的过程当中可能会产生普通人一样的问题，可能会被放大，放得很大，这就造成了一些戏剧点。这些艺人和艺人之间的戏剧点是如何发生的呢？你去看我们找的艺人，艺人和艺人之间一定不是非常好的朋友关系，或者闺蜜关系，他们是陌生人，工作中没有交集，或者有一次交集而不会很熟。对于普通人来说这就相当于我们的一个旅行团一样，我们上了一辆大巴以后，我们并不知道车上的人是什么性格、什么态度，我们不是有一个“穷游”的概念吗，当每个人遇到不同的问题的时候，每一个性格的人一定有他自己的处事方式。处事方式、价值观、世界观不同的时候，他们必然会产生冲突，这样就很自然造成了一个戏剧的结构，这样的戏剧结构在我们攻略当中是埋伏好了的。而且我们前期会挑选大量的艺人，你们看到的是一集节目当中只有七个人，但是这七个人实际上是我们了解了上百位艺人之后得出来的七种性格。这七种性格从心理学或从星座的角度，因为它是女性节目，也是给女性看的，我们从这个角度判断女性和女性之间会发生什么样的问题。另外我们为什么只选女性不选男性，因为男性跟女性会有很大不同，男孩可以把所有的话全部敞开，该怎么样怎么样，女性之间肯定会有保留，女性先天是有防御机制在里面的。刚开始遇到不满的时候她一定不会说出来，她或许用委婉的方式说出来，但是她的能量在累积。时间一长，累积到了一定量的时候，我们会判断她什么时候爆发，她一爆发我们就会在后期放大，你比如说我们会把一个镜头反复播放或者反复强调，在后期剪辑的过程中把这个矛盾放大，观众看到了之后会觉得，哇，原来她们是这样子的，一个情绪的爆炸点。这就是我们做真人秀的一个手段。

访问者：我们呈现出来的都是关于女人的心理，对吗？

Y××：不光是女性的真实心理，其实男性也有，为什么要找两个男生在里面。当女性在里面吵成一锅粥的时候，男性在里面的作用是非常微妙的。你再去看节目你就会发现第一季我们找的六个女性是六个不同的年龄阶段，在不同的年龄阶段一定会有不同的性格。Z××（节目参与者1）就是一个老年性格，她走得多见得多，她可能比较豁达。同时我们又找了一个相对来说比较斤斤计较，在更年期的一个女人，好吧给你举个例子，比如说Z××（节目参与者2），她在里面是一个斤斤计较的性格，X××（节目参与者3）就是一个爱谁谁，我只爱我自己的一个人，她至今是单身，她比较自我。第四个我们找的是L××（节目参与者4），就是一个中年男人的完美妻子的一个形象，你会发现她在整理包的时候非常有条理，她把所有东西想得非常全面非常周到，不光是自己的东西，她还帮自己的队友想，她是一个非常精致的女人。X××（节目参与者3）是一个大众情人的形象，而L××（节目参与者4）是一个大众贤妻的形象。到了F××（节目参与者5）这里，她年龄是最小的，是一个不懂事的小女孩，或者说是一个非常好的女朋友，她既活得没有X××（节目参与者3）精致，考虑得也没有L××（节目参与者4）那么周全，她更多是一种不懂事的小女孩。我们希望这个小女孩更多的跟男性艺人之间会有一点点CP（情侣）关系，有小的爱情点。

访问者：刚刚你说的性格是他们本身的性格还是我们为他们塑造的性格？

Y××：这是我们在做节目之前就想过要找一些什么样的人进来，然后根据我们的性格设定出去采访，去接触艺人，跟她们聊天，去看她们的生活状态，去做她们的事情，然后我们从当中得出来的（结论）。因为我们前期在做策划的时候一定会把我们导演放出去，让他们充分了解自己的艺人，每一个艺人会有一个自己的跟拍导演。

访问者：是她自己的性格哈？

Y××：真实的，所有的东西都是真实的。而且这个真实并不是只在戏当中真实，包括我后来做完第一季真人秀去做跨年演唱会，跨年演唱会的时候有L××（节目参与者4）的一个节目，当时她在横店拍戏，我当时作为音乐导演就去给她录音录歌，发现她很细心，她可以把我的点算得非常准，我告诉她我是哪一趟车出来的，大概几点钟录，她会很细心地问，你几点钟上车，她会算车到达义乌的时间，根据晚上录音的时间来判断我有没有吃饭，当我给她录完音她就直接跟我说“走，我们吃饭去”。她不需要问我有没有吃饭，因为她知道我当时的工作量是不可能吃饭的。这就是她非常细致的一个地方。这种东西根本就不是一个我前期写好剧本，你是一个什么样的人，她是一个什么样的人，如果是这样的话，艺人的每一步都会变得不那么真实，她们讲的每一句话我们都得写剧本，那就是电视剧了，那就不是真人秀了。真人秀如果不真的话，那秀出来的东西全是假的。

访问者：在拍摄的过程中，什么情况下我们会介入，干预一下他们的关系？会有这种情况吗？

Y××：我们从头到尾，我可以很负责任地说，我们不会干预任何他们队友之间的交情，不干预，全程是旁观者。只有在大家，比如说，谁真的爆发了，然后不录了，所有人都不录了，录不下去的时候，我们可能会喊停。但是这种情况我做了两季，停了不到一个小时。平时哪怕是她们吵架，她们很不爽，我们都是继续记录，我们只是一个旁观者。而且这个在之前我们也跟她们说得很清楚，你们可以当我们不存在。你们违法，或者在高速公路上面一不小心走错路，违章掉头，OK，我们也记录下来。但是这个播与不播，在我们后期处理过程当中，会综合各种各样决定因素来决定。但是，我们一定得录。

访问者：会有一个综合考量，对吧？

Y××：对，因为这是一个“大后期”的节目。前期他们怎么发展，我们都不管，然后到了后期我们每一期再去想，本集想要一个什么样的故事，人物的情感线索是什么样的，故事是怎样发展的，接下来我要怎么做。

访问者：什么叫“大后期”啊？

Y××：所谓的大后期就是将前期的……它跟那个选秀节目不一样，选秀节目根据规则来做判断，所以它可以直播，它可以完全展示人在舞台上的状态，它可以完全不需要剪辑，完全靠前期的规则制定，和包括人员调配做到提前导出来，谁晋级谁淘汰。但是，像《×××》（被访者的节目）这样的节目前期是不介入的，然后我们前一期录完了之后，所有的素材，大概九千多个小时，我们会看一遍。边看边去想，她跟她是什么关系，她跟他是什么关系，这一集我们要呈现的是一个什么样的故事，对，我们会有一个故事大纲在后期。

访问者：大后期就是后期会对故事有一个重新构造，一个重构，对吧？

Y××：后期的故事完全是重新做出来的一个新故事，它首先不会去改变人与人之间的逻辑关系。A本来是跟B对话，我不会拿A的话跟C去对。但是，我会去想，这一期我重点突出谁，以谁为我的中心，我只做这一个人，因为真人秀最重要的是突出一个人。如果我的片比（剪辑率）每个人都是一样的话，那这一集是失败的，因为它没有重点，没有突出出来，我也不知道在讲一个什么故事。但是，我在大后期的过程当中我会具体判断这些人发生了哪些故事，从这些故事里面判断，谁的故事是最有卖点的，然后我就来专门编她的东西，所有人物的讲话全部围绕她来做，跟她无关的其他人的废话全部砍掉。

访问者：我第一次听到“大后期”这个概念，除了《×××》（被访者的节目），现在比较流行的真人秀还有哪些是大后期？

Y××：《×××》（某竞争台真人秀节目），这个节目录的时候在我看来是挺无趣的。因为作为一个总导演，当你手下的艺人全部散开之后，你也不知道底下发生了什么，你只看到这个人跟那个人怎么了，突然那边又发生了什么事儿。但是录的时候你没有办法构造出来，也没办法判断出来，他跟他讲这句话是不是跟另外一个人有关系。他们也是全部录完之后回来找故事。

访问者：也就是判断他们发生了什么故事也是需要靠镜头，人的肉眼在现场没办法看到，对吧？

Y××：没办法，完全没办法。你作为总导演，你告诉我，在某个机场所有人全部散开之后你去看谁，你也不知道去看谁，只能回去再看。但是你在前期做策划的时候，你要把这个游戏规则想清楚，这个游戏怎么玩。你在做后期的时候以规则为主线，然后从大家的对话当中推出一条逻辑线，然后再解出来。

访问者：除了《×××》（某竞争台真人秀节目），《×××》（本台真人秀节目）也算吗？

Y××：《×××》（本台真人秀节目）也是，最初在录的时候，所有人都说这个节目完蛋了，肯定不好看，因为它们还没有经过后期（加工）。在录第一期节目的时候，所有人都跟我说这个节目根本不知道在干什么。

访问者：但是看到镜头的时候才会知道有故事，对吧？

Y××：对。前期只记录，最重要的是选角色正确，我的每一个攻略的每一步可能都是一个坑，我在让这个艺人去这个地方之前我想到他们可能爆发什么样的情绪，然后我就挖好这个坑等着艺人往里面跳就行了。

访问者：你做完节目会看网络上的评论吗？受众有的时候会说这个地方是假的，那个地方是导演让他们这么做的，你怎么看这些评价？

Y××：我觉得这未必是一个坏事啊。评价越多证明你的关注度越高，这个是不可置疑的。好评价也有，坏评价也有，你说我做得特别假，我会去看这个故事线到底是不是我做出来的，如果真的是我做出来的，我们会跟后期协商这个事情。因为我们不存在黑任何艺人，我跟你说，其实我们在录节目的时候，真实情况往往比电视前你看到的情况更糟糕，我们很少抱着黑艺人的角度来做这个事情，因为我认为我若刻意黑一个人，我以后怎么合作啊。

访问者：我做研究的时候也碰到这个难点，我大概调查过八百个观众，有一个结果是：观众首先认为真人秀是真的，问到“你们会不会认为节目里存在表演”，这个怀疑有表演的比例居然相当之高。

Y××：我给你解释一下哈。我请来的人都是艺人对不对？你知道每个人都是有自己的功利心在的。你说你作为艺人，你在这一部真人秀里面你希不希望多出戏，如果你希望多出戏，你的出镜率就越高。如果你一句话不说，或者没有发生任何矛盾，所有的一切都平平安安的，你觉得我剪什么呀。

访问者：他们都会有这种心态吗？

Y××：这是艺人的心态，这不是我导演的心态。艺人是非常聪明的，因为她知道电视节目要什么，观众要什么。有的时候，她自己会给自己加一些东西进来，但是这些东西一定不是导演教的。艺人也了解自己的性格，她会在节目当中揣测，今天我该讲什么，明天我该讲什么，后天我是不是该流点眼泪了，这是她自己的想法。这种想法我们是不干预的。不会说艺人哭了，我跟你说你不能哭，这是不真实的。观众觉得假，他可能从某一层级上来说他觉得艺人假，哎呀，这点事儿你哭什么呀，但是对于艺人来说她可能就觉得，我感情已经到这份儿上了，我为什么不再更进一步（表现出来）呢。

访问者：我明白你的意思了，观众会觉得表演是存在的，艺人会表演，没错，但是电视呈现的故事是真实的。这是两个层面的问题，对吧？

Y××：对。我们有的时候也会觉得，啊？她为什么在这里讲这样一句话？有的时候也会觉得，好吧，但是这个故事是真实的，因为我没有干预她，她自己要在里面出她所需要的戏份，她进行了放大，我们又觉得同时符合我的逻辑，那我当然用啊。

访问者：哦，有这么一个逻辑啊。

Y××：对啊。说白了吧，每个人都有自己的想法，他的想法怎么样我们不干预，但是我们只要我们自己想要的真实情况。我们是剪辑了的，但是我们剪辑的情况绝对不是牛头对马嘴。绝对不是偷的，而是艺人真实地讲了几句话，我们来判断这句话有用还是没用，是不是符合我的节目逻辑，我要还是不要。

访问者：我们只决定 Yes or No，不决定 How，对吧？

Y××：对。如果真的按照假的来做的话，那就会更假。那就没法看了，成了电视剧。电视剧都是摆拍出来的，镜头很漂亮，但是，有什么意义呢。

访谈后记：Y××是在准备出差、奔赴另外一个真人秀现场之前，深夜接受笔者访问的。Y××非常详细地介绍了户外旅游类真人秀如何通过前期策划与后期剪辑产生戏剧性，以及制作方对于文本的真实性是如何把握的；尤其是在戏剧性与真实性的天平两端，制作方如何在后期制作中做出平衡。

附录 4

调研问卷：电视真人秀“真实”吗？

1. 您看过这些节目吗？（可多选）

A. 江苏卫视《明星到我家》　　B. 浙江卫视《爸爸回来了》

C. 湖南卫视《爸爸去哪儿》　　D. 湖南卫视《一年级》

E. 湖南卫视《我是歌手》　　F. 湖南卫视《花儿与少年》

G. 浙江卫视《奔跑吧兄弟》　　H. 东方卫视《急救室的故事》

I. 东方卫视《花样爷爷》/《花样姐姐》

J. 其他（请填写）＿＿＿＿＿＿

2. 您喜欢它们的原因是什么呢？（可多选）

A. 它是一种很好的娱乐放松方式

B. 它提供有用的（生活、教育、处世）经验

C. 它让我看到人性真实的一面

D. 它呈现人与人之间真实的情感

E. 它传递正面的价值观念

F. 其他（请填写）＿＿＿＿＿＿

3. 电视真人秀都会告诉你：“我们是真实的！”您认为哪些真实最重要呢？（多选）

A. 人物的身份与节目中一致　　B. 人物之间的情感真实

C. 故事情节真实　　D. 时间地点真实

E. 其他方面真实（请填写）＿＿＿＿＿＿

4. 关于电视真人秀中的故事，您觉得哪种说法比较靠谱？

A. 故事情节确实就是真实发生的

B. 故事情节有时是真实发生的，有时是假的

C. 故事情节是真实发生的，但是其中有些部分被电视加工或夸张了

D. 故事情节要么是夸张的，要么是假的

E. 故事情节都是假的

5. 节目中的人有没有可能在镜头前表演（或伪装自我）呢？

A. 极有可能　　B. 有可能

C. 不清楚　　D. 不可能

E. 极不可能

6. 如果节目中的人在镜头前表演（或伪装自我），你觉得导演会默许或支持吗？

A. 极有可能　　B. 有可能

C. 不清楚　　D. 不可能

E. 极不可能

7. 电视真人秀中的故事真真假假，您能够判断吗？

A. 总是能够　　B. 基本能够

C. 不清楚　　D. 不太能够

E. 极其不可能

8. 节目中的人有时候情感流露，您能够识别真假吗？

A. 总是能够　　B. 基本能够

C. 不清楚　　D. 不太能够

E. 极其不可能

9. 下面哪些因素可能干扰节目的真实性呢？（多选）

A. 情节不是自然的，而是一种游戏

B. 摄像师（或制作人员）偶尔出现在镜头中，干预明星的行为

C. 节目中有些人（尤其是孩子）非常在意摄像机在身边

D. 有些故事看起来是重新摆拍，而不是抓拍的

E. 剪掉太多，情节看起来不是那么完整

F. 其他（请填写）________________

G. 都不影响

10. 你同意下面的观点吗？请打√吧！

	我非常同意	我同意	我中立	我不同意	我非常不同意
①节目中的人在电视中和生活中表现一样					
②节目中的人在电视镜头前表现比生活中要夸张					
③节目中的人（比如湖南卫视《爸爸去哪儿》）到了陌生环境，有利于展现他们真实的一面					
④节目中的人在自己熟悉的环境中（比如浙江卫视《爸爸回来了》）表现的状态更真实					
⑤节目中的人很在意摄像机的存在，他们在镜头面前会隐藏真实感受，有意识地展现自己最好的一面给观众看					
⑥节目中的人有时候也会表演，他们有的时候是在表演自己，也会展现真实的一面，关键看自己是否能辨别					
⑦节目中的故事如果是没有经过导演设计的，是自然发生的，这样更真实					
⑧节目中的故事如果是经过导演设计的，人们发生了激烈冲突或感人互动，这样更真实					
⑨摄像机在拍摄的时候是完全旁观的					
⑩摄像机在拍摄的时候会干扰到节目中人们的行为					

11．您在看节目的时候是这样的吗？请打√吧！

	我非常同意	我同意	我中立	我不同意	我非常不同意
①我是沉浸其中，才不关心故事是真是假					
②纯娱乐太肤浅，我更关心故事够不够真实					
③我能辨别故事是被摄像机抓拍到的真实故事还是导演刻意设计出来的故事					
④我判断故事是真是假是有根据的，比如我有时候发现剪辑穿帮、编导明显有干预等					

续表

	我非常同意	我同意	我中立	我不同意	我非常不同意
⑤我判断故事真假完全靠自己的生活经验，比如故事与现实差距大就是不真实的					
⑥我有时候会发现有的故事是导演设计的，因为它太假了					
⑦我明明知道有的故事是导演设计的，但我仍然觉得这并不损害人物情感的真实					
⑧当情节很感人的时候，我不在意故事真假					
⑨如果我发觉某个故事是被导演设计出来的，那些感人的情节根本不会打动我					
⑩如果电视导演能展现节目背后的人物故事或制作环节，或许我会相信节目的真实性					

12. 请您分享一下您发现的最真实或者最不真实的情节，简单说说为什么？

____

请填写您的个人信息

1. 您的年龄

A. 18以下　B. 18—25岁　C. 26—35岁　D. 36—45岁

E. 46—55岁　F. 56—66岁　G. 60岁以上

2. 您的性别

A. 男性　B. 女性

3. 您的学历

A. 初中及以下　B. 高中　C. 大专　D. 本科

E. 硕士及以上

4. 您的职业

A. 机关事业单位　B. 企业　C. 学生　D. 退休

E. 无业　F. 其他职业__________

5. 您的新媒体使用习惯（可多选）

A. 门户网站　B. 网络论坛　C. 微博　D. 微信

E. 其他　F. 不使用新媒体

后　记

本书的主体源于我在上海交通大学攻读博士学位的博士学位论文。和所有的博士一样，博士论文要选择什么研究对象？这个抉择过程是非常曲折的，同时也是我攻读博士学位曲折经历的折射。

之所以选择真人秀作为研究对象，起初源于导师颜海平教授在入学之初为我指定的一个研究范围，“以影视纪录片为大范畴、以戏剧艺术纪录片为研究方向”。2014 年夏天，颜海平教授从上海交通大学离开，去往清华大学任职，我申请成为张国良教授的博士研究生，此时我已经博士三年级了，面临最终确定博士论文研究题目的问题。在此之前，我做过一些定性研究，譬如纪录片与电视纪实节目的交叉研究（在《现代传播》发表论文《纪实影像如何建构中国式“幸福观”——对四部中外纪实影像作品的内容分析》，此文是张国良老师所开设的博士培养课程的期末作业，曾获得过张老师不厌其烦的细致指导）；也涉足过纯理论思辨的研究，譬如“媒介间性”（intermediality）理论研究（在《新闻界》发表论文《媒介间性理论：理解媒介融合的另外一个维度》）。于是，在综合衡量了自己的研究特长与时间成本之后，最终确定了以 2013 为时间节点、将观察式真人秀为主体的中国电视真人秀节目作为研究对象。

从讨巧的角度来讲，这并不是一个简单的题目。我之所以选择真实性作为切入角度，最初是觉得它比较有趣，最初颜海平老师提出的“戏剧艺术纪录片”这个概念就曾让我感觉非常困惑，这究竟是什么呢？从语义上来说，它是一个虚构与非虚构的杂交体，研究杂交体碰到的第一个难点必然是“它是什么”的本体论问题。在后现代语境中，学者们试图寻找各种方法来界定杂交体，原本生僻晦涩的媒介间性理论在西方学术界再次成为热门，很大程度上也是这个原因。本体意义上，真实性问题与研究对象的杂交性相关，而杂交体一旦进入传播环节，它面临的必然是认识论意义上的认同问题。既然真人秀披着“真实”的外衣，那么它理应接受人们对于其真实性的拷问，所以真实性问题在笔者的构想中被分为一体两面：本体论与认识论。

在方法论上，做过相关研究的英国学者安妮特·希尔给我较大启示。她曾经在书中写到，从2000年开始研究真实电视时，设计大纲最初针对某个节目和某种节目类型，随着电视市场的迅速发展与节目类型的扩展，她后来不得不一再修改问卷以囊括新的节目。中国电视市场的情形也是如此，再灵巧的研究设计修改也很难追赶市场的飞速变化，时间轴上的诸多不确定性决定了学术研究缺憾不可避免。另外，比较巧合的是，我的导师张国良教授也曾于2006年做过对真人秀节目《超级女声》的实证研究，以数据警示真人秀的“娱乐至死”趋向，同时，他也写道：“与此同时，我们又不可走向另一个极端，即贬低或否认大众娱乐的正当性，尤其是随着物质经济水平日益提高和工作压力不断加大，从而导致人们精神休闲需要空前增强之际，或者说，在一个全球化的娱乐经济时代已悄然来临之际。显然，在当今中国，大众不缺少娱乐产品，但缺少真正令人喜闻乐见，既健康清新，又老少咸宜、雅俗共赏的优质产品。”遗憾的是，从《超级女声》到《爸爸去哪儿》，真人秀两拨热潮相隔也近十年，但“娱乐而不至死”的终极奥义仍令人难以领悟。

随着时间的推移，至2019年，我博士毕业已近三年。中国的真人秀市场也不间断地爆出一些“现象级”节目，互联网的发展也开拓了蔚为壮观的网络综艺市场，诸多真人秀将内容生产与营销路径完全转移到互联网。在这个过程中，围绕真人秀节目真实性的社会话题似乎从来没有间断过，尤其是《演员的诞生》之“袁立风波”，为原本就喧闹的社交媒介增添了不少纷扰。这种现象似乎一再提示我们，只要有真人秀这种节目类型存在，公众对于其真实性的叩问就不会停止。而另外一方面，互联网UGC（User Generated Content）领域也出现了令人惊喜的变化。随着移动社交媒介与视频制作技术的普及，人们纷纷把镜头倒转过来对准自己的面孔，一种被称为“vlog”（video blog）的“个人秀”类型开始风靡社交圈，真人秀“祛魅”的风潮从明星转移到更为广阔的现实生活领域。那么，在这个新兴的“个人秀”领域，人们对于自我的记录又是否真实呢？年轻漂亮的vloger们在镜头面前所呈现的故事是对于日常生活的忠实记录，还是在资本和粉丝注视之下的自我表演呢？这个问题似乎很难找到一个人人都认可的答案。不过有一点是肯定的，相比较于笨重的专业摄像机，置于熟悉的手机镜头面前，每个人都有了更多呈现自我的方式和选择的自由。

在将博士学位论文转化为人生第一本著作的过程中，我注意到了写作者的角色是有些差异的。博士学位论文的读者是专家评审和专业研究人员，而论著的读者则可能扩大至媒体从业人员、节目制作人员、学生，以及普通观众，言说的对象不太一样。在写作和修改的过程中，虽然不太确定是否能够完全照顾到所有读者的品位，我仍在保持原有研究的精华部分的基础上，尽量向后者倾斜。比如，作为博士学位论文的题目《中国电视真人秀节目真实性研究》被修改为书名《批判的观众：真人秀节目真实吗？》。是啊，“真人秀真实吗？”我是否确切回答了自己提出的问题，光想到这一点我就觉得开始心虚。但如果能够为读者提供一点点启发，我觉得本书的写作也是值得的。另外，最为珍贵的一点感想，我想和所有在看这段文字的朋友分享一下：写作论文和写书最大差异不仅在于行文细节，还在于“时间感”。在写书的过程中，写作者必须将自己重新进行角色定位，把自己作为一个正在与未来不确定的时空中的读者进行对话的人，那么写作者就能够感觉到基于时空延伸的连接感。这种连接感让写作者重新评估各部分内容的价值，以及自己的话语方式，因而更加审慎，心境也更上层楼。

行文至此，最后是感谢与感恩。诚挚感谢我的导师张国良教授接纳我转入门下，并给予我宽厚温和而不失严谨的学术指导，张老师是我参加博士研究生入学考试时报考的导师，也是我长期以来奉为榜样并立志终身追随的学者。从 2014 年至今，我喝了不少师门的“下午茶”，也收了几回新年红包，一大家子其乐融融的情景常令我恍惚身处小时候的家族聚会。最要感谢我在厦门大学的硕士研究生导师朱健强老师，他在我从电视台离职与重回学术的转折之路上常常给予鼓励和关怀，每次在人情世故上遇到解不开的困扰，我的第一反应就是拨通朱老师的电话。现在我亲爱的朱老师已经退休了，祝福他拥有完美的晚年生活。真心感谢上海交通大学媒体与设计学院禹卫华老师、姚君喜老师、王昊老师；华东师范大学聂欣如老师、同济大学黎小峰老师等前辈，他们热情接受我的求助并无私地分享学术心得。特别感谢湖南卫视、浙江卫视、江苏卫视诸多我无法提及真实姓名的导演前辈，在与我并不熟识的情况下慷慨分享业界实践心得；“颜门”同门杨子、吕甍、秦凤、孟乐、章鹏，经常与我切磋学术，畅聊人生，并为我的博士论文调研牵针引线；还有一定要感谢的是 A1220091 博士班全体同学，虽然大家都毕业了，但你们永远都是我心中最棒的同学少年；最后，感谢我的吴冕小朋友，你是我的能量之源，你是我甜蜜的负担。

张玲玲

2019 年 2 月于浙江杭州